Vegesacker Skizzen
... und das Bild eines Lebens

Heinrich Labentsch

Vegesacker Skizzen

... und das Bild eines Lebens

Mit 37 Abbildungen

Edition Falkenberg

Der Autor

Heinrich Labentsch wurde am 15. Dezember 1937 in Bremen geboren. Wie viele andere junge Männer auch, die mehr räumliche Freiheit verlangten, heuerte er bei der Reederei des Norddeutschen Lloyd in Bremen an und fuhr auf den Handels- und Passagierschiffen dieses renommierten Unternehmens mehrere Jahre zur See. Es war sein Ziel, Technischer Offizier zu werden. Die harte Ausbildung an Bord und das Studium an der Hochschule für Technik in Bremen brachten das auch fertig.
Diese Laufbahn beendete er aber, weil ihm zum Glück ein hübsches Mädchen aus Bremerhaven über den Weg lief. Die junge Familie zeigte sich mobil und wanderte ins Rheinland aus. Sie wuchs gedeihlich und besteht aus nunmehr vier Personen, die sich inzwischen als erwachsene Menschen tapfer gegen die Unbilden der Welt durchsetzen. Er selbst begann eine neue berufliche Karriere als Diplom-Ingenieur – sozusagen an Land – in verschiedenen Unternehmen des Maschinenbaus. Mit dem Ende des zwanzigsten Jahrhunderts sagte er dem Berufsleben ade und versucht nun, Gedanken in Wörter, Wörter in Sätze und Sätze in Geschichten zu fassen.

Alle Abbildungen stammen aus dem Archiv des Autors, außer S. 12.
Illustration auf dem Umschlag: Peter Fischer

1. Auflage 2019

ISBN 978-3-95494-191-9
www.edition-falkenberg.de

www.edition-falkenberg.de

Inhalt

Vorwort 7
Erinnerung 9

Teil 1 – Vegesacker Skizzen
Der Hafen 13
Internes Resümee 22
Der Sedanplatz 22
Der Flieger 29
Die Gerhard-Rohlfs-Straße 30
Das Umzu 40
Aumund 41
Schönebeck 55
Grohn 58
Lemwerder 63
Blumenthal 67
Die Farge-Vegesacker-Eisenbahn 77
Der Bremer Vulkan 87
Die Weser 93
Bremer und Rheinländer* 102
Immer noch Heimat 107

Teil 2 – Das Bild eines Lebens
Arne Paul ist da 113
Bruno ging 114
Auf der Straße 117
Die Wege trennen sich 124
Werdau ist auch noch Sachsen 130
Ein Zimmermann kommt weit herum 135
Ein weiter Weg bis Blumenthal 140
Die Fabrik 144
Wieder in Annaberg 148

Wieder an der Weser 152
Als Tramp in Amerika 156
Aumund-Vegesack 159
Familie und Arbeit 163
Der Erste Weltkrieg 166
Der Zweite Weltkrieg 178
Nach dem Krieg 200
Bruno Frenzel stellt Weichen 208
Brunos Ruhestand 213
Schulkenstraße ade 215
Verdienter Lebensabend 217
Liebe Besuche aus Sachsen 222
Bruno Frenzels Abschied 224
»Vadder Frenzel« fehlt 227
Ein Enkelsohn zieht Bilanz 231

Vorwort

»Darf der das?«

»Was?«

»Über Vegesack schreiben.«

»Na, ja, 'en echter Vegesacker isser ja nich, wurde aber immerhin im Windschatten (frühere Grenzstraße) unserer Kirche geboren. Wir Vegesacker hatten immer Mitleid mit den hannöverschen Preußen, deswegen haben unsere Stadtväter 1939 die ganze Aumunder Bagage ja zu uns rübergeholt; gehören jetzt alle unter die Speckflagge, deshalb darf man ihn auch was schreiben lassen. Vielleicht kiekt der ja'n büschen anners!

Ja, das alles ist reinweg wahr. Aber ich musste in erster Linie aus beruflichen Gründen die wassergrüne Scholle in Vegesack gegen eine berggrüne Scholle wechseln, wobei der Untergrund, der gelbe Lehm nämlich, weiterhin unter den Sohlen klebt. Glücklicherweise konnte ich die fröhlich verlebte Kinder- und Jugendzeit sowie die stürmische Periode auf hoher See und das Ingenieurstudium in Bremen in der Heimat um Vegesack und umzu erleben.

Nun lebe ich im Schwarzwald, schaue aber mindestens einmal pro Jahr über die Nordseedeiche, auf und in die Weser, verfolge mit Interesse die Veränderungen wie die traditionelle Beständigkeit von Land und Leuten im alten Revier.

Politisch darf ich mich allerdings nicht mehr als Bremer zählen. Einen ständigen zweiten Wohnsitz über fünfzig Jahre lang durchzuhalten, nimmt mir in heutigen Behörden auch keiner mehr ab, doch im Herzen bin ich Bremer geblieben.

Ich glaube, es geht auch gar nicht anders. Da gibt es eine Reihe von Persönlichkeiten in der Diaspora, denen es bestimmt ähnlich ergeht.

Nicht immer einfach die Fahnen hochzuhalten, wenn mir zum Beispiel mein vierzehnjähriger Enkelsohn aus Düsseldorf entgegenschmettert: »Was ist grün und stinkt nach Fisch … WERDER BREMEN …«

Es ist nicht zu leugnen; je älter man wird, desto stärker treten die Erinnerungen ans offene Deck. Geschichten, die man glaubt, längst im Kabelgatt auf Nimmerwiedersehen verkramt zu haben, tauchen wieder auf, die schönen Widerspenstigen, und sie lassen sich nicht so leicht über Bord spülen und locken gleich verführerischen Sirenen zu reizenden Vergleichen.

PS

Das Schicksal hat mich jetzt – im Jahre 2017 – noch weiter südlich, nämlich in den schönen Schwarzwald versetzt. Und die passionierte Beschäftigung mit der deutschen Literatur bringt mich mit dem alten deutschen Poeten *Karl Philipp Moritz*, einem Zeitgenossen Goethes, aus der Sturm und Drang Periode zusammen, der in seiner romanhaften Biografie *Anton Reiser* tatsächlich *Vegesack* besuchte und darüber berichtet. So zeigte er sich *ergötzlich* über die dreimastigen Segelschiffe, die in dem kleinen Hafen lagen.

Bei diesen Zeilen erinnerte ich mich an meine prosaischen Skizzen, die ich anlässlich eines der letzten Besuche in der Heimat 2012 verfasste, die in der Schublade schlummernd den Anstieg auf 800 m über NN offenbar gut überstanden haben.

Da hat also ein nicht unbedeutender deutscher Literat damals so um 1774 herum das bedeutende Vegesack besucht, schrieb darüber und die besuchte Stadt nimmt das kaum zur Kenntnis und setzt ihm posthum kein Denkmal.

Mich jedenfalls erinnert dieser Kontakt mit dem alten Romancier an meine bescheidene Arbeit über Vegesack und motiviert mich sozusagen, das Geschriebene noch einmal zu überarbeiten.

Mir hat das Schreiben Spaß gemacht und vielleicht mögen auch noch andere Menschen Vergnügen am Text haben, wenn's denn gelingt.

St. Blasien, im Februar 2018

Erinnerung

Bei dieser Arbeit denke ich an meine liebe Frau, Ursel, die Bremerhavener Deern, die ich mein erwachsenes Leben lang liebte und die ich vor einigen Monaten schmerzlich verlor.

Von einem hohen Berg hier im schönen Schwarzwald aus, wird sie – und ich später auch – in die Vegesacker Tiefebene schauen und wohlgefällig das Leben und Treiben dort unten betrachten. Und wir werden sagen: »War doch schön!«

St. Blasien, den 14. März 2018

Teil 1 – Vegesacker Skizzen

Der Hafen von Vegesack © BTZ

Der Hafen

»Wanderer kommst du nach Rom, frage nicht nach Vegesack. – Wanderer kommst du nach Vegesack, frage nicht nach Rom, frage nach dem Hafen.«*

Der kleine Vegesacker Hafen wusste lange nicht, wozu er eigentlich diente. Unterschlagen wir einmal die historischen Anlässe und Aufgaben, so hatte der Fortschritt stets die Nachrüstungen des Hafens überholt. Das haben weder der Hafen selbst, noch wir, die wir in den fünfziger Jahren des vorigen Jahrhunderts dort unser harmloses Unwesen trieben, übel genommen.

Gut, er trug eine Zeitlang ein Haus für Boote des ansässigen Wassersportvereins, ein verbotenes Terrain für Jungen. Das Bootshaus blieb lange ein ständiger Mieter, dessen Anleger im brackigen Wasser schwabbelte. Ansonsten lagerten sich nur hin und wieder ein verirrter Torfkahn, der eigentlich nach Bremen wollte, aber nachher ganz froh war, dass er seine feurige Ladung ebenso gut in Vegesack loswurde. Manchmal legte ein Kutter an mit frischen Butt und Stinten in den Fangkörben.

Sehens- und spielenswert allenfalls noch die Drehbrücke zu Lürssen rüber. Ebenfalls verboten zu betreten. Ich kann mich nicht erinnern, sie einmal in Betrieb gesehen zu haben. Muss nicht stimmen, denn jeden Tag trieben wir uns dort nicht herum.

* Ursprünglich ein Epigramm des Griechen Simonides von Keos. »Wanderer kommst du nach Sparta …« In ähnlicher Form oft in der Literatur verwendet. So auch 1986 von Heinrich Pleticha »Wanderer kommst du nach Rom« Anekdoten und Bilder aus der Ewigen Stadt. Erst durch Geschichten werden Sehenswürdigkeiten lebendig.

Allein, ohne Flankenschutz sowieso nicht, denn es konnte passieren, dass die Schülergang aus der Hafenstraße unsereins ansichtig wurde.

Für mich begann der Hafen real zu existieren, als nach dem Kriege die vom deutschen Marinepersonal betriebene englische Minensuchflotte einige ihrer Boote im Vegesacker Hafen stationierte.

Ein Kriegskamerad des Vaters, heimatlos geworden, da sein Geburtsort Landsberg an der Warthe für Deutschland verloren gegangen war, fand sozusagen einen »Job« bei den »Tommys« auf einem dieser Boote.

Eine nicht ungefährliche Mission, wie jeder wusste.

Das Gute aber war, dass er, Siegfried, mich, den neunjährigen Knaben, im Hafen manchmal mit an Bord nehmen durfte. Sozusagen als lebendiges Maskottchen, denn ich wurde von den Männern im blauen Marinedress nach Strich und Faden verwöhnt, was sich in der Zeit der Not relativ einfach darstellte: Es gab an Bord gut und reichlich zu essen!

Es muss auch dies der Zeitpunkt meiner ersten großen Liebe gewesen sein – nicht die köstliche Verpflegung, wie man meinen könnte – nein, ich hatte mich in einen Duft verliebt. In den Duft des Dieselöls, der im Boot hing wie am hölzernen Rumpf genagelt.

Liebend gerne wäre ich mit hinausgefahren, hätte im Maschinenraum den Dunst des Öls wie Manna inhaliert, das Dröhnen und Rattern der Ventile wie eine Musik empfunden, hätte die Manöver des Schiffsführers ohne Tadel ausgeführt und gar als junger Held mit dem Fanggerät gefährliche Minen entschärft.

Es blieb ein Traum.

Später habe ich mir diesen Wunsch erfüllt, zwar keine Minen mehr entschärft, aber häufiger, wenn auch unfreiwillig in Dieselöl geduscht. In mäßiger Dosierung verabreicht, verträgt der Mensch absonderliche Flüssigkeiten. In diesem Zusammenhang darf erwähnt werden, dass auch Mineralöl zu den Naturprodukten zählt, es dennoch für den menschlichen und tierischen Genuss als ungeeignet gilt, weil das Verfallsdatum wegen

Unachtsamkeit unserer Vorfahren um einige Millionen Jahre überschritten wurde.

Danach, wobei ich mich auf keine genauen Zeitangaben festlegen möchte, diente der Hafen nach meiner Beobachtung lediglich als Notquartier für schwimmfähige Vehikel und als Überführungskanal für das damals jedenfalls nicht immer saubere Wasser der Aue. Bei Ebbe einen Blick hinter die vergitterte Mündungsröhre des Baches unterhalb der Bahnhofstraße (heißt heute Friedrich-Klippert-Straße) zu werfen, machte traurig.

Nun, inzwischen hat sich der Vegesacker Hafen gewandelt. Als Erwerbsquelle, gemessen am Umschlag, wird er vermutlich immer noch nicht auskömmlich sein, aber optisch stellt er sich sehr ansehnlich dar.

Die historischen Boote bilden nicht unbedingt ein pittoreskes aber ein respektables maritimes Ambiente.

So schön hat sich mir der Hafen bisher nie gezeigt. Ein Lob den Vegesackern!

Mein Vater, wenn er noch leben würde, hätte sich auch heute als geduldiger Angler am Utkiek und an anderen zugänglichen Molenplätzen am Hafen sehr wohlgefühlt. Er hätte sein Moped mit der umfangreichen Ausrüstung an das neue Geländer gelehnt, dankbar dafür, denn damals gab es am Hafen überhaupt nichts zum Anlehnen. Dabei wäre es ihm egal gewesen, ob verboten oder nicht.

In aller Gemütsruhe hätte er seine zwei Angelruten aufbereitet, mit Köder und Spule ins Wasser geworfen und mit wohlgefälligen Blicken in die Runde geschaut. Gäste waren ihm stets willkommen. Sympathisch waren sie ihm, wenn sie, gleich dem Angler, den Schnabel hielten und ins Wasser schauten. Was sich dann im Wasser tat oder auch nicht, schien zweitrangig zu sein. Über der Wasseroberfläche herrschte exakte Planung, wie in Bremer Behörden streng vorgeschrieben, was darunter geschah, hing letztlich von Neptuns gutem Willen ab.

Während seiner Anglerperiode brauchte in Vegesack niemand den Begriff und die Gepflogenheiten von Touristen zu studieren. Es gab sie nicht.

Der im Hafen liegende historische Segellogger BV 2 würde ihn erfreut haben. Auf dem Logger mit Hilfsdampfmaschine namens »Rabe« unter Kapitän Lepernich hatte er 1928 eine Fangreise als Junge und später 1934 eine gleiche Reise auf der »Sperling« als Oudste unter Kapitän Bleke unternommen und durchgestanden.

Wenn Vater aus seiner Jugendzeit erzählte, so hingen wir Kinder an seinen Lippen. Unser liebstes Bilderbuch waren die Familienfotoalben. Immer wieder wollten wir alles wissen und erfuhren lediglich einiges. Über seine Fischereiabenteuer und seine Seefahrtszeit berichtete er gern, aber was ein Oudste beruflich auf einem Heringslogger machte, hinterließ er nicht.

In der Fischerei haben sich einige Begriffe aus der niederländischen Sprache auch im deutschen Fachjargon niedergeschlagen. Oudste bedeutet so viel wie Ältester. Laut Seefahrtsbuch wies Vater damals das Alter von 24 Jahren auf, nicht sehr alt für einen Ältesten!

Vielleicht erbarmt sich ein fachkundiger Mensch und erklärt mir, was ein Oudste ist und was seine Aufgaben an Bord eines Loggers waren und vielleicht heute noch (anderswo) sind.

Ein Foto zeigte ihn mit einem außergewöhnlichen Hut auf dem Kopf beim Schlachten der armen Heringe auf kabbeliger See. Sein Gesicht konnten wir nicht erkennen, wobei er immer wieder versicherte, es wirklich selbst zu sein. Genau dieses Foto fand ich abgebildet in einem Bildband über Vegesack. Entweder trugen viele Fischer einen solchen außergewöhnlichen Hut, oder meine Mutter hatte es irgendwann dem Verlag zur Verfügung gestellt.

PS.: Meine blamable Unkenntnis, das Rätsel um den Oudste ist gelöst. In der eigenen Familie bewegen sich – wenn auch mehr in Schottland – fachkundige Köpfe. Es ist der Bruder meines Schwagers, der meinen Hilfeschrei empfängt. Postwendend, weil er sich gerade in Deutschland aufhält, klärt er auf:

Der Oudste ist der älteste, erfahrenste und ranghöchste Matrose der zehn Mann, die vor dem Mast wohnen. Beim Fischeinholen muss er die Heringe aus den Netzen schlagen, wenn das Netz über die Krippen (tiefe hölzerne Fischkisten) läuft.

Er hat weiter dafür zu sorgen, dass beim Schlachten der Heringe (an Deck auf hoher See) die damit beschäftigten Männer stets Nachschub aus den Krippen bekommen und dass die geschlachteten Heringe an die Matrosen gelangen, die die Fische salzen und in die Fässer verpacken.

Lieber Hans Werner, vielen Dank.
Gern gebe ich hiermit deinen Wunsch weiter, ehemalige Kollegen der Besatzung des BV 8 »Brunhild« aus dem Jahre 1952 wiederzufinden. Ich biete mich als dankbarer Vermittler an.

Zu meiner Zeit bestand die Vegesacker Fischerei Gesellschaft AG bereits 55 Jahre, fischte damals besonders erfolgreich und nahm einen der vorderen Plätze in der Vegesacker Industriephalanx ein. Sie ist nun verschwunden wie so viele andere Unternehmen auch. Wenn sie auch mehr der Lesum zugewandt war, so zählte sie zum festen Bestandteil des Hafens. Bei Nebel sah man zwar nichts, aber man roch jeden einzelnen Hering!

Ob Vater mit der neuen Hafenbrücke seinen Frieden geschlossen hätte, vermag ich nicht zu sagen. »Kunst«, hätte er vielleicht gemurmelt, »Kunst ist das nicht. Der ganze Vegesacker Hafen ist künstlich, aber fällt das heute jemandem auf? Nein, und eben das nenne ich gelungen. Man darf das neue Gebilde wohl als auffällig bezeichnen. Halten wird sie, davon bin ich überzeugt.« Sein Glaube an Technik und Fortschritt war niemals zu erschüttern.

Nach einem solchen Bekenntnis hätte er sich aus Verlegenheit – er urteilte höchst ungern – tatsächlich seinen Angeln gewidmet.

Ich nutze heute ein paar Minuten, um ins stille Hafenwasser zu schauen. So wie ich im Atlantik immer wieder in die sprudelnde, am Rumpf vorbeiströmende See blickte und sich mir niemals ein langweiliges sich wiederholendes Bild darbot. Eine lebendige singende unendlich riesige Masse ließ unser Schiff auf ihrer Oberfläche passieren, trug uns sicher und vermittelte dem unscheinbaren Menschen an der Reling diese besondere Art von innerem Frieden.

Die Hafenbrücke ist mein Standort. Am Rande – nach Blumenthal zu, also auf der Nordseite – habe ich die Festigkeit der gewagten Konstruktion, dem Gedankengang meines Vaters folgend, pragmatisch überprüft, wobei die altbewährte Hüpfprobe einigen Passanten offensichtlich sehr spanisch vorkommt, doch sie sagen nichts und sie fragen nichts, wahrscheinlich wundern sie sich nicht einmal.

Das Wasser unter mir schillert nicht mehr so bunt wie in den früheren Jahren. »Sind nur Fettaugen«, entschieden wir damals milde und gingen davon aus, dass ein Hafen ohne ölige Oberfläche überhaupt nicht möglich sein konnte. Weil Fettaugen eben als ein positiver Begriff zu werten war und jeder von uns Jungen dabei an eine fleischhaltige Steckrüben- oder Graupensuppe dachte.

Öl auf dem Wasser bedeutete geballte Kraft von Motoren, überschüssige Gleitstoffe von fauchenden Dampfmaschinen, fettgeschmierter Winden, sich niederschlagende Abgasreste, kondensierender Abdampf, also Betriebsamkeit, Wirtschaft, Arbeit, Leben.

Andererseits assoziiert ein Hafen doch auch notwendige Pausen, »Ruhe an Deck«, Freiwachen in den Kabinen und Luken, »Maschine genug!« in den engen Maschinenräumen, Entspannung beim fahrenden Personal, allerdings auch kicherndes Highlife unter den Persenningen von Sportbooten.

Das geduldige Hafenwasser passt sich den jeweiligen Situationen an, es regt sich niemals auf, gerät vielleicht hin und wieder in leichte Turbulenzen, wenn nervöse Propeller schaumschlagen, doch selten ändert es die Farbe. Auch heute wie damals schmückt sich das Weserwasser mit einem kaum zu beschreibenden Farbton in schwarzbraun-grün-grauen Nuancen. Blau kommt eigentlich gar nicht darin vor. Blau ist eben nur die besungene Donau.

Eine Bedingung jedoch stellen Hafen und Wasser: Bewegung in sich. Auch jetzt bemerke ich einen leichten Trend der Strömung, weserabwärts gerichtet; der Mond scheint auf Ebbe geschaltet zu haben.

Seltsam, das unerklärliche Gefühl der Ruhe, des Friedens, der Sicherheit erfasst mich wieder. Dass der Mensch nicht ohne Wasser sein kann, lehrt die Biologie, dass das Wasser aber auch einen wohltuenden Einfluss auf die Psyche des Individuums ausübt, lehrt neben vielen anderen Wasserstellen ganz besonders der Vegesacker Hafen.

Ich schaue mich um. Meine suchenden Augen treffen auf das Gebäude des Grauen Esel. Ein traditionsreiches Gasthaus blickt ebenfalls auf die Hafenbrücke. Eine Reihe von Geschichten umrankt diese Gaststätte. Einige habe ich als Kind schon gehört, denn Vater kellnerte in seiner Jugend dort. Während des Krieges und auch danach gab es keine großen Ereignisse um das Lokal herum; mir sind jedenfalls keine solchen bekannt geworden. Wir, die Jugendlichen der fünfziger und sechziger Jahre, bevorzugten andere Orte des Vergnügens. Wenn ich wieder in Vegesack sein werde, besuche ich als erstes den grauen Esel – versprochen.

Zum Stadtbild gehört inzwischen das an der Lesum liegende Schulschiff »Deutschland«. Sicherlich gehört dieses Segelschiff zu den Attraktionen der Stadt und des maritimen Ambientes rund um Hafen und umzu.

Ich muss bekennen, das darf man mir übel nehmen oder auch nicht: Schiffe mit riesigen Masten, hölzernen Rahen mit Segeln daran, kilometerlanges Tauwerk, nicht überblickbare Takelage und das Ganze irgendwie und überall an Deck befestigt, – wo mag das Metazentrum liegen – das alles macht mir Angst.

»Hölzerne Schiffe und eiserne Matrosen!« Das sei der Wahlspruch, so habe ich es schwach in der Erinnerung, sagte man meinem ersten Kapitän, Gottfried Clausen, vom Norddeutschen Lloyd nach. Er war ein eisenharter doch gerechter Mann, den ich immer bewunderte. Er, der vor dem Krieg das stolze Segelschulschiff »Commodore Johnson« befehligte, musste sich mit uns auf der MS »Ravenstein« notgedrungen mit einem eisernen Schiff und hölzernen Matrosen herumquälen. Vor uns »schwarzen Gesellen« aus dem Maschinenraum allerdings zeigte er Respekt. Es nötigte ihn Bewunderung ab, dass wir es immer wieder schafften, die drei Propeller am Laufen zu halten. Wenn es uns ausnahmsweise einmal gelang, eine Marschgeschwindigkeit von nahezu 18 Knoten zu erreichen, so fühlten sich Kapitän und Mannschaft wie auf einem Flying Clipper.

Doch als unsere Mannschaft unterwegs vom Unglück der »Pamir« erfuhr, mussten auch unser Kapitän und alle Verfechter einer »harten« seemännischen Ausbildung erkennen, dass die Zeit der Segelschulschiffe – jedenfalls bei der Handelsschifffahrt – vorbei war.

So wie die »Deutschland« jetzt da liegt, gefällt sie mir. Kein OA (Offiziersanwärter) wird die Wanten raufgejagt, keiner muss zutörnen und Deck schrubben. Alle Besucher dürfen sich entspannen und viel Gutes für sich tun. Beim nächsten Mal zähle ich mich zu den faulen Gästen, und wenn jemand zuhören will, dann erzähle ich Gräuelmärchen aus dem gewaltigen Seefahrerzyklus »Ohne Segel auf großer Fahrt«. Dann muss aber Winter sein, der Wind in den Wanten heulen und der Kanonenofen in der Offiziersmesse eine gemütliche Wärme ausstrahlen, sodass sich der dampfende Grog keine Erkältung zuzieht.

Das Gesamtbild möchte ich mit der prosaischen Skizze *»Strandlust in Vegesack«* abschließen. Diese Lokalität ist überhaupt der allererste Standort meines Aufenthaltes in Vegesack gewesen.

Unser Vater, der in der Gastronomie gelernt hatte, aber hauptberuflich im Schiffbau arbeitete, besserte sein Einkommen in der Strandlust und manchmal auch im Grauen Esel als dienstbarer Geist im Kellnerjackett auf. Ein Zweitjob ist also keine Erfindung der kapitalistischen Nachkriegszeit, sondern vermutlich seit der Antike eine Möglichkeit, sein kärgliches Einkommen um Nuancen zu verbessern.

Die Strandlust gehörte der Sparkasse in Vegesack und der Pächter war Herr Carl Neelmeier. Die Person des *Chefs* war mir ein Begriff, wie auch die *Kaltmamsell,* eine freundliche Dame aus dem Bereich der Küche und die Kollegen des Vaters, die alle *Herr Ober* hießen. Ich hatte es gut, daran kann ich mich erinnern. Meine Mutter lieferte mich dort in der Abteilung Küche ab oder wir warteten dort gemeinsam auf den Feierabend des Vaters.

Hier lernte ich, zunächst noch unbewusst, nicht sichtbare Grenzen wahrzunehmen und einzuhalten. Dorthin, wo der Vater immer nach dem Ruf »Herr Ober« verschwand, durften wir nicht folgen. Ein dauernd schwingender Vorhang stellte die unbezwingbare Barriere dar. Versuche nachzuschauen, endeten immer mit einem festgehaltenen Arm oder Hosenträger oder auch einem Bonbon, wenn ich allzu hartnäckig wie der Vater dem lockenden Ruf folgen wollte.

Die britische Fernsehserie *upstairs – downstairs,* in Deutschland unter *Ein Haus am Eatonplace* bekannt, kennzeichnete den gesellschaftlichen Klassenunterschied in aller Deutlichkeit. Hier unten beziehungsweise hinter dem Vorhang: die Dienenden, davor respektive da oben: die Bestimmenden.

Die Strandlust, die gute Stube Vegesacks, verwöhnte zu der Zeit vermutlich die Honoratioren der Stadt, an den Sonntagen vielleicht ein paar gut situierte Bürger aus dem fernen Bremen, die mit dem Dampfer die Weser heruntergeschippert kamen, aber sie bewirtete bestimmt nicht das gewöhnliche Volk.

Der Krieg und die dadurch entstandene körperliche Versehrtheit des Vaters unterbanden weitere Tätigkeiten der geschilderten Art, als ohnehin die Strandlust lange Zeit keinem gastronomischen Zweck diente. Meine Schwestern, ich und viele andere Kinder hatten allerdings das Vergnügen, während einer von der US Army organisierten Spenden-Weihnacht, endlich die andere Seite des Etablissements, die schöne, die verwöhnende, kennenzulernen.

Meine Scheu vor dem respektablen Gebäude und dem dazugehörigen Status ist geblieben. Sie wurde unlöschbar im organischen Speicher unterhalb der Schädeldecke implantiert. Selbst wenn ich viel später großartig mit eigenem Auto vorfuhr und verschiedene Veranstaltungen dort besuchte, blieb die Beklemmung.

Die Strandlust blieb als Kleinod an der Unterweser erhalten; im Gegenteil, sie hat sich herausgeputzt. Kein Mensch muss heute mehr seine Minderwertigkeitskomplexe pflegen und Respekt vor ein paar Sternen haben.

Internes Resümee

Ich bin nicht glücklich darüber, dass ich diese prosaische Skizze formal einem *Museums-Hafen* widmen muss. Da mag ich mich drehen und wenden: Der Begriff Museum entbehrt den Status der Lebendigkeit. Ein Museum dokumentiert irdische, organische und technische Vergänglichkeit, stellt Exponate und Verfahren zur Schau, die nicht mehr im täglichen Leben verwendet werden.

So empfinde ich den Hafen aber eben nicht. Für mich ist er farbig, lebendig und immer noch zweckmäßig und natürlich auch zeitgemäß, wenn ich auch als Techniker dem stählernen grauen Fluttor etwas mehr Aufmerksamkeit wünschen würde.

Es wird bestimmt nicht vernachlässigt, schwebt doch über Vegesack das Damoklesschwert – immer wieder von aktiven Klimaschützern plakativ und angsterzeugend in die Schlagzeilen getrieben – der großen Flut und der will man ja gewappnet sein.

Also unterschlage ich die Vokabel Museumshaven und bitte um Nachsicht.

Der Sedanplatz

Ja, wo isser er denn, wo ist er denn geblieben – unser Mehrzweck-, unser Allerweltsplatz? Nun gut, da sind wir uns wohl alle einig, schön war er nicht, der sandige Platz mit der einsamen Sedaneiche und dem abseitigen Wasserturm.

Ästhetische Gesichtspunkte konnte man damals nicht entwickeln; uns Kindern und Schülern lag solcherart Gehirnakrobatik ohnehin nicht. Was historische Ereignisse anbetrafen, schien die Mehrzahl von uns ebenfalls befangen zu sein.

Die Lehrer aller Schulsysteme – ob Volks- oder Oberschule – waren damals verpflichtet, den Zweiten Weltkrieg krampfhaft zu verschweigen, da gingen uns der Erste Weltkrieg und zuvor die siegreiche Auseinandersetzung 1870/71 gegen Frankreich erst recht nichts an. Dass es einst einen deutschen Kaiser gab, wussten die meisten von uns nur durch Briefmarken, die eifrig gesammelt wurden und viel interessanter waren als die längst versunkenen geschichtlichen Ereignisse, denen der Sedanplatz seinen Namen verdankte.

In der Schlacht von Sedan am 1. September 1870 besiegten deutsche Heere (eine deutsche Nation gab es zu dem Zeitpunkt noch nicht) die französische Armee. Der Kaiser der Franzosen, Napoleon III., geriet in deutsche Gefangenschaft. Das französische Kaiserreich endete mit dieser Niederlage. Der deutsche Sieg wurde triumphal gefeiert und gipfelte in der Gründung des »germanischen« Kaiserreiches unter Kaiser Wilhelm I. Die Schlacht forderte auf deutscher Seite 3.000 Tote und 5.900 Verwundete. Die Franzosen opferten 7.000 Tote und 14.000 Verwundete. 83.000 französische Soldaten gerieten in Gefangenschaft.

Dass diese Schlacht – einhergehend mit der Demütigung des Verlierers – nicht zur Völkerverständigung zwischen Franzosen und Deutschen führte, darf man sich vorstellen.

Der Sedanplatz = lediglich eine Bezeichnung für einen Treffpunkt

Damals war »unser« Sedanplatz ein dankbares Übungsgelände bei Regen, um mit dem Fahrrad elegante Bögen und Kurven um die riesigen Pfützen zu erfinden und natürlich vorzuführen, sofern gleichaltriges Publikum vorhanden und man selbst ein Fahrrad besaß. Pech allerdings, wenn man auf den meist weißen Fliesenscherben, die großflächig verteilt die tiefen Löcher kaschieren sollten, ausrutschte und in der Pfütze landete.

Der Sedanplatz war nicht klein und eignete sich deshalb vermutlich sehr gut für die Wandplatten erzeugende lokale Industrie als Ausschussverteilungsgelände.

Der Platz war ein beliebter Treffpunkt, beispielsweise am 1. Mai, für die Gewerkschaftsfunktionäre der IG Metall, wenn sie ihre zahlenden Mitglieder vom Bremer Vulkan zum traditionellen Tag der Arbeit zu einer Marschkolonne zusammenschweißte und Fahnen schwenkend durch die Straßen trieb.

Der Sedanplatz = Mittelpunkt der Stadt

Stimmte damals nicht, und diese Fehleinschätzung hat sich bis heute erhalten. Ein großer Platz inmitten einer Stadt verleitet kommunale Kräfte in allen Orten dieser Welt stets dazu, Pläne zu entwickeln, die – öffentlich verbreitet – entweder gut für die Bürger und oder gut für das Stadtsäckel, sich also auch gesund fürs Volk auswirken – sollen. Die Ergebnisse erweisen sich meistens als ambivalent, nämlich als gut oder schlecht. Eines aber tritt prompt ein: Der Platz magert kontinuierlich ab.

Zu unserer Jugendzeit wurde das Finanzamt errichtet und beanspruchte nur ein kleines bisschen der großen Fläche. So beginnt der Flächenschwund. Man kappt hier ein wenig und dort ein wenig, es fällt oft gar nicht auf, weil es ja dem Wohle der Bürger dient, der, aufgrund dieser Wohltat, nicht mehr genau hinschaut.

Zwar war in den fünfziger Jahren (des vorigen Jahrhunderts) der Sedanplatz noch nicht mit dem Finanzamt gekrönt, doch spielte es, das Amt, für mich im Jahre 1951 schon eine ganz entscheidende Rolle, weil ich immer noch keine Lehrstelle in Aussicht hatte.

Jetzt griff unser allseits verehrter Lehrer, Herr Erwin Schweers ein, dem ich bei dieser Gelegenheit gerne meinen Dank aussprechen möchte. Er gehörte zu der jungen Lehrergeneration, die uns kriegsgeschädigten Schülern (von 1943 bis 1947 erfuhren wir nur eingeschränkten Unterricht) das Notwendigste beibrachte und uns verwilderte Bande mit pädagogischem Talent in die richtigen Bahnen leitete.

Er hatte gehört, dass das Finanzamt Vegesack eine Ausbildungsstelle für einen Kandidaten zur unteren Beamtenlaufbahn einrichtete, er machte mich darauf aufmerksam und deutete mir die große Chance einer Anstellung an.

Ich lehnte ab! Die Gründe vermag ich nicht mehr aufzuzeigen. Nicht nur, dass ich meinen Gönner herb enttäuschte, auch meine Mutter zeigte sich bestürzt und intervenierte umgehend. Doch sie erfuhr vom Pädagogen: »Ihr Sohn mag andere Vorstellungen haben, ihn in einen Beruf zu zwingen, der ihm nicht liegt, widerstrebt mir.«

Wenn ich also damals zugesagt hätte, wäre mir ein Berufsleben lang die Möglichkeit geboten worden, jeden Tag auf den Sedanplatz zu blicken. Ich hätte mir mittags ein Würstchen vom Stand an der Gerhard-Rohlfs-Straße holen oder vielleicht ein Pausen-Bierchen in der Eckkneipe (wie hieß die noch gleich?) genießen können.

Mein bodenständiger Freund hilft da sofort: »*Da, wo heute die Volksbank Kredite verkauft, gab's die Gaststätte Dierks, ein bisschen weiter schenkte Tilla Vogt in ihrer Kneipe bestes Bier aus, an der Ecke bot Bonifatius Pradella Kalte und warme Küche an, im spitzen Eck zwischen Bahnhof- und Kirchenstraße stand das hohe dreieckige Gebäude und unten die Gaststätte ›Zum goldenen Stern‹ mit dem sagenhaften Billardtisch, und so weiter …*«

Jahrzehnte später

… kann ich den Sedanplatz von Aumund herkommend nur zu Fuß per Passage am neuen Bürgerhaus erreichen. Ein Haus für Bürger macht sich immer gut. Im Internet konnte ich nachlesen, dass sich besonders die dortigen Toiletten in ausgezeichnetem Zustand befinden.

Und gerne benutzt werden. Diesem Lob schließe ich mich an.

Zum Mittelpunkt der Stadt hat sich der Sedanplatz nach meiner Meinung jedoch nicht entwickelt. Er stellt lediglich eine zentrale Adresse dar. Der Bau einer wie auch immer gearteten Markthalle, wo auch immer das geschieht, verbessert selten die Infrastruktur eines Ortes, es sei denn, man kann problemlos und kostenfrei parken.

Stichwort: Markthalle

Dieser Gedankensprung bezieht sich nicht allein auf Vegesack, sondern gilt für die ganze Republik. Es fiel mir zunächst im neuen Osten unserer Nation auf, jedenfalls zu der Zeit, als westdeutsche Handelsunternehmen wie Heuschrecken in das flache Land einbrachen und ihre einstöckigen scheunenartigen Verkaufsgebäude in die Botanik pflanzten. Während wir Techniker versuchten, noch bestehende Industrieunternehmen aus den glorreichen Zeiten der DDR zu retten oder irgendwie am Leben zu erhalten, prosperierte der Konsum.

Mit Bitterkeit auf beiden Seiten erkannten Investoren und die betroffenen Arbeiter und Angestellten, dass kein Stein einer Fabrik auf dem anderen blieb und man, von wenigen Ausnahmen abgesehen, lediglich arbeitslose Menschen produzierte. Unbeeindruckt davon triumphierten die profanen Konsumtempel. Es wurde gekauft, was das Zeug hielt.

Da fragten wir uns: *wo, zum Teufel, soll das Geld verdient werden, das in Supermärkten und Discountern ausgegeben werden soll?*

Leider hält dieser Trend einer Influenza gleich bis heute an. Überall werden Produktionsbetriebe geschlossen und Verkaufsstätten errichtet.

Da muss man sich auch in Vegesack fragen: *Wo, zum Teufel, soll hier das Geld verdient werden, das in Markthallen und diversen Einkaufszentren auszugeben ist?*

Sedanplatz = auch unterirdisch interessant

Die Tiefgarage ist wohl allgemein bekannt und wird, wie überall, mehr oder weniger gern angefahren. Mäßig bekannt ist, dass sich darunter ein Bunker befindet, der in den siebziger Jahren des vergangenen Jahrhunderts gebaut, die Bevölkerung im Falle eines Krieges gegen ABC-Waffenbeschuss schützen soll.

Der Bau fand nicht gerade in aller Heimlichkeit statt, aber viel Aufhebens wurde dennoch nicht gemacht. So habe ich in Düsseldorf tatsächlich von dieser 1,4 Millionen D-Mark-Investition überhaupt nichts mitbekommen, und deswegen darf man annehmen, dass auch dem damaligen »Feind« diese defensive Aufrüstung des Gegners entgangen sein dürfte.

Mehr darüber zu berichten erspare ich mir. Im Falle des Falles hätte ich ohnehin keinen Platz gefunden, denn zu den 4.000 bevorzugten Insassen darf ich mich nun wirklich nicht zählen.

Wozu brauchten wir überhaupt den Sedanplatz?
Für den Vegesacker Maak natürlich!

Um Entwicklung, Gesellschaft, Infrastruktur und Fortschritt zu bewerten, darf der Autor ruhig ein Quäntchen Nostalgie ins Spiel bringen. Sie bedeutet nicht, dass früher alles viel schöner, viel ruhiger, viel billiger und viel sonst was war. Die Zeit schien eben anders zu sein und wir hielten uns für sooo jung!

Die Stimmung, die herrschte, wenn sich der Vegesacker Markt angesagt hatte, brauche ich nicht beschreiben. Möglicherweise ist sie identisch mit der der Jugend von heute. Der Markt war und ist etwas Außergewöhnliches in unserer sonst zurückhaltenden Vergnügungsregion im mittleren Norden der Republik.

Mancher schrieb und verglich den Bremer Freimarkt und parallel dazu den Vegesacker Markt mit der Session des rheinischen Karnevals. Quatsch, sage ich, denn ich kenne beide jährlich stattfindenden Ereignisse. Man kann sie nicht vergleichen und ich habe auch nicht die Absicht, akademische Definitionen darüber zu entwickeln.

Unser Vegesacker Markt beanspruchte den Sedanplatz bis in die letzten Ecken. Er konnte gar nicht groß genug sein. Als auch die Ecken nichts mehr hergaben, wandelte sich zusätzlich ein Stückchen der Georg-Gleistein-Straße (ganz früher Bahnhofstraße) in eine fröhliche Marktgasse bis hin zum Aumunder Marktplatz, der dann das zweite Zentrum des gesamten Marktes bildete. Die Menge der Besucher wog dann zwischen den dudelnden Plätzen hin und her.

Wir Jugendlichen flogen darüber, als würden uns Flügel gewachsen sein. Gefieder war zwar nicht, aber an beiden Enden der Arme hingen die zarten Händchen von jungen Mädchen, und wie zuckende Schlangen, die mitunter bis zu zwanzig fröhlich kreischende junge Menschen umfassten, trieben wir uns durch die Menge, die nicht immer gute Miene zum großartigen Spiel machte.

Und wenn einmal die Schlange auseinanderriss, oder man genau das Mädchen umklammerte, dessen Händchen man nie mehr im Leben loslassen wollte, dann klinkte man sich einfach aus und huschte in die Raupe oder ergatterte einen engen Platz (für zwei) in den stets umlagerten Fahrzeugen am Autoscooter.

Lässig eine Hand am Lenker, die andere schützend um eine schmale Schulter gelegt, ertrug man lachend und stolz die Angriffe der neidischen Konkurrenten, die heimtückisch das surrende Fahrzeug zu rammen versuchten. Die blechernen Stromabnehmer über unseren Köpfen verursachten ständige Gewitter und niemand wehrte sich, wenn diese Blitze ihren Weg in zwei Herzen suchten.

Ins Kettenkarussell zu wechseln, schien immer gefährlich. Es gab Fachleute unter den gleichaltrigen Jungen, die einem im wahrsten Sinne des Wortes ein Mädchen im sausend rotierenden Sessel ausspannen konnten.

So suchte man sich besser ein ruhiges Plätzchen in der Nähe einer Würstchenbude oder spendierte eine Portion Zuckerwatte, die gemeinsam zu vernaschen immer für Spaß sorgte. Und man schaute in zwei Augen, die bekannt waren, aber noch nie so strahlend leuchteten. Erfüllte sich endlich die heimliche Liebe?

Zwei junge Menschen waren sich so nahe auf diesem wunderbaren Vegesacker Markt, wie es der übliche Alltag über Jahre nicht zu leisten vermochte.

Am späten Abend kramte man das Fahrrad hervor und begleitete sie selbstverständlich nach Hause. Zu Fuß versteht sich. Man redete, man flüsterte am Gartentor – die Eltern könnten ja Verdacht schöpfen. Aber über die Liebe sprachen sie nicht. Ein sehr zerbrechliches Thema – um Gottes Willen – bloß nichts gefährden. Sie versprachen, sich wieder zu treffen – unbedingt.

Doch daraus wurde nichts.

Später traf ich Oswald. »Was ist aus deiner so schönen Freundin geworden«, fragte er. Ich konnte nur die Schultern zucken.

Oswald schüttelte seinen herrlichen roten Schopf. »Ein solches Mädchen lässt man doch nicht laufen«, murmelte er strafend. Er hatte Recht der Gute, doch das Schicksal entscheidet anders.

Ja, einen Tunnel hätte ich damals gebraucht, einen Tunnel am Sedanplatz, der mir ein Licht gewiesen hätte. Ein winziges Kerzlein wäre ausreichend gewesen.

Heute baut man einen solchen. Leute! Viel zu spät; ich brauche ihn nicht mehr und meine Schwestern können auch auf ihn verzichten.

Wenn ein Alt-Vegesacker über das neue Vegesack schreibt, dann informiert er sich – das gehört sich so – zunächst im Rathaus zu Bremen. Nicht persönlich; das würde auch zu lange dauern. Er nutzt das Internet und findet den aktuellen Bericht der Senatskanzlei im Entwurf der Stadtteilbericht Vegesack. Unter den Schwerpunktprojekten findet er selbstverständlich den Sedanplatz .

Im Text heißt es: »... Desweiteren soll der Sedanplatz einem attraktiven Nutzungsmix zugeführt werden, sodass er als Frequenzbringer für die Fußgängerzone fungiert ...« will heißen: Umgestaltung!

Habe ich doch schon am Anfang des Kapitels erwähnt: *Alle Plätze der Welt erfordern eine permanente Umgestaltung. Warum soll unser Sedanplatz davon ausgenommen sein.*

Aber nicht nur der Vegesacker Markt (ich glaube, der heißt jetzt Herbstmarkt) verklärte uns den Platz, sondern Hochseilartisten und vor allen Dingen Zirkusse machten das Leben in Vegesack für uns so liebenswert.

Viel viel später schrieb ich eine kleine Geschichte über einen Traum, der die Nachhaltigkeit einer dort erlebten Zirkusattraktion beweist:

Der Flieger

Der Anblick einer filigranen Kunst, eines Bildes mit allegorisch sinnlichen Blüten, die entweder Kanonenkugeln oder einem prall gefüllten Dekolleté ähnelten, versetzte mich in einen Traum. Nicht in einen, der die schwülstigen Erwartungen der Nacht, sondern in einen, der die Illusion des Tagtraumes, der eine süße Erinnerung bewusst werden lässt.

Als Kind sah ich in einem Zirkus einen fliegenden Artisten, der aus einer Kanone geschossen viele Meter durch die Manege flog und in einem stählernen Netz wieder aufgefangen wurde.

So zwängte ich mich in ein enges Rohr. Die Arme nach oben gerichtet, unter meinen Füßen brodelte eine ungeheure Menge Schießpulver. Zwischen uns nur eine dünne Blechplatte, die mich mit einem gewaltigen Stoß in die Atmosphäre schleuderte.

Ich fliege.

Einem Vogel gleich durchdringe ich die Luft. Unter mir die Landschaft, die Orte der Kindheit. Ich erkenne den Strand, den Fluss, die Stadt, die Häuser, die Menschen.

Ich fliege.

Ohne Flügel schwebe ich und beweise, dass der Mensch fliegen kann, wenn er lediglich die Arme und Beine ein wenig bewegt. Kein Luftstrom treibt mir die Tränen in die Augen. Klar ist der Himmel, der Horizont und weit reicht der Blick.

Lautlos kreise ich über dem bildnisreichen Leben meiner Kindheit, fliege in eleganten Kurven über die Landschaft, die sich mir so eingeprägt hat. Unvergessene Erlebnisse liegen dort unten zwischen Mauern, Steinen, Bäumen und der warmen Erde versteckt. Keiner, nur ich allein weiß, wo sie verborgen sind.

Da sehe ich die Freunde von früher und sie ist auch dabei. Mit Fahrrädern sind sie unterwegs, wohl auf dem Wege nach Worpswede zum Weyerberg, unser aller geliebtes Ziel. Die weiten bunten Röcke der Mädchen wehen im Wind und wirbeln um ihre schmalen Taillen. Ihr fröhliches Lachen weht zu mir herauf wie ein sehnsüchtiges Rufen.

Ich muss zu ihnen, ich gehöre doch dazu!

Aber ich kann nicht landen, ich kann immer nur fliegen, – immer nur fliegen.

Die Gerhard-Rohlfs-Straße

Diese, unsere Straße, die Champs Élysée von Vegesack, ohne Kino, ist unvorstellbar. So ähnlich sieht das auch der oder die Verfasser des Stadtteilberichtes »Vegesack« der Bremer Senatskanzlei. Das Fehlen eines Kinos als Kultureinrichtung wird als Schwachpunkt interpretiert und zu Recht beklagt.

Zwar zählt heute ein Filmtheater nicht mehr zu den primären Kulturvermittlern einer Region, aber eine permanente magnetische Anziehungskraft besitzt es nach wie vor; optimistisch ausgedrückt: Moderne Kinos mit neuen Filmen tauchen vielerorts wieder auf wie Phönix aus der Asche.

Dass das Fernsehen die Kinos sterben ließ, ist längst eine verbrauchte Weisheit. Inzwischen hat aber die internationale, nationale, regionale und lokale Fernsehunterhaltung ein unerträglich flaches Niveau angenommen, weshalb man geneigt sein darf, sie mit der zitierten Asche zuzuschütten.

Das ist, nebenbei erwähnt, eine gesellschaftspolitische Gemeinschaftsaufgabe, wobei jedermann und jedefrau in der Lage sind, wie in einem von den Politikern stets scheel angesehenen Referendum, mit einem einfachen Knopf am Fernsehgerät Stimme und Macht auszuüben. Einfach abstellen und hinausgehen in die Natur, in die Stadt, in den schönen Stadtpark hinunter zur Weser, in die Vegesacker Fußgängerzone, wie unsere gute alte Gerhard-Rohlfs-Straße gerne in der lokalen Werbung bezeichnet wird.

Die Vergangenheit dieser Straße möchte ich nicht ausgraben, obwohl sie gleichfalls unterhaltsam sein dürfte.

Der Namensgeber, der Herr Gerhard Rohlfs, dünkt mir interessanter, obgleich natürlich auch Geschichte.

Selbstverständlich erfuhren wir damals in der Schule, dass dieser Herr 1831 in Vegesack geboren und ein bekannter Afrikaforscher wurde. Wir Schüler stellten uns ihn als einen seriösen, korrekt im kakifarbenen Tropenanzug gekleideten, älteren Herrn mit Schnurrbart und Tropenhelm vor, der im Auftrag der tüchtigen Bremer Bürgerschaft (andere Hoheiten zählten nicht) in Afrika bunte Steine, seltene Pflanzen und Elfenbein sammeln sollte. Diese Vorstellung reichte uns, den Lehrern offenbar auch.

Weit gefehlt, liebe Vegesacker. Der Rohlfs war ein Hallodri, ein Draufgänger, ein Legionär, ein Abenteurer – und in Vegesack geboren! Kaum zu glauben!

Sein Vater war Arzt. Natürlich sollte er auch Arzt werden, ein solches Sehnen haben viele Eltern an sich. Der Junge fühlte sich leider zu schwach für diesen schweren Beruf und huschte deswegen zum wesentlich leichteren Militär. Er lernte bei den Bremer

Füsilieren, ließ sich dann von den Schleswigholsteinern als Unteroffizier abwerben und wurde wegen Tapferkeit vor dem Feind (das waren die Dänen) im Juli 1850 zum Leutnant befördert.

Da trotz seines heldenhaften Einsatzes der Krieg verloren ging, ließ er die Sache erst einmal auf sich beruhen und studierte Medizin in Heidelberg, Würzburg und Göttingen. Dabei spürte er, dass ihn ein weißer Kittel niemals kleiden würde und brach das Studium ab.

Danach trat er freiwillig in die österreichische Armee ein. Wir können uns schon denken: ein schlichter Vegesacker inmitten von eitlen österreichischen Uniformen? Das konnte nicht gut gehen. Ging auch nicht. Er desertierte und avancierte zum Fremdenlegionär in Algerien. Hier kamen ihm seine Kenntnisse der Medizin zugute, die es ihm gestatteten, als Truppenapotheker und Feldscher bei den Legionären tätig zu sein.

Afrika hatte ihn gepackt. Ein Land voller Geheimnisse, viel dunkler als Vegesack. Keine Buschweiden am Weserstrand, aber Dattelpalmen in naturklimatisierten Oasen. Hitze, Sonne, Wüstensand statt Schmuddelwetter und Angina. Er bereiste als Muslim und Wanderarzt getarnt Algerien und Marokko, wurde Leibarzt eines Sultans.

Es zog ihn zu dem legendären Ort Timbuktu, den er aber nicht erreichte, weil er überfallen und lebensgefährlich verwundet wurde. Er besuchte als erster Europäer unbekannte Oasen, musste weitere Versuche aufgeben, da man in ihm einen französischen Agenten vermutete. Muss man sich mal vorstellen: ein Vegesacker als Spion?

Im Jahre 1865 kehrte Rohlfs nach Deutschland zurück. Der Gothaer Kartograph August Petermann überarbeitete die Reisenotizen des Abenteurers, wertete sie aus und rehabilitierte den mutigen Aussteiger nun als anerkannten Forschungsreisenden.

Klar, dass er danach in offiziellen Missionen wieder Afrika bereiste. Rohlfs hatte als erster Europäer die gesamte Sahara durchquert. Seine Reise vom Mittelmeer an die westafrikanische Küste wurde vorher nur durch den Engländer David Livingstone vollzogen.

Natürlich kennen alle in Vegesack geborenen Bürger die Biografie des berühmten Sohnes der Stadt. Neu Hinzugezogene müssen unbedingt den Lebensweg des Gerhard R. im Museum (Schönebecker Schloss) anhand von Exponaten und Dokumenten sozusagen als Pflichtfach in sich aufnehmen.

Ergänzend sei angemerkt, dass sich Rohlfs im Laufe seines Daseins auf die Tugenden seiner Heimatstadt besann, brav heiratete und in höheren Kreisen verkehrte. Dass er diese in Weimar und nicht in Vegesack fand, sei ihm verziehen. Ich persönlich rechne ihm hoch an, diese hehre Gesellschaft nicht in Berlin gesucht zu haben. Mit Bismarck verbanden ihn allenfalls politische Angelegenheiten, die ihm in der Ausführung letztlich wohl nicht so ganz glückten.

Das war zwar nicht das Ende des afrikanischen Liedes, dennoch zog sich der Afrikaforscher nach Rüngsdorf bei Bonn am Rhein zurück, wo er im Jahre 1896 starb.

Das Publikum der damaligen Zeit liebte ihn nicht unbedingt wegen seiner wissenschaftlichen Arbeit, sondern wegen seiner mitreißenden Reisebeschreibungen. Ein Vegesacker als Schreiber, das hört sich schon besser an. Er wurde geehrt und ausgezeichnet. 1871 bekam er die Ehrendoktorwürde der Universität Jena verliehen.

Vegesack kann stolz auf ihn sein. Die Namensgebung der Hauptstraße, das Grabmal auf dem Friedhof und das Denkmal an der Schulkenstraße weisen die Dankbarkeit der Stadt, der damaligen und der jetzigen Bürger zu Recht aus.

Ich erlaube mir, wieder einmal alte Zeiten zu bemühen, nicht die des Afrikaforschers Rohlfs, sondern die unserer Jugend, die fünfziger und sechziger Jahre des vergangenen Jahrhunderts, um darzustellen, was möglich war und was erneut möglich sein könnte. Ist ja gerademal zwei Generationen her.

Das zentrale Thema, der Mittelpunkt des Geschehens in und um Vegesack, waren die Filmtheater in der Breiten Straße und in der Gerhard-Rohlfs-Straße.

Welch ein Leben in den beiden breiten Gassen an den Nachmittagen und Abenden der Wochenenden. In Pulks schoben wir uns über die Bürgersteige, nutzten, wenn es eng wurde einfach die Fahrbahn, wobei die vorbeifahrenden Autos, die es zu der Zeit auch schon massig gab, gebotene Rücksichten nahmen. Diejenigen, die darin saßen, hatten ebenfalls die Absicht im nächsten Moment (nach dem geglückten Parken) als lässige Fußgänger zu flanieren, zu flirten (poussieren nannten wir es damals) und Autos zum Halten zu bringen.

Der Anlass dieser Ansammlung von jungen Menschen konnten nicht allein die Filme sein, die auf den Programmen der jeweiligen Theater standen, denn damals gab es ebenfalls Schund, was durchaus von uns zu beurteilen war. Das Motiv – damals wie heute – durfte nur die Begegnung sein, einmal das Treffen und Wiedersehen von und mit Freunden und viel wichtiger: die spannende und anfangs leicht flüchtige Begegnung mit dem anderen Geschlecht. Einem Ritual gleich huschte man aneinander vorüber, riskierte einen tiefen Blick, um beim zweiten Mal stur in die Schaufenster von Leffers zu schauen.

Dieses Spiel eignete sich kaum für Einzelgänger; eine Art Gruppendynamik auf beiden Seiten entwickelte klassifizierende Dialoge mit den Freunden in der Jungmänner – und mit Freundinnen in der Jungmädchenclique. Ganz zu schweigen von den tiefer liegenden Sozialaspekten, in denen offen zutage trat, ob die beste Freundin schlicht aus Gründen der Eifersucht einen favorisierten Jüngling in die Vorhölle der Weiberhelden urteilte.

Diesen Nachteil der marodierenden Gruppen musste man einkalkulieren, obwohl der Freundeskreis andererseits einen mitunter notwendigen Schutz versprach. Wenn es ernster wurde, löste man sich zweckmäßig vom Verein. (Der allerbeste Freund hätte sich leicht als heimlicher Konkurrent entpuppen können.) In dem Fall entschuldigte man sich wegen irgendetwas und mogelte sich an der Kinokasse dicht an die Gruppe der Angebeteten, um einen nahen Platz zu ergattern.

Das merkten die Mädels natürlich, mindestens eines ist immer dabei, das auch im Dunkeln rückwärts peilen kann. Diejenige junge Dame, die sich dann nicht ostentativ umdrehte, war das Ziel des Begehrens. Mir kam das stets wie ein Wunder vor. Woher in Gottes Namen fühlte sie mein sehnendes Anliegen? Habe ich denn wirklich solche Glupschaugen gemacht, oder ist das weibliche Wesen mit wesentlich empfindlicheren Sensoren ausgestattet? Ich habe nie gemerkt, wenn eine junge Dame ihre schönen Augen auf mich warf. Deswegen nannten mich meine Schwestern auch einen Trottel.

Glücklicherweise hatte damals die Fresswelle noch nicht eingesetzt. Ein Après-Kino, also Ausklang in einem Restaurant oder Lokal kam praktisch nicht infrage. Im Sommer gönnte man sich und, wenn man glücklich dran war, der Angebeteten noch einen Eisbecher im beschriebenen Revier, das war's dann aber auch. Da gab's doch in der Gerhard-Rohlfs-Straße eine Eisdiele über zwei Etagen; gleichfalls ein Hort der angenehmen Begegnungen. Wie hieß denn dieses Etablissement noch gleich?

Die Stimmung an diesen zwei Tagen in der Gerhard-Rohlfs-Straße war auch eine besondere. Wir alle, ob Lehrlinge, Gesellen, Angestellte, eben alle Beschäftigten arbeiteten 48 Stunden in der Woche. An fünf Tagen verbrachte jedermann, jedefrau 8 ½ Stunden und am Sonnabend 5½ Stunden am Arbeitsplatz. Danach bot sich die herrliche Freizeit von einem halben und einem ganzen Tag an. Somit herrschte am Sonnabend pure Hochstimmung bis in die Nacht hinein, denn es durfte ja am nächsten Morgen ausgeschlafen werden. Der Sonntag genoss eh mehr Feiertagsniveau.

Die männliche Jugend – über 18 Jahre alt – genoss die unbezahlte Freizeit, wenn nicht im Kino, dann entweder auf dem Sportplatz oder in einer Kneipe. Wo die Mädchen sich außerhalb der Gerhard-Rohlfs-Straße aufgehalten haben, ist mir nicht mehr so bewusst. Natürlich gab es sehr rühmliche Ausnahmen, die im Übrigen nur die Regel bestätigen. Von diesen Exemplaren durfte ich leider keine kennenlernen! Vielleicht wäre dann alles anders gekommen.

Aber komisch, den Gerhard Rohlfs hat sich kaum einer von uns zum Vorbild genommen. Bot sich eigentlich doch an. Die junge deutsche Republik begriff sich im Aufbau, der Schritt in ein neues Zeitalter durfte doch individuell verstanden werden. Also, auf nach Amerika, nach Australien, nach Neuseeland, nach Afrika; es standen alle Kajüttüren auf den Auswandererschiffen weit offen.

Nee, so verlockend schien die für uns neue weite Welt für die Mehrzahl der jungen Leute in und um die Gerhard-Rohlfs-Straße herum nicht zu sein. Gut, einige versuchten sich im europäischen Ausland, Frankreich und die Schweiz boten offene Grenzen. Jungens heuerten auf Bremer Schiffen an, um wenigstens die Häfen der Welt in Augenschein zu nehmen. Wenn sie dann die Nase voll hatten – es riecht anderswo eben anders, nur nicht so sehr viel besser – kehrten sie mehr oder weniger reumütig zurück; beladen mit einer Menge von Erfahrungen.

Schließlich blieb ja auch der Rohlfs nicht in Afrika hängen, warum also solch teure Umwege eingehen, Vegesack ernährte uns ja.

Buten un binnen, wogen un winnen, seggt de Bremer, aber der Einsatz, draußen zu gewinnen, ist ungleich höher.

Irgendwann begann der Umbau der Stadt, die Notwendigkeit jeder Ära, der urbane Zwang allerorten. Die Gesellschaft ändert sich zuerst, ihre Werkzeuge folgen. Es ist ein Irrtum anzunehmen, dass nur Politiker für unbequeme Auswirkungen verantwortlich sind. Sie mögen sich in Einzelfällen schuldig gemacht haben und weiterhin schuldig machen, aber die Veränderung der Gesellschaft vollzieht sich nach anderen, nicht beeinflussbaren Gesetzen.

In einer totalen Demokratie, wie wir sie mit deutscher Gründlichkeit praktizieren, bildet die politische Kaste lediglich den Spiegel der Masse der Gesellschaft. Also hören Sie von mir kein böses Wort über gewählte Volksvertreter.

Überlassen wir die Fragen der Zeit und die Suche nach den Ursachen den zukünftigen Philosophen der Neuzeit, die bestimmt in ein paar Hundert Jahren eine plausible Erklärung dafür finden, dass Ende des zwanzigsten Jahrhunderts überall in den Städten unserer Welt Fußgängerzonen entstehen mussten.

So natürlich auch in Nordrhein-Wesfalen, wo ich lange lebte und in Vegesack, wo ich aufwuchs. Und überall nur Spagate zwischen Möglich- und Notwendigkeit; also mehr faule Kompromisse als zählbare Ergebnisse.

Nun möchte ich nicht das Internet über die hehren Ziele einer städtischen Fußgängerzone befragen, ich möchte auch nicht eine eigene Philosophie darüber entwickeln, dennoch meine ich, halten sich die Vorteile dieser epochalen Erfindung leider in Grenzen.

Ich möchte es im Moment als Zufall betrachten, aber …

In der Stadt, in der ich jetzt im Südschwarzwald wohne, gibt es keine Fußgängerzone! Eine Stadt, die vom Fremdenverkehr (bitte um Verzeihung für dieses antiquierte Wort) leben muss, und keine Fußgängerzone hat? Das darf es doch gar nicht mehr geben!

Doch- gibt es, und alle Welt ist glücklich. Die Touristen, weil es Parkplätze am Ort des Geschehens gibt und Einheimische, die froh sind, dass Touristen und sie selbst mit ihren Autos in ihre Stadt kommen dürfen.

Bleiben wir bei dem Begriff »Begegnungen«. Der Mensch begreift sich nicht unbedingt als kollektives Mitglied eines Rudels, sondern eher als ein besonders feines Individuum, was ihn zwar gut kleidet, aber dennoch falsch ist. Er ist ein Rudeltier und rottet sich deshalb gerne zusammen. Dafür benötigen Er und Sie ausreichenden Raum, freie Plätze! Sedanplätze zum Beispiel.

Derartige Sphären sind mittlerweile rar geworden; einerseits, weil ein konträr geartetes Rudel eben oben genannte Zusammenrottungen fürchtet, andererseits, weil ein drittes Rudel in unmittelbarer Nähe eines solch sensationsverdächtigen Ortes zu wohnen wünscht.

Wo können also Begegnungen stattfinden, wenn sonst kein freiluftiger Raum vorhanden ist? Antwort: in der Fußgängerzone!

Gut, mag man sagen: Wir müssen essen und trinken, uns kleiden und schlafen, basteln und werken, joggen und fasten, simsen und mailen, saunen und uns bräunen, dafür braucht man halt Geschäfte, und wenn diese sich in der Fußgängerzone angesiedelt haben, funktioniert der Einkauf umso besser. Riesige Pakete müssen wir ohnehin nicht schleppen, das Geld wird sowieso immer knapper!

Alles richtig, meine selbst ich, auch in der Gerhard-Rohlfs-Straße reihte sich früher Geschäft an Geschäft und einige davon haben sich zu meiner großen Freude bis heute erhalten. Ich denke da – nur um ein Beispiel zu nennen – an das *Schuhhaus Meineke.*

Doch es fehlt der Faktor Begegnung in den so gepriesenen Erholungszonen für Fußgänger. Dabei Kneipe an Kneipe zu lehnen, funktioniert natürlich auch nicht. Wer sich die Fußgängerzone in der Düsseldorfer Altstadt zu Gemüte führt, weiß, was ich meine. Eine gesunde Mischung aus beidem, also Unterhaltung vereint mit Kaufläden (Kaufladen = Warenbezugseinrichtung), dürfte auch für überall herbeigesehnte Touristen attraktiv sein.

Ein Kino muss wieder nach Vegesack, nicht auf eine zufällig noch freie Weide zwischen Hammersbeck und Beckedorf, sondern in die Gerhard-Rohlfs-Straße, mitten hinein in die Stadt, und wenn's nicht anders geht, auch auf den Sedanplatz.

Ein interessierter Investor möge sich sogleich an die Bremer Senatskanzlei wenden. Dort kennt man den Schwachpunkt und wird mit Sicherheit bei der Beseitigung dieses Mangels behilflich sein.

Ansonsten habe ich nichts zu meckern. Es war ein Vergnügen von ehemals *Eisenwarenhandlung Wilhelm Aumund & Sohn* bis hinunter via *Bahnhof- und Rohrstraße* (sind alles alte Straßennamen) zum Utkiek zu spazieren. Die Leerstände habe ich höflich übersehen, wie ich es in jeder Stadt halte. Doch dass es die Fischhandlung *Six* nicht mehr gibt, berührte mich. Habe ich doch stundenlang als Kind in einer unvermeidlichen Schlange unter den vielen Erwachsenen gestanden, gefroren, wurde entweder von meiner Mutter abgelöst oder hatte selbst das Glück, noch paar Heringe oder gar ein von mir für »groß« gehaltenes Stück Schellfisch nach Hause zu tragen.

Dass es dieses Geschäft mit den freundlichen Inhabern nicht mehr gibt, ist bedauerlich, dass wir nirgendwo mehr anstehen müssen, macht mich irgendwie froh.

Geht man durch eine Stadt, die die Kindheit und Jugend prägte, so begegnen einem verloren geglaubte Erinnerungen an fast jeder Straßenecke. Sie drängen sich ans Licht und selbst düstere Ereignisse umgeben sich mit ein wenig Sonnenschein. Warum?

Weil sie überwunden sind, weil es uns heute materiell gesehen sehr viel besser geht. Diese Erkenntnis entsteht eben nur im Vergleich mit der Vergangenheit, und wenn sie, diese Erkenntnis, kaum etwas bringt und deswegen nicht vererbbar ist, so darf man sie dennoch als wertvoll betrachten.

Es macht überhaupt keinen Sinn, seinen eigenen Kindern oder anderen jungen Leuten von früheren schweren Zeiten, Umständen und Verhältnissen zu erzählen. Selbst wenn sie geduldig zuhören und höflich auf störende Kommentare verzichten, so können sie kaum nachvollziehen, was sich zu Zeiten ihrer damals jungen Eltern an schönen als auch an schrecklichen Episoden ereignete und diese beeindruckt und am Leben geformt haben.

So wandere ich *längs de Glitsch,* betrachte die Häuser, manche kommen mir bekannt vor, beschwören mag ich es nicht. Die unvermeidlichen Neubauten im modernen Stil drängen sich nicht unbedingt in den Fokus, wie man heute so sagt; sie stören mich nicht. Der Wandel der Stadt Vegesack ist zeitgemäß, Formen und Strukturen sind angepasst an Zeit, öffentliches Leben, Gesellschaft sowie den nachgezeichneten Bildern – will nicht sagen Kopien – anderer Städte.

Dabei fällt mir auf, dass die neuen Wohnhäuser fast überall aussehen wie Fabrikgebäude der mittleren Kleinindustrie. Flachdächer mit geringer einseitiger Neigung versehen mit Lichtöffnungen, die an blecherne halbrunde Lüftungsschächte erinnern, wobei das Ganze mit zur Sonne gerichteten Solarzellen oder Wärmetauschern garniert ist. Für mich ziehe ich das Fazit: Wenn Deutschland schon keine Produktionsstätten mehr zu bauen in der Lage ist, so sollen wenigstens die neuen Kauf/Mietobjekte den Anschein erwecken!

Doch den »Boulevard«, die Straße mit viel Volk, Farben und Bewegung, mit Autos an den Bürgersteigen und die Straßenmitte mit lautem Gemurmel und manchmal viel Geschrei, *unsere Gerhard-Rohlfs-Straße,* finde ich nicht wieder.

Meine Schwestern fragen: Was suchst du? Deine Jugend?

Schwestern können ganz schön nerven.

Das Umzu

Ohne das Umzu, ohne die angrenzenden Dörfer – heute Stadtteile – wäre Vegesack nicht denkbar. Die Dörfer, das Umfeld sozusagen, war nämlich schon vorher da. Nur, ohne jetzt tief in die Historie einzutauchen: Es fehlte die krönende Stadt, es fehlte der Mittelpunkt, es fehlte die amtliche Stelle, in der man sich über die jeweiligen Nachbarn beschweren konnte.

Es mag sein, dass die Stadt Bremen dieses Manko wahrgenommen hatte, weil sich die Streitigkeiten die Weser hinauf verbreiteten; es kann auch sein, dass Bremen ein Gelände suchte, um den lästigen Sand aus der Weser weit genug von der Stadtgrenze abzulagern. Jedenfalls schnackten sie den Hannoveranern ein Stück Land ab, nicht, um eine notwendige Vorstadt zu gründen, sondern um den Aushub zu verbuddeln. Als sie sich nun das große Loch ansahen, und, da ein trotteliger Wasserbaumeister den Damm zur Weser viel zu schwach gestaltete und bei einer etwas höheren Tide voreiliges Weserwasser fix das Loch füllte, gründeten die cleveren Bremer eben schnell den Vegesacker Hafen und notgedrungen die Stadt dazu. Glücklicher Zufall möchte man sagen, wenn unsere tüchtigen Historiker nicht ewig andere Erklärungen parat hätten.

Wären Varus' ausgeschlafene Römer damals bis zur Unterweser gelangt, was Arminius der Cherusker selbstherrlich verhindert hatte, so hätten sie zu Vegesack GENIUS LOCI gesagt, und hätten damit den Nimbus des Schutzgeistes gemeint, der über der Stadt wacht und der Gründung Pate stand.

(Wer jetzt *Genius Loc*i mit »geniales Loch« übersetzt, darf beim nächsten TV-Wettbewerb »Der klügste Deutsche« in der ersten Reihe mitmachen.)

Aumund

Da wurde nun die Pflanze Vegesack an den Rand eines durchaus fruchtbaren Geestrückens eingebuddelt und wuchs und gedieh prächtig. Der Rücken allerdings war bewohnt und besiedelt, wobei der größte Flecken die Gemarkung Aumund darstellte, die dann auch die junge Pflanze mit reichlich Dünger versorgte.

Nehmen wir an: Theodor Fontane, der große Dichter preußischer Couleur, der wortreich die Mark Brandenburg bewanderte, hätte sich ausnahmsweise einmal westwärts gewandt und wäre mit der Farge-Vegesacker Eisenbahn in das damals noch preußische Gebiet Aumunds gereist, um diese Gegend zu beschreiben, wie er auch die Neumark, östlich der Oder beschrieben hatte. So hätte er wie Briest zu seiner Frau gesagt: »Ach Luise, lass … Aumund ist ein zu weites Feld«, frei nach »Effi Briest« letzter Absatz, letzte Zeile.

Doch hätte er ihn nicht als Metapher benutzt, sondern die bemerkenswerte reale Ausdehnung sowie die topografischen Variationen gemeint.

Wir, die wir in diesem Gelände aufwuchsen, machten uns darüber keine Gedanken, wir nahmen es dankbar hin, wie es uns sich anbot; niemand kam auf die Idee, an Schönheit, Unberührtheit, Stille, Atmosphäre, Duft, Landschaft, Rustikalität zu denken, obwohl alle diese Superlative vorhanden waren und es wahrscheinlich auch noch sind.

Ein Dichter wie Fontane hätte sie wahrscheinlich erkannt. Wir müssen sie heute suchen.

Es waren schon weite Wege, um ausgehend der Grenze Schönebecks (Borchshöhe) bis zur Grenze Löhnhorst/Beckedorfs (Grohes Sommergarten), dem Blumenthaler Forst (Löh und Forsthaus), nach Lobbendorf (oberhalb des Vulkans) via Fährgrund und Grenzstraße die ursprüngliche Ansiedlung

Alt-Aumund zu erreichen. Keiner würde damals diesen Kurs für einen Fußmarsch ausgewählt haben, obwohl er sich gelohnt hätte.

Wenn sich vielleicht auch kein Ansässiger auf den Weg gemacht hätte, so betrachtet man heutzutage in Stadtbremer Wanderkreisen beispielsweise diese Strecke von Platjenwerbe aus startend, via Schönebeck, Leuchtenburg, Becketal bis hin zum Löh als besonders ausgewiesen und schön.

In amtlichen Registern ist der grenzarme reizende Landschaftsteil *Leuchtenburg* kaum noch zu finden. Fairerweise muss man zugeben, dass dieses Gebiet zwar den Wanderplan der Naturfreunde schmückt, doch leider nicht zu Bremen und somit auch nicht zu Aumund gehört. Aber Leuchtenburg, Löhnhorst und Beckedorf zählen zu unserem so wichtigen umzu, dass ich auf die Erwähnung nicht verzichten möchte.

Derart schön und malerisch stellt sich die Gegend in der Fortsetzung der Borchshöhe und des Stundenwegs dar. Lang gediente Kapitäne, die die Nase voll hatten von Salzwasser, Seetang, Flussmündungen, Tran, allerlei schuppigen Fischen und protzigen Stadthäusern ließen sich mittenmang anderer honoriger Bürger in dieser grünen Oase beiderseits der Kreisstraße K1 nieder, um die unendliche Ruhe in dieser herrlichen Nachbarschaft Aumunds bis zum Lebensende zu genießen.

Abwechslungsreicher konnte und kann eine Region nicht sein. Die grüne Aue Schönebecks zieht sich empor zur Aumunder *Borchs Höhe*. Danach bestimmte der untergründige Lehmboden die Flora der Fläche in Wiesen und Weiden mit hartem Gras und sonderte Flecken für die sprießende *calluna vulgaris* ab.

Als meine Eltern 1939 ihr neues Siedlungshaus am unteren Ende der Walter-Flex-Straße bezogen, glaubten sie in die Lüneburger Heide versetzt worden zu sein. Lediglich die hohen Pappeln im noch wilden Garten und die nicht enden wollende, viele Meter dicke und gleich hohe Weißdornhecke, die sich durchs Gelände zog, hinderten sie daran, sich eine Schafherde anzuschaffen, frei nach Hermann Löns, der sich zumindest im Straßennamen an der Ecke in literarische Erinnerung brachte.

Eine charakteristische Aumunder Straße

Folgten wir dem beschriebenen Weg, so passierten wir das ehemalige Ziegeleigelände, wo die Bagger zwar gewütet, aber immerhin mehrere Teiche hinterließen, die sich fast wie naturgeschaffen dem Gelände anpassten und uns Kindern ein Paradies bereiteten.

Ich erlaube mir, diesen Garten Eden aus der damaligen Sicht, also mit Kinderaugen, näher zu beschreiben, weil dieses Wunderland aus reinster Natur nicht mehr existiert und weil sich viele der dort Aufgewachsenen gern daran erinnern.

Als unsere Eltern das Areal urbar machten, nachdem sie gemäß Reichsheimstättengesetz Haus und Grund erwarben, hatten bereits zwei der Ziegeleibagger ihren Job aufgeben müssen, weil sie Wasseradern anzapften und dabei versoffen. Aus einer der 2 Kuhlen, nämlich aus der *»Schafskuhle«,* diejenige, welche sich quasi 100 Meter hinter unserem Hause niedergelassen hatte, konnte sich nicht einmal mehr der Bagger selbst retten. Er verblieb im Wasser und diente uns später als ehrgeiziges Ziel für atemraubende Tauchübungen.

Ein dritter Tagebau direkt an der Meinert-Löffler-Straße (frühere Talstraße), belebt mit braunen Fröschen, bunten Salamandern und Sauerstoff sparenden Stichlingen, blieb erhalten. Dieser erlaubte es auch später der Firma Thielen, nach langem Stillstand und dem Kriegsende, die Produktion von hart gebrannten Ziegeln wieder aufzunehmen.

Schnell eroberte sich die Natur verlorenen Boden zurück, und als die Kinder der Siedler, nämlich wir, die ersten Erkundungsexpeditionen tätigten, fanden wir grüne Ufer, einen *»kleinen Wald«* nahe der Siedlungsgrenze, einen *»großen Wald«* zur Lerchenstraße hin, *»unsere Kuhle«* mit einer Wasserfläche von circa 8.000 qm und hinter dem Lehmrücken, auf dem der Hof des Pächters Schaf sein Leben fristete, einen weiteren etwas größeren aber angenehm flachen Teich von circa 10.000 qm vor.

Beide Teiche waren durch einen Kanal verbunden, der bei uns natürlich auch Kanal hieß und zum Langstreckenschwimmen verleiten konnte.

Gegenüber der besseren Kate des Pächters Schaf lag noch ein strohgedecktes Bauernhaus, verdeckt von großen Apfel- und

Birnbäumen und gut versteckt hinter einer hohen dichten Buchenhecke. Auch dieses Haus diente lediglich als Mietobjekt, denn wirtschaftlich zu nutzende Felder und Äcker waren der Ziegelei und dem sozialen Siedlungsbau zum Opfer gefallen.

Unterhalb der beiden verbliebenen Häuser breitete sich Metzigs Wiese aus, eine Hartgrasfläche mit einem ordentlichen Anteil von Heidepflanzen sowie ein paar Weidenbüschen am Ufer des Gewässers der Kuhle. Die Pferde, die hin und wieder dort grasen mussten, wurden selten froh und schon gar nicht satt, sodass uns Kindern die Fläche quasi zur freien Verfügung stand.

Eine Grube, direkt hinter unserem Haus, ungefähr fünf bis sechs Meter tief und vielleicht 4.000 qm groß, am Boden trocken und mit zähen Binsen bewachsen, diente uns als Indianer- und Cowboyland, später, als eroberte amerikanische Tennisbälle vom Vegesacker Tennisplatz zur Verfügung standen, als Bolzplatz. Fußball mit Tennisbällen zu spielen und das wahrhaft meisterlich, durfte man zu der Zeit zum sportlichen Allgemeingut der flachs- und wuschelköpfigen Jungen zählen.

Als Dreh- und Angelpunkt im wahrsten Sinne des Wortes musste man aber das gesunde lehmige Wasser der beiden Teiche bezeichnen. Klar, dass wir dort schwimmen lernten. Die Älteren brachten es uns bei. Erreichte Etappenziele wie *»um'n Busch«*, *»über die Bucht«*, *»über die Kuhle«*, wurden wie Fanfaren verbreitet und als unsichtbare Medaillen um magere aber gesunde Kinderhälse gebunden. Wenn zum ersten Mal allein über die Kuhle geschwommen wurde, dann begleitete uns mindestens ein Elternteil und stolz wie die Spanier kletterten beide am gegenüberliegenden rutschigen Ufer ans Land.

Überhaupt fand im Sommer – und es gab richtige Sommer; mein lieber Scholli, da kann sich heute jede Meteorologin im Fernsehen aber mal eine Scheibe von abschneiden – das Leben der Siedlung, ja ich möchte sagen, von ganz Aumund/Hammersbeck an diesen Gewässern statt. Fremde aus der Diaspora, die möglicherweise sogar aus Vegesack angereist kamen, nannten eine unserer Kuhlen sogar vornehm Silbersee. Ich weiß heute nicht mehr, welche von beiden sie meinten.

An den Nachmittagen und lauschigen Abenden zogen die Eltern mit Decken und Verpflegung den Kindern nach, die schon den ganzen Tag »im Wasser lagen«. Man machte sich frei, nicht ganz, versteht sich. Nachbarinnen in seidenen Unterröcken oder andere in properer Unterwäsche zu bewundern, war nicht ungewöhnlich. Und wenn keine Badekleidung vorhanden war, so ging frau eben so gekleidet ins Wasser, gehörte einfach zum malerischen intimen Bild an unserem See.

Es wurde gesungen und Musik gemacht. Meistens spielte mein Vater auf seinem 12-Bass-Akkordeon das auswendig gelernte Repertoire, das ihm zur Verfügung stand. Mitunter kam auch noch die eine oder andere Mandoline mit ins Spiel. Konzertant wurde es dann, wenn ein junger gelernter Musiker aus der Siedlung professionelle Töne auf seinem Akkordeon anschlug und dem versammelten Volk die Kunst der Melodie näher brachte.

Wenn es dunkel wurde, glimmten kleine Feuerchen, Kartoffeln schmorten am Rande der Glut, Würstchen, wenn überhaupt ergattert, wärmten sich an der Flamme und wurden manchmal mit wassergekühltem Flaschenbier genossen. Alkohol und Barbecue gehörten allerdings nicht zur Standardausrüstung bei solchen Feten an den Baggerkuhlen.

Einfach zu leben, die Zeit zu nutzen, die Stunde zu genießen, so wie sie sich bot, war das Gebot.

Bei Fortsetzung der virtuellen Wanderung entlang der Peripherie grünte es wieder im Tal der Becke, das man überquerte, um nach Löhnhorst oder noch weiter entfernt nach Schwanewede zu gelangen. Auf der rechten Seite dann eine Wohnsiedlung, die wir, weil so abseits gelegen, »Räubersruh« nannten. Dort wohnten unser Großonkel mit Ehefrau und seiner Mutter, unserer Urgroßmutter. Er versicherte uns stets glaubhaft, dass sich in seinem Haus jedenfalls keine Räuber zur Ruhe gelegt hatten.

Die damalige Schweizer Straße (heute Becketal), die parallel zum Bach verlief, und in Richtung Beckedorf führte, gehörte zu unseren Lieblingsstraßen. Hier fühlten wir uns einer bäuerlichen Landschaft nahe, mit Höfen, Vieh, alten Eichen, hohen Buchen und plätscherndem Wasser. Wobei man zugeben muss, dass fließendes Wasser in Aumund schon mit einer Lupe zu suchen war. Auch die Becke führte im Laufe eines Jahres ein ziemlich trockenes Dasein. Möglicherweise zeigten sich hier die ersten Indikatoren einer Klimaerwärmung, die wir damals leider ignorierten.

Genau hier, unter hohen Eichen, im duftenden Gras fanden wir uns damals zusammen, wir vier Schüler der achten Klasse. Zwei Mädchen und zwei Jungen. Unschuldige Schülerliebe mit viel Herzklopfen, zarte Berührungen und fröhliches Necken, wobei die schuldigen Fahrräder – sie hatten uns doch an diesen wunderschönen Ort geführt – am bemoosten Rand der Becke ruhten und gar nicht nass wurden.

Wald, ja, wo blieb der Wald in Aumund? Nun, da musste man bis zum Löh marschieren, und da fing auch schon Blumenthal an.

Der aufmerksame Leser hat es schon längst bemerkt; zwar bewegen wir uns noch in Aumund, aber speziell im bemerkenswerten Ortsteil Hammersbeck, der nördlich im Löh irgendwo zwischen dicken Baumstämmen aufhört.

Der ehemalige Sportplatz am alten Forsthaus wurde in unserer Kinderzeit noch vom Fußballverein des *SV Blumenthal* bespielt. Später dann, als die *Freie Turnerschaft Hammersbeck* wieder das Licht der Freiheit erblickte, gruben wir Handballer uns in den schwarzen Sand des Spielfeldes ein. In meinem rechten Knie trage ich heute noch deutliche Spuren dieser Heimaterde dicht unter der Haut. Unvergessen auch die rauschenden Vereinsfeste im alten Forsthaus.

Der Kreis um Vegesack schloss und schließt sich, wenn man westlichen Kurs hält, wendet und etwa im Ortsteil Lobbendorf und dem ehemaligen Gelände des Bremer Vulkans landet. Wie hätte man damals diesen flächenmäßig großen Ortsteil Aumund charakterisieren können und wie könnte man ihn heute schildern?

Als dort Aufgewachsener ist man nicht fähig ein objektives Urteil zu fällen; das verlangt sicherlich auch niemand. Es war die Heimat, sie galt gewissermaßen als geschenkt, und einem geschenkten Gaul schaut man natürlich nicht ins Maul.

Das Gebiet zwischen den Urstromtälern der Aue, der Becke und der Weser zeigte sich als ein lehmiger sandiger Hügel, der einer landwirtschaftlichen Nutzung nur schwerlich entgegen kam. Das Gelände rechts und links der Eisenbahntrasse erlaubte den wenigen Bauern, die es dort noch gab, eine gewisse Viehwirtschaft mit Weideland. Tiefer liegender Boden zeigt sich etwas ertragreicher und brachte je nach Wetterlage manchmal gute Ernteerträge.

Die Kleingärtner allerdings, die ihre Parzellen zwischen der Bahntrasse, Aumunder Feldstraße und der ehemaligen Bahnhofstraße (Georg-Gleistein-Straße) angelegt hatten, verbrachten Wunder. Unsere Großeltern gehörten zu dem Völkchen, das es immer wieder fertigbrachte, dem kargen hochgelegenen Boden herrliches Gemüse und Obst zu entlocken.

Als man Ende der fünfziger Jahre des vorigen Jahrhunderts die Kleingärtner zurück in ihre Wohnungen drängte, ihnen ihre kleinen Paradiese wegnahm, um Straßen und Blockwohnungen zu errichten, verließen unseren Opa die Lebensgeister und er begab sich, gar nicht mehr sächsisch hitzig, sondern ganz bremisch gelassen in die Ewigkeit.

Romantisch gab sich der Ort nie, aber er zeigte sich übersichtlich, zumindest damals mit seiner spärlichen, doch gesunden Besiedelung. Nüchtern die Häuser beiderseits der Durchgangsstraßen, die entfernt an Strukturen von Straßendörfern erinnern. Noch nüchterner geben sich die sturen rechtwinklig angelegten Arbeitersiedlungen, wie zum Beispiel das Muster der Walter-Flex-Straße.

Aumund damals

Ein Konglomerat von einzelnen Siedlungen, einander verbunden, mit besiedelten lang gezogenen Straßen ohne einen Mittelpunkt. Dazwischen lagen landwirtschaftlich genutzte Freiflächen, die »Bodenfreiheit« sowie viel Licht und Luft gewährleisten.

Aumund heute:

Die freien Flächen sind verschwunden, sie sind gepflastert mit Wohnhäusern verschiedenster Bauweisen. Eine Durchgangsstraße der höheren Ordnung verbindet nicht, trennt viel mehr die Konturenlosen im dicht besiedelten Areal. Lediglich das fast ursprünglich gebliebene Alt-Aumund, mit der neugotischen Kirche von 1877 bietet ein wenig urbanen Charakter. Am Rande sind Alibiwiesen registriert; mit gutem Willen darf man sie auch als einen grünen Gürtel bezeichnen.

Zum Aumund von heute gibt es selbstverständlich gute und gültige Argumente: Der Krieg spülte heimatlose Flüchtlinge aus dem Osten zu uns. Die Unterbringung der armen Menschen am Anfang war mühevoll genug; sowohl für die Behörde als auch für die Aufnehmenden, deren Häuser glücklicherweise weniger beschädigt waren.

Aus den Trümmern der Industrieunternehmen baute man die Fabriken wieder auf; das folgende Wirtschaftswunder verlangte neue Arbeiter. Alle, die Menschen wollten in anständigen Wohnungen untergebracht sein, also baute man.

Wohin? Na, auf die freien Felder! Wie? Schnell und zweckmäßig!

Nur ein rücksichtsloser Despot hätte eine Ansiedlung in dieser Notlage vom Reißbrett entstehen lassen; hätte Architekten nach ästhetischen Gesichtspunkten konstruieren, hätte Raum, Licht, Luft, Kunst, Kultur, Nachhaltigkeit (ich kann dieses Wort nicht mehr hören!) berücksichtigen und einen dann viel besungenen Ort für die Ewigkeit und sein Andenken entstehen lassen.

Seien wir froh, dass wir einen solchen Despoten entbehren dürfen, freuen wir uns über die neue Heimat, die Aumund vielen Bürgern brachte. Gehen wir in uns, führen wir uns vor Augen, dass dieses neue Aumund allein nach demokratischen Grundsätzen errichtet wurde. Jeder Bürger hatte und hat die Möglichkeit, über die von ihm gewählte Partei mitzuwirken und zu gestalten. Missfällt ihm das Entstandene, dieses neue Aumund, so hat er schlichtweg die falsche Partei gewählt.

Demokratie – diesen Begriff müssen wir uns für das vergleichsweise »große« Aumund innerhalb der Vegesacker Stadtgemeinde merken. Ich komme darauf zurück.

Schon als halbwüchsiger Knabe erzeugte dieser Umstand der Zweitrangigkeit als Aumunder in mir einen starken Impuls der Minderwertigkeit, injizierte sozusagen einen sehr unangenehmen Komplex in meinen sonst ziemlich freizügigen Verstand.

Vegesack hatte Gerhard Rohlfs; Schönebeck das Schloss und fließendes Wasser, Blumenthal den schönsten Namen, Rönnebeck Alma Rogge und Manfred Hausmann, Rekum die imposante Mühle, Löhnhorst das Gut und zwei komplette Sommergärten, selbst Grohn besaß eine Pumpe, nur Aumund hatte nichts an Sehenswürdigkeiten, renommierten Personen oder Altertümern vorzuweisen!

Solchen Jammer in jungen Jahren zu erleben, das erzeugt Neurosen.

Leider muss man sagen: An diesem bitteren Zustand hat sich bisher nichts geändert. Wir finden kein neues, mit einem internationalen Architektenpreis versehenes windschiefes Gebäude im Umkreis von Hammersbeck, Fähr-Lobbendorf, und Räubersruh. Kein Topmodel im Fernsehwettbewerb entstammt unserer Region, obwohl es hier nachweislich sehr sehr hübsche Mädchen gibt. Kein Aumunder Radprofi nimmt an der Giro d' Italia teil und fällt durch eine moderate Dopingbeihilfe angenehm auf. …

Doch – ich nehme sofort den leicht negativen Touch zurück und behaupte das Gegenteil: Aumund besitzt ein Technologiezentrum.

Ein Zentrum, in dem das Neue Deutschland – technologisch gesehen, versteht sich – entstehen wird. Leider wurde das Institut ein wenig abseits vom werktätigen Geschehen, nämlich an der Stelle errichtet, wo vorher unser geliebter Spielplatz Ziegelei das Zeitliche gesegnet hatte.

Wenn man bedenkt, dass zukunftsträchtige Standorte immer eine symbolhafte Vergangenheit aufweisen sollten, so wurde bei diesem Vorhaben mächtig gesündigt.

Der besseren Anschauung wegen hier ein paar Beispiele:

Der Petersdom in Rom wurde auf dem Grab des Apostel Petrus gegründet.

Der Eiffelturm in Paris wurde auf dem Marsfeld errichtet.

Die Harvard Universität entstand auf dem Grund und Boden der ersten Pilgerväter.

Das Kapitol in Rom entstand auf dem (toten) Schädel des Etruskerkönigs Aulus Vulkentanus.

Der Parthenon-Tempel (Akropolis) wurde auf der Statue der Göttin Pallas Athene erbaut.

Man muss allerdings zugeben, dass eben solche sagenumrankte Areale in Vegesack-Aumund nicht zuhauf herumliegen. Dennoch plagt mich ein Unbehagen. Die historische Substanz einer Ziegelei, wo Mauersteine lediglich nach einem uraltem Verfahren hergestellt wurden und unser spielerisches Toben (während des Stillstandes im Krieg) in den verwaisten Hallen und Schuppen reicht meines Erachtens nicht aus, um in den neuen Räumen einen Hort genialer Innovation entstehen zu lassen.

Gut, tröste ich mich selbst: Es wird immer noch mit Wasser gekocht und der ungebrochene Spieltrieb von Ingenieuren und Architekten hat schon häufig zu epochalen Errungenschaften in unserer wunderbaren Welt geführt.

Bei meinem letzten Spaziergang am Becketal entlang stach mir der imposante Gebäudekomplex wohl ins Auge. Einige Außenwände begrüßten mich mit einem grünlichen Schimmer; nördlich gelegene winklige Passagen schienen sich mit klimafreundlichem Moos gegen neugierige Blicke zu schützen. Ich erkläre mir diese ungewöhnliche Erscheinung selbst mit geheimnisvollen Reflexionen aus der umgebenen Zone von hochgewachsenen Weidenbüschen oder einer üblen Sinnestäuschung, verursacht durch meine mehrfach entspiegelten Brillengläser.

Ich will zum Teufel nicht annehmen, dass das Technologiezentrum unter einer infektiösen Apathie leidet wie so viele andere in unserer stolzen Republik. Die ärztlich-ökonomische Diagnose lautet dann meistens: Solange staatliche Fördermittel fließen, ist alles gesund. Bleibt diese Medikation, gewonnen aus mühsam extrahierten Steuergeldern, unterwegs auf der Strecke, so droht dem Patienten der Exitus.

Gerade aus dem Inneren, aus dem symbolisch angesprochenen Hirn dieses Instituts erwarte ich den Durchbruch, die geniale Entwicklung, die die Welt von einem – egal von welchem

– Leiden befreit und die Aumund endlich in die Mitte der regionalen (wir Bremer sind ja bescheiden) Elite reiht.

Ungeduld ist die Wurzel allen Übels, sagt ein heute nicht mehr gebräuchliches Sprichwort und wer unentwegt an das Gute glaubt, wird am Ende selbst ein guter Mensch, sagt ein anderes. Also warten wir noch ein Weilchen.

Eines aber besitzt Aumund – der Autor wies kurz darauf hin – Größe, demokratisch besetzte Fläche, politische Macht!

Aus einer nicht mehr auffindbaren und somit unverbindlichen Statistik habe ich folgende Daten übernommen:

	Einwohnerzahl	Fläche
Aumund-Hammersbeck	7.706	3,19 qkm
Fähr-Lobbendorf	8.004	2,34 qkm
	15.710	5,53 qkm
Vegesack Einwohnerzahl	6.557	1,84 qkm

Die eventuell anwesenden Mathematiker aus dem Technologiezentrum bitte ich um Überprüfung des ermittelten Ergebnisses:

Verhältnis Einwohner Aumund/Vegesack	2.395 :1
Fläche Aumund/Vegesack	3.005 : 1

Also Oumünder, alteingesessene Ritter und Edelfräulein, hier in diesem unserem Ortsteil spielt die Musik, kann das politische Orchester die demokratischen Mehrheitshymnen anstimmen, wenn man es denn wirklich möchte.

Fähr-Lobbendorf möchte ich noch ansprechen. In Fähr, in der Schulkenstraße, letztes Haus Nr. 4 der respektablen Bürgerhausreihe nächst der Weser, wohnten meine Großeltern, die Eltern meiner Mutter. Neben dem Haus fristete eine kleine Sandgrube garniert mit wunderschön blühendem Unkraut ihr bescheidenes Leben. Sie wurde nur gestört, wenn entweder wir Enkelkinder und jene anderen aus der Straße diese kleine Oase als Spielplatz okkupierten, oder, wenn wie jeden Morgen um halb sieben und nachmittags um vier Uhr die Vulkanesen zu Fuß beziehungsweise mit dem Fahrrad, morgens leise später lauter, die von ihnen unbeachtete Stelle passierten.

Geradeaus, das heißt, die Schulkenstraße hinunter, führte es via Löschplatz direkt in die Weser. Wie oft habe ich mir später gewünscht – obwohl ich selbst darin gefangen hing – dass der Strom der sturen Rad fahrenden Vulkanesen in der Weser landen würde und nicht im Fahrradständer rechts vom Werktor des Bremer Vulkans. Doch davon später mehr.

Sehr viel schöner war es, der Weserstraße nach rechts zu folgen, den Berg hinauf bis zum Kolonialwarengeschäft des Kaufmanns Johann Kaars. Selbst in finsteren Zeiten hielt er für uns Kinder immer noch irgendwelche Köstlichkeiten unter dem Ladentisch versteckt. Wir, die übernächste Generation, die eigentlich immer nur »zu Besuch« in der Schulkenstraße weilte, wusste diese freundliche Gabe wohl zu schätzen, hatten wir doch längst bemerkt, dass mit seiner Stammkundin, unserer Oma, nicht gut Kirschen essen war, was im Übrigen für ihr gesamtes Umfeld, einschließlich Fisch- und Kohlenhändler, galt. Wir Enkelkinder erklärten sie allerdings für die beste Oma der Welt und das bewies sie uns immer wieder aufs Neue, so lang sie lebte.

Die Straße weiter aufwärts brachte uns ins alte Lobbendorf, ganz früher *Lobbenthorpe* genannt. Unsere Mutter zeigte uns »ihre« Schule fast oben auf einem der besiedelten Sandhügel an der Weser angelegt. Wie alle Lehrinstitute wirkte sie langweilig und machte auf mich als Kind überhaupt keinen aufbauenden Eindruck. Wenn ich damals gewusst hätte, dass ich als Schüler später die dort tätigen Schul- und Lehrmeister zu genießen hatte und sie, emotional gesehen, tatsächlich genoss, so würde sich mein erster Eindruck auch nicht geändert haben.

Lobbendorf wurde für mich erst wieder interessant, als dort ein sehr von mir verehrtes junges Mädchen wohnte. Leider nutzten die einsamen Exkursionen des verliebten Jungen auf dem Fahrrad, kreuz und quer durch das Dorf der Lobben, immer wieder an ihrem angebeteten Elternhaus vorbei, herzlich schmerzlich wenig, nämlich gar nichts.

Die Königskinder fanden nicht mehr zusammen. Gott sei

Dank ersoff ich nicht in der Weser, denn Nonnen mit falschen Positionslaternen hätten auf der am Ufer liegenden Werft überhaupt keine Chancen gehabt, irgendwen in die Irre zu schicken. Da wären die nie müden Werkmeister der Nachtschicht aber mit einem Donnerwetter dazwischen gefahren.

Widrige Umstände lenkten mich endlich ab, wahrscheinlich viel zu früh, um die echte wahre Liebe zu beweisen. Infolge der reizenden Ablenkung fand ich dann letztlich die Sandhügelbewohner gar nicht mehr so fade und unzugänglich, sondern einer lieben Erinnerung wert.

Zu Lobbendorf und mir passt haargenau der gute Wilhelm Busch, der einmal sagte:

Ach, der Tugend schöne Werke,
Gerne möchte ich sie erwischen.
Doch ich merke,
Dauernd kommt mir was dazwischen.

Heute hat sich der Stadtteil gewandelt. Meiner Impression nach hat sich das »Dorf« zu einer gehobenen Wohnsiedlung geformt, der schönen Lage nahe der Weser angepasst. Die schmutzige laute Vulkanwerft als schlecht gelittener Nachbar hat sich davongemacht, der gute Kaufmann Johann Kaars leider auch.

Zieht man ein temporäres Fazit, so kann man ganz allgemein gesehen durchaus mit Land und Leuten um Vegesack herum zufrieden sein. Dennoch löckt der Stachel im gewachsenen Speck des Stellenwertes. Man ist doch wer und gilt doch nix.

Was machten die Kleinstädte am Niederrhein, wenn die Nichtigkeit überhandnahm? Aus unerklärlichen Gründen geschah plötzlich ein Wunder: Über Nacht setzten Wallfahrten ein, die der gute Mensch in der guten Stadt selbstverständlich tolerierte, obwohl er leider davon profitieren musste.

Auf Wunder in der norddeutschen Tiefebene darf der eher puritanische Protestant kaum hoffen. Er ist gezwungen, selbst die Schaufel in die Hand zu nehmen und nach materiellen sowie ideellen Schätzen zu graben, die Weltgeltung und damit Ansehen versprechen.

Schönebeck

Immer, wenn ich etwas besonders Schönes aufs Papier bannen möchte, schreibe ich über Schönebeck.

»Aber du hast doch noch nie über Schönebeck geschrieben«, mischt sich ein guter Freund ein. Der Logik folgend dürfte demzufolge keine einzige schöne Zeile von mir stammen.

»Das muss jetzt anders werden!«, meldet sich der Ehrgeiz. Also schreibe ich jetzt etwas ganz Schönes.

In Schönebeck gründeten meine Großeltern ihre und somit unsere Familie. Meine Mutter sowie ihre Brüder müssen in einer Wohnung des Hauses Nr. 24 geboren worden sein. Eine amtliche Straße, an der das Haus liegen durfte, gab es offenbar noch nicht.

Im Jahre 1914 wurde es dann doch wohl zu eng und so zog die junge Familie in das Haus Schulkenstraße Nr. 4 in Fähr-Lobbendorf.

Als wir Kinder, meine Schwestern und ich, noch sehr klein waren, die Jüngste im Kinderwagen, die älteren nebenher, zog es meine Mutter immer wieder nach Schönebeck. Wir stiefelten den Ziegeleiweg hinunter, hielten uns dann links und umrundeten das mit Wehmutsefeu umhangene Haus, das ich nur noch als Fachwerkbau mit grünspanfarbener Veranda und großem Garten in Erinnerung habe.

Es konnte regnen, es konnte hageln, das unheilvolle Fanal der Luftschutzsirenen eines immer häufigeren Fliegeralarms über uns in der Luft schweben, Mutter marschierte unerschrocken und frohen Mutes gen Schönebeck, denn dort konnte ihr und uns nichts passieren. Weil in Schönebeck eben keine Unglücke geschehen können.

Kürzlich, also im einundzwanzigsten Jahrhundert, wanderte ich mit meiner lieben Frau, die aus Bremerhaven stammt, und der Schönebeck lediglich ein Begriff aus dem erweiterten Heimatkundeunterricht in Erinnerung war, und meiner Schwester durch den lieblichen Ort, um das Haus Nr. 24 wiederzufinden. Es gelang uns nicht. Wäre sicherlich auch zu viel verlangt gewesen.

Der Zauber des Ortes jedoch umfing uns wieder wie in alten, sagen wir besser, wie in früheren Zeiten. Zwar sind inzwischen wesentlich mehr Häuser errichtet, dennoch hat sich die Struktur nicht nachteilig verändert; das schöne Tal ist ein schönes Tal geblieben.

Als flügge Kinder zog uns das stetig murmelnde, leise flüsternde Wasser um die Mühle herum erneut an. Eine bewegte flüssige Materie, welche floss, nicht träge herumlag, wie die drei Baggerteiche hinter unserem Haus, verzauberte die neugierigen Kindersinne. Eine in der Niederung selten vorkommende Wassermühle wie aus einem Märchen, just so wie von Ludwig Richter gemalt, schlummerte im Dornröschenschlaf. Wir störten diese wunderbare Idylle nicht. Selbst Freund Theo, sonst immer Angelschnur mit fiesen Haken in der Hosentasche, um in fremden Teichen nach Aalen und Karpfen zu wildern, bekundete Ehrfurcht. Von den reifen Äpfeln in den umliegenden Gärten mochte er allerdings nicht lassen.

Das Schloss – seltsamerweise – konnte uns überhaupt nicht begeistern. Abgesehen davon, dass sich weder Schloss, noch Teich, noch Gelände zugänglich zeigten, ließen wir das gesamte Ensemble links liegen. Es schien auch eine Zeitlang unbewohnt gewesen zu sein, selbst bei strahlendem Sonnenschein ohne sichtbares Lebenszeichen, langweilig schöne Vergangenheit.

Aber die Wege, die schmalen, unter den alten hohen Bäumen, die halbhohen und höheren Hecken um immer feuchte Wiesen herum, eingefriedete Grundstücke und malerische Häuser lockten zum Stöbern und Verstecken und später dann zu lauschigen Spaziergängen zu zweit.

Ein schönes Ambiente zieht selbstverständlich Familien an, die nicht auf Taler, Goldmark und nachfolgende inflationäre Währungen achten mussten und müssen. In Stadt Bremen und vereinzelt auch in Vegesack soll es früher eben solche Spezies gegeben haben. Heute kann man sich diese Konstellation bei der hohen Prokopfverschuldung nicht mehr vorstellen.

Als Maßstab für annehmbare Wohnsituationen galt für uns das Standard-Siedlungshaus aus der Walter-Flex-Straße, in dem wir lebten. In Schönebeck sah es nun doch etwas gehobener aus. Selbst eine uralte Bauernkate in diesem zauberhaften Umfeld strahlt damals wie heute bedeutend mehr Wohlstand aus, als eine gleichartige beispielsweise in Schwanewede.

In diesen Tagen neige ich dazu, Mensch und Tier in Schönebeck als wohlsituiert zu bezeichnen, wenngleich sich nur wenige dieser Exemplare auf Straßen und Wegen präsent zeigten. Mag sein, dass man mich auf meinem Pirschgang als neugierigen Journalisten identifizierte, wegen der schussbereiten Kamera in der Linken (Hand), als einen Störenfried, der anderen die Schönheit neidet.

Das spätere Frühere zeichnete sich durch ein eigenes Auto und Parkplatzsuche im Bereich der Neuen Weide aus. Mancher Auspuff blieb an den hartnäckigen Wurzeln der hohen Eichen hängen und verlieh dem 29-PS-VW danach den Sound eines Porsches. Gerne steuerten wir das Lokal an, um zu tanzen und selbstverständlich auch um amouröse Abenteuer zu erleben.

Doch bei diesem Thema zeigte uns das schöne Schönebeck seine eisenharten Grenzen auf. Dorfgrenzen!

»Wi pett use Höner sülbens!«, hieß es kurz und bündig an der Theke. Da blieb uns nichts anderes übrig, als das Weite zu suchen, denn den Schönebecker Naturburschen waren wir unterernährte Siedlungsbewohner, aus dem östlichen Aumund überhaupt nicht gewachsen. Zwar hielten wir uns für solche verzwickten Fälle einen cleveren Diplomaten aus Vegesack; dieser jedoch konnte wenig ausrichten, da die eingeborenen Kerle die angebotene Verhandlungsmasse (drei kleine Bier und zwei Korn pro Kopf) rundweg ablehnten.

Heute spielt keine Musikkapelle zum Tanze auf. Die »Neue Weide« gibt es nicht mehr. Vergnügungen stellen sich in dieser Zeit anders dar. Was die Musik und das Tanzen anbetreffen? Es wurde zwischenzeitlich der Beruf eines DJ erfunden, der die Jugend bei Laune und uns ganz weit entfernt hält.

Ob es in Schönebeck eine Disco gibt, weiß ich nicht. Wenn ja, dann ist sie sicher genau so apart und lauschig still wie das übrige Schönebeck, die glänzende Perle in der schillernden Muschel des Bremer Nordens.

Grohn

Unverständlicherweise kommt Grohn im aktuellen Stadtteilbericht der Bremer Senatskanzlei gar nicht gut weg. Ohne jetzt auf die Fakten einzugehen und ohne einen Kommentar dazu abzugeben, gilt es überall: Wo Licht ist, darf der Schatten nicht fehlen.

Vermutlich war Grohn überhaupt der erste Standort menschlicher Besiedelung an Weser und Lesum, denn fleißige Archäologen fanden heraus, dass eben auf der Grohner Düne – sicher vor Hochwasser und Oldenburger Grünkohlexperten geschützt – es vor 2000 Jahren eine Ansiedlung mit sehr viel liegen gebliebenem Handwerkszeug gegeben haben muss. Daraus auf eine anhaltende dauernde Unordnung zu schließen, wäre nicht fair.

Es ist richtiger, anzunehmen, dass die ersten unserer Vorfahren bereits Ideen von Mehrfachproduktionen diverser Baumarktprodukte in ihren Genen entwickelten, denn der Name Grohn stand für das Synonym des Schaffens. Während man in Blumenthal Fronleichnam feierte, in Vegesack Geschäfte mit leeren Säcken machte, wurde in Grohn gearbeitet.

Inzwischen ist es müßig geworden, alle Gewerke aufzuführen, die einstmals für Einkommen und Auskommen sorgten; die meisten gibt es gar nicht mehr.

Doch die Struktur eines Ortsteils kann man nicht wie ausgediente Fabriken stilllegen, verschrotten oder zu unnützen Denkmälern verwandeln, sie bleibt erhalten, sie muss erhalten bleiben, wegen der Menschen, die darin leben und auch gerne weiter darin Zeit verbringen möchten.

Zu Beginn des Industriezeitalters, in der die Massenproduktion erfunden wurde, spielten Maschinen zwar eine wesentliche

Rolle, noch wichtiger aber schienen Menschen, die man brauchte, um eben diese neuen Produktionsmittel zu bedienen. Diese Sorte aber fehlte in Grohn. Ergo beschaffte man sie sich, in dem Werber durch das Reich und angrenzende Gebiete zogen und somit humanes Kapital an Land – und über den Grohner Tisch – zog.

Die Unterbringung gestaltete sich wie überall sehr problematisch. Sie war meistens nur mit Massenquartieren, sprich Mietwohnungsbauten, lösbar. Dieser Prozess wiederholte sich nach Kriegsende im gesteigerten Maße, als das sogenannte Wirtschaftswunder in Deutschland und natürlich auch in Grohn grassierte.

Mit dem Exodus der Fabriken verschwand die Arbeit, die Menschen blieben erhalten. Daraus resultiert die hohe Arbeitslosenquote, der Frust in Ämtern und Wohnungen und das angekratzte Image auf der Grohner Düne.

Das Bundesland Bremen bemüht sich nach Kräften, diesen Missstand abzustellen.

Ist der Ruf, in einem Arbeiterquartier zu leben, wirklich eine schwer zu tilgende Hypothek?

Müsste der Begriff *Arbeiter* nicht überhaupt wie ein Adelsprädikat zu werten sein?

Ohne Industrie und Produktion funktioniert in unserer wunderschönen Nation herzlich wenig. Deutschland besitzt keine nennenswerten Bodenschätze, eine nur marginal zu bezeichnende Landwirtschaft, keine herausragende intelligente Bevölkerung mit Ideen und Leistungen, von deren Vermarktung 80 Millionen Menschen lustig und locker leben könnten.

An diesem Ast mit den lebensspendenden Blättern der Industrie, am Ast, auf dem wir es uns alle sehr bequem gemacht haben, wird nach Herzenslust gesägt, wobei die öffentliche Gesellschaft, ohne Ausnahme alle miteinander, großzügig die Sägezahnwerkzeuge mit Argumenten wie Klimakatastrophe, Nachtruhe, Geländeverbrauch, Energieverschwendung, wasch mir den Pelz, aber mach mich nicht nass und so weiter schärft, sich aber wundert, dass die Armut wie früher die Pest in aller Stille Gassen und Straßen verseucht.

Die Maßnahme, die neue Jacobs University in Grohn anzusiedeln, scheint ein richtiger Schritt zu sein und in die richtige Richtung zu weisen. Um nicht die nächsten Etappen, nämlich die »... *erfolgreiche Entwicklung des Universitätsstandortes und des geplanten Science Parks städtebaulich und funktional ins Mittelzentrum Vegesack (wo bleibt Grohn?) zu integrieren ...«* als Utopie abzutun, sind hundsgemeine Maßnahmen wie Schaffung von geeigneten Arbeitsplätzen notwendig. Wenn es dazu erforderlich sein sollte, Englisch als Umgangssprache in Grohn und Umgebung einzuführen, so muss es halt geschehen.

Wie sagen Gewerkschaften doch immer: »Die Arbeitnehmer sind gesund, produktiv und hoch motiviert!«

In unserer Jugendzeit bestand Grohn in erster Linie aus dem Kino und dem Sportplatz und – wie gesagt – Arbeit, von der wir uns aber tunlichst fernhielten.

Immer gelang dieses Versteckspiel nicht. Uns war im Übrigen nicht bekannt, dass Kinderarbeit amtlicherseits untersagt war; wären wir informiert gewesen, hätten wir spätestens nach drei Stunden mühsamen Auseinanderpflückens von Sisal-Tauenden zu Hause auf dem Küchentisch protestiert. Die sogenannte leichte Heimarbeit in Familien, in Asien permanent praktiziert, war damals in unseren Breiten ebenfalls aktuell und brachte ein paar Mark, wenn die Autos der Tauwerke aus Grohn oder die aus Aumund das fein gerupfte Zeug wieder abholten.

Seefahrt, in und an Flussmündungen zählte eigentlich nicht als ein selbstständiger Begriff, sondern bedeutete eher alltägliches Leben. Die Erwachsenen *schafften* im weitesten Sinne für dieses Metier, die Väter und Männer der Familie hatten zumindest in ihrer Jugendzeit der See gedient und uns Jungen schien sie, die Seefahrt, auch einiges zu versprechen, doch es war noch zu früh, um sich mit Details zu beschäftigen.

Dennoch zwang der Neubau des *Haus Seefahrt,* in den Jahren 1950/51 in Grohn auf dem Oeversberg von der genesenen Bremer Kaufmannsschaft errichtet, mich mit dem Metier zu beschäftigen. Diese soziale Einrichtung, die alten Seeleuten und deren Witwen eine Unterkunft sowie Lebensunterhalt gewährt, und zu den ältesten wohltätigen Stiftungen Europas zählt, fand ich einerseits eine großartige Idee, andererseits musste das Leben auf einem Schiff doch wohl kein Honigschlecken sein, wenn sich nicht einmal Kapitäne und deren Familien eine eigene Heimstätte leisten konnten.

Und meine Gedanken reisten weiter, gerade mal eben westwärts zum anderen Ufer der Lesum, dort wo in Lesumbrook die Kirche mit dem kleinen Friedhof die Gräber von »moorlosen«, der Lesart nach *mutterlosen* Seeleuten, beherbergte. Das Schicksal dieser unglücklichen Matrosen, die in der Fremde den Tod fanden, stimmte den Jungen schon nachdenklich und machte die Einrichtung eines *Haus Seefahrt* seiner Meinung notwendig und zeugte von einer nachahmenswerten großzügigen Geste der Hanseaten, die als solche samt und sonders in Stadt Bremen zu finden waren.

Er fand dadurch Grohn auch reicher und anerkannter. Das Motiv der Bremer, das Haus Seefahrt nicht mehr in der Stadt, wie in den Jahrhunderten zuvor, sondern in Grohn anzusiedeln, war ihm nicht bekannt.

Im Heimatkundeunterricht musste ihm wohl die Tatsache, dass Grohn ursprünglich ein Seefahrernest gewesen war, wegen permanenter Unaufmerksamkeit entgangen sein. Die traditionsreiche Siedlung der seefahrenden Arbeiter – sie nennen sich an Bord Schiffsjunge, Matrose, Bootsmann, Steuermann, keiner heißt *Schiffs- oder Seearbeiter* und die der Fischer, die ähnliche Berufsbezeichnungen tragen, versandete zwar nicht wie die Weser, erfuhr jedoch die beißende Flut des Industriezeitalters. Risikobereite Unternehmer und somit auch Fabriken tauchten auf und benetzten die Oberfläche, umspülten den Oeversberg.

Mit dem neuen Zeitalter, wenn auch ein wenig verzögert, kamen die Fremden, die Arbeiter, einer Invasion gleich, wenig geliebt. Doch neue Existenzen gründeten sich, alte erloschen, kleine und große Katastrophen tangieren jeweils das Geschehen.

Wie Ebbe und Flut an der Küste Regelmäßigkeit bedeutet, genau so, nur in größeren Intervallen, finden Konjunkturwechsel statt, regionale Existenzen rettend oder vernichtend.

Grohn wirft solche Wechselbäder bestimmt nicht um. Der Ort und seine Bewohner waren immer stark.

Früher, zur Zeit unserer Väter, bestimmten weniger Solidarität sondern eher Rivalität das Verhältnis zwischen den benachbarten Ortschaften. Wehe, ein Jüngling aus Aumund-Fähr näherte sich einer Schönen aus Grohn, da schepperte es aber im Karton!

Das fiel mir, wo ich jetzt so ganz still darüber nachdenke, gleichfalls in unserer jugendlichen Periode auf, wie pingelig und rückständig die Schönebecker und Grohner in solchen fruchtbaren Beziehungen noch waren.

Diese Art von Tradition hat sich erledigt. Darf man getrost als Fortschritt verbuchen.

Grohn verbinde ich oft mit Lesumbrook. Ich meine sogar, ich wäre ganz jung noch mit dem Ruderbootfährmann von Grohn ans andere Ufer der Lesum gelangt, will es aber nicht beschwören. Der übliche Wasserweg war natürlich die Fähre Hol ober vom Utkiek aus. Im Strandbad Schönebecker Sand machte ich mein Fahrtenschwimmer, natürlich begleitet und assistiert von meinem Freund. Der konnte alles ein bisschen besser als ich. Kopfsprung und Kopfrechnen beispielsweise. Irgendwo muss da auch ein Dreimeterbrett gewesen sein, von dem ich runter musste. Überlebte selbstverständlich, der Gute verzog keine Miene als ich wie ein Mehlsack ins Wasser plumpste, ein wahrer Freund.

Wir hatten ja unsere Baggerkuhle, aber Prüfungen konnte man in der nicht ablegen. In irgendeiner Badeanstalt innerhalb der erreichbaren Region fand wohl auch das vorhergehende Freischwimmen statt; ich weiß nur nicht mehr wo, obwohl solche Vergnügungsanstalten äußert rar waren.

Lesumbrook empfanden wir als schön. Wir reisten gerne dorthin, die paar Kilometer konnten auch zu Fuß erledigt werden. Später galt die Halbinsel, der spitze Keil zwischen Weser und Lesum, durch den Bau des Stahlwerkes in Mittelsbüren als weniger attraktiv.

Freund Rolf aus der Walter-Flex-Straße, der wie ich den Weg zur See gefunden hatte, allerdings die nautische Seite bevorzugte, fand später einen attraktiven Job in eben diesem Stahlwerk. Die goldene Seite der Medaille …

Heute ziert das moderne Lesumsperrwerk den wässerigen Bereich und bildet gleichzeitig eine lang entbehrte Brücke über die Lesum. Davor beziehungsweise dahinter, je nach dem, von wo aus man kommt, haben sich die Wassersportvereine des Nordreviers angedockt. Man hört gelegentlich, dass sich die Kommunikation zwischen den einzelnen Vereinen ziemlich stürmisch gestalten kann.

Lemwerder

Das rechte Ufer der Weser ist ohne das linke nicht denkbar. (Die Logik des Autors ist zu beachten). Wie die Perlen des rechten umzu, so gehört auch Lemwerder mit seinen Nachbarn zum Einfluss- und Wirkungsbereich des Vegesacker Weltbilds. Eine Brücke beziehungsweise einen Tunnel zwischen diesen beiden Zentren gibt es immer noch nicht, dafür eine stets zuverlässige Fähre.

Guntsied gehört zwar politisch zu Niedersachsen, doch besondere Rivalitäten bildeten sich kaum, jedenfalls nicht während unserer Sturm- und Drangperiode. Da gestalteten sich Kontakte zu jungen Bewohnern aus Grohn und oder Schönebeck durchaus problematischer.

Lemwerder bedeutet für mich die Marsch, das ewig grüne flache Land hinter den Deichen, welches so ganz anders riecht als das unsrige auf der Geest. Breite Wassergräben, kleinen Flüssen gleich, Siele und bannig viel Schilf davor und dahinter trennen und verbinden Wiesen, Bauernhäuser, Straßen und Deiche.

Eine so andere Sorte von Schilf, größer dunkler und mit dicken braunen Kolben zwischen den breiten Blättern, wächst an jedem freien Uferstück der braunen Gewässer. Im Gegensatz zu unserem ärmlichen *phragmitis communis* an den heimischen Tonkuhlen, sprießt die Mehrzweckpflanze, dem asiatischen Bambus gleich, pfeilschnell in den eingedeichten Oldenburger Himmel.

Nun liegt Lemwerder topografisch tief, gerade mal eben 1 Meter über NN. Dieses Kürzel kennt jeder von uns; weiß man doch: NN = Normalnull = der für die Höhenmessung verwendete Bezugspunkt in Höhe des mittleren Wasserstandes des Amsterdamer Pegels.

Durch diese nahe Verwandtschaft mit den Niederländern darf man Lemwerder durchaus den fruchtbareren Erdschichten zurechnen. Kein Wunder also, dass Tomaten, Tulpen, Kohl und Schilf in ganz anderen Dimensionen heranwachsen und uns auf der rechten Seite der Weser so richtig neidisch machen.

Nicht neidisch wurden wir, wenn Hochwasser angesagt war und der Utkiek in Vegesack bereits nasse Füße bekam. Dann drückten wir die Daumen, dann mussten die Deiche drüben halten. Die Schwachpunkte des Hochwasserschutzes waren allen bekannt, selbst wenn der Weserdeich hielt, so bestand die Gefahr, dass das Land von hinterwärts absoff, wenn nämlich die wesentlich niedrigen Deiche an den Nebenflüssen nicht hielten. Die an der Ochtum beispielsweise oder die der Lesum auf der rechten Seite der Weser.

Während der Flutkatastrophe im Winter 1962, die den Norden Deutschlands das Fürchten lehrte, schwamm ich in den warmen Gewässern der Karibik, genauer gesagt auf dem Stolz des Norddeutschen Lloyd, dem Turbinenschiff TS »Bremen«. Wir befanden uns auf einer Kreuzreise und hatten als freundlich dienstbare Crew reichlich erwachsene US-Amerikaner durch die tropische Inselwelt zu befördern.

Der bordeigene Nachrichtendienst informierte die Besatzung vom Unglück zu Hause. Da der Schwerpunkt der Überflutung bei Hamburg lag und deswegen Priorität in der telegrafischen Übermittlung besaß, erfasste uns Bremer wegen der Unsicherheit eine tiefe Unruhe. Mit dem Telefonieren funktionierte es damals noch nicht so richtig, deswegen wurden schon mal teure Telegramme via Funkspruch abgesetzt.

Glücklicherweise hatte Bremen weniger abgekriegt, in Aumund waren selbst die Abzugsgräben nicht übergelaufen, aber der Sturm hatte die Dächer in der Siedlung des Elternhauses erheblich in Mitleidenschaft gezogen.

Weserfähre Vegesack – Lemwerder

Man zog Lehren aus dem Unglück. Die Sperrwerke an der Lesum und an der Ochtum entstanden und veränderten die Landschaft.

Immer wieder, wenn besorgte Politiker oder futuristisch motivierte Wissenschaftler von der Klimakatastrophe reden, muss ich an mein liebes Lemwerder denken. Nun ist allerdings noch nicht genau bekannt, um wie viele Meter sich Normalnull in die Höhe strecken wird. Manchmal hört man von lächerlichen 80 cm, andere Stimmen schätzen mindestens acht Meter.

Da wird der Sportplatz in Altenesch, auf dem ich einmal bei einem Handballspiel der ersten Herren zwei triumphale Tore erzielte, bestimmt zu einem Schwimmbad mutieren.

Wenn es ihn, den Sportplatz, überhaupt noch gibt; der Vegesacker Nachtklub Koralle, in dem ich anschließend diesen Erfolg feierte, existiert längst nicht mehr. Ich kann mich deswegen noch an diese kleine Revue erinnern, weil ich irgendwie mit dem ausgeliehenen Fahrrad meiner Schwester an der Bar oder einem Hocker in eine peinliche Kollision geriet, was dem Fahrrad nicht gut bekam. Unverständlicherweise hält meine liebe Schwester mir diesen lächerlichen Zwischenfall noch heute vor.

Nun kennt ja ganz Deutschland den Kalauer, dass Mann und Frau und sogar die Viecher auf dem flachen Land der Marschregionen bereits am Donnerstag erblicken können, wer am Sonntag zu Besuch kommen wird. Damit mag mancher zufrieden sein; es bleibt genügend Zeit, um im Supermarkt eine tiefgekühlte Pizza Margherita einzukaufen.

Den Lemwerderanern genügt dieser Zeitvorsprung nicht, denn *time is money,* wie man beim Nachbarn Grohn und in der Filiale der EADS sagt. Sie wollen mehr, sie wollen den Senner auf der bayrischen Alm in dem Augenblick ausmachen, wo der seine Stiefel einpackt, um im Watt oder am Ufer der Ochtum Buttpetten zu veranstalten. Deswegen errichteten sie den neuen Aussichtsturm am Yachthafen. Gut gerechnet erhebt sich dieser 25 Meter über NN. Da mag ruhig die Klimakatastrophe ins grüne Land hereintreten!

Erfreulicherweise verfügt Lemwerder über eine ansprechende Industrie, womit sich diese Perle des »umzu« wohltuend von der anderen Weserseite abhebt. Auf die Beschäftigungssituation wird es keine großen Auswirkungen haben, denn von je her verteilten sich die vorhandenen Arbeitskräfte ziemlich gleichmäßig zu beiden Seiten der Weser.

Dennoch darf man sich fragen: Was macht das Land Niedersachsen besser als das Land Bremen? Wobei ich es bei dieser rhetorischen Frage belassen möchte.

Links der Weser ist es zu schön. Vor allem bei Regenwetter. Wenn der Nordostwind so richtig ausholt und nicht nur den Regen, sondern quasi auch das Wasser aus den Gräben zieht und es dem Radfahrer auf der baumlosen Straße zwischen Bookholzberg und Bardewisch um Ohren und Hosenbeine schlägt. Wenn Rinnsale bergauf fließen, nämlich die Unterarme hinauf bis unter die Achseln und dann den trockenen Rest des Fells in eine sich windende Gänsehaut verwandeln.

Sehen kann man nichts mehr. Man will auch nicht. Im Hasbruch, bei den uralten Eichen schien einem die Sonne noch auf den Pelz – und jetzt – bloß nach Hause.

Radfahren kann so gesund sein! Unentwegt wird in der Region dafür geworben. Damals fragte man höflich: »Gnädiges Fräulein, darf ich Sie nach Hause begleiten?« Die Antwort der Umworbenen konnte oft genug lauten: »Nee, dat deit nich nöddig, eck bin mit`m Rrrrad!«

Heute zeigen sich die jungen Damen weitaus zugänglicher: »Hasse mal Strom für mein E-Bike?«

Blumenthal

Der ästhetisch schöne Begriff *Schönebeck* wird durch *Blumenthal* getoppt, so sagt man ja heute auf denglisch und schreibt es selbstverständlich grammatisch falsch. Zwar kommt das Englische immer näher – siehe Grohn und Lemwerder – und das Deutsche entfernt sich mehr und mehr, doch Sprache soll nicht unser Thema, angenehme Orte sollen es sein, Blumenthal ist es und es ist natürlich ein dankbares.

Blumenthal zog im Jahre 1899 meinen Großvater aus dem weit entfernten erzgebirgischen Annaberg an, wobei wir nicht wissen, mit welchen Lockungen der oder die Agenten den jungen Mann als Arbeiter für die gerade errichtete Wollkämmerei warben. Er kam – und wählte letztlich unsere Region als seine neue Heimat. Dazwischen drängten sich viele andere Stationen des unruhigen Lebens der damaligen Zeit, zum Teil abenteuerliche Geschichten, wie in der Biografie beschrieben.

Mit ihm kamen viele Menschen aus anderen Regionen der Nation und des nahen Auslandes, nicht, um einen romantischen Ort zu finden und zu besiedeln, sondern um zu arbeiten. Schlicht und einfach gesagt: Durch Arbeit eine Existenz aufzubauen.

Die Industrialisierung in der Jahrhundertwende des zwanzigsten Jahrhunderts an der Unterweser bot die Möglichkeit und die Menschen nutzten sie.

Diese Erkenntnis reizt dazu, zwei provokante Fragen zu stellen: Hat sich das Motiv geändert? Kann man heute in diesem Deutschland mit anderen Mitteln eine Existenz aufbauen?

Wenn ja – dann habe ich sie – und viele andere auch – völlig verschlafen.

Wenn nein – warum reißen wir Fabriken ab und bauen keine neuen auf?

Der aufmerksame Leser hat längst erkannt, dass sich dieses Problem bei aller Flachserei wie ein roter Faden durch meinen Schriftsatz zieht, und zu Bremen gehört wie der Schlüssel im roten Wappen der Stadt. Ich erinnere in diesem Zusammenhang an den Entwurf des Senatsberichts.

Es ist April, trotz vieler Wolken hat sich die Sonne durchgesetzt und rückt alles in ein strahlendes Licht. Auch die Erinnerungen an früher, an Blumenthal.

Meine Onkel wohnten dort, Einer am Rande zu Rönnebeck, ein anderer in Lüssum. Beide waren stets heiteren Gemüts und ihre temperamentvollen Gemahlinnen mit den viel besungenen polnischen Wurzeln nicht minder. Klar, dass wir Kinder gerne nach Blumenthal kamen und bei gemeinsamen

Familienspaziergängen – so etwas gab's damals noch – den ganzen Ort kennenlernten. Sehenswürdigkeiten, wenn überhaupt als solche erkannt und bezeichnet, spielten keine Rolle. Der Ältere besaß als moderner Zeitgenosse Wunderdinge wie Fotoapparat und Fernglas; die Leidenschaften des anderen wie Malen, Schnitzen, Modellieren begeisterten uns Kinder und er lehrte uns, gut und genau zu beobachten.

Nach dem Kriege aber begann es für uns in Blumenthal, wie bei unserem Großvater vor fünfzig Jahren, mit neuer Arbeit. Unser Vater, bei einem Bombenangriff auf den Vulkan 1943 schwer verletzt, konnte seinen Beruf nicht mehr ausüben, musste umschulen.

Er wurde Desinfektor. Seine Aufgabe und die seiner Kollegen waren, Krankenhäuser, Schulen, private Räume, Kleidungen, medizinische und andere Geräte zu desinfizieren, Ungeziefer zu tilgen und weitere hygienische Maßnahmen an Mann und Frau zu bringen.

Wenn in den meisten Fällen, sowohl für die Ausführenden als auch für den oder die Betroffenen, die Prozeduren mit vielen Unannehmlichkeiten verbunden waren, so galten sie als bitter notwendig. Die heimkehrenden Soldaten kamen verlaust, verdreckt, in Lumpen gekleidet in die sogenannte Zivilisation zurück und waren dankbar für ein erstes warmes Wannenbad, für die anschließende Entlausung sowie für gereinigte und desinfizierte Kleidung, sofern sie noch tragbar schien.

Anfangs arbeitete mein Vater in Bremen, direkt hinter dem zerdepperten Hauptbahnhof, wo die Desinfektionsanstalt untergebracht war. Wir besuchten ihn häufiger und genossen ebenfalls den Luxus eines Bades mit heißem duftenden Wasser in einer richtigen Badewanne.

Auch wir jammerten und schrien, besonders meine Schwestern mit ihren langen Haaren, wenn wir uns in der Schule wieder Kopfläuse eingefangen hatten und Vater mit seinen probaten Mitteln für Ordnung sorgte.

Eines Tages wurde er nach Blumenthal versetzt. Für die Mobilität sorgte ein blaues Dienstfahrrad der Marke NSU. Dieses Fahrrad könnte ich heute noch in allen Details beschreiben.

In einer Baracke auf der Bahrsplate hatte das Gesundheitsamt Bremen eine Filiale errichtet mit großen Autoklaven, einem Dampfkessel und weiteren hygienischen Apparaten, um Land und Leute in Bremen-Nord in einen reinlichen und gesunden Zustand zu versetzen.

Die Bahrsplate zeigte sich damals als ein flaches Plateau an der Weser in Reih und Glied mit hölzernen Baracken belegt. Diese Notquartiere gab es überall. Baracken schienen uns als Zweckbauten, in denen je nach Situation Kleinbetriebe, Hühner, Soldaten, Flüchtlinge und Ausgebombte untergebracht waren.

Außer dem Gesundheitsamt, das sogar zwei Baracken okkupierte, wenn ich mich recht erinnere, waren auf der Bahrsplate zu der Zeit auch heimatlose Flüchtlinge untergebracht. Es war nicht bekannt; es wurde auch nicht bekannt gemacht, dass dieses Barackenlager einst als Nebenlager des berüchtigten Konzentrationslagers Neuengamme bei Hamburg diente.

Die Bewohner der Baracken waren froh, ein Dach über dem Kopf zu haben und unsere Familie war dankbar, dass Vater so nahe Arbeit fand. Ich besuchte ihn häufig. Wenn es sich ergab, benutzte ich illegal das Dienstfahrrad, pflegte es sozusagen als nicht vereinbarte Gegenleistung dem Bremer Senat gegenüber und brachte es auf Hochglanz. Von allen Diensträdern der Stadt Bremen galt es bestimmt als das bestgepflegteste.

Der Dampfkessel und die großen Autoklaven, in denen auf Wagen die zu desinfizierende Kleidung mittels Bügel aufgehangen, dann dampfdicht verschlossen und unter Druck gesetzt wurden, weckten mein ganzes Interesse. Die ganze Bude war geschwängert mit Formaldehyd, was uns, so empfanden wir es jedenfalls, besonders gesund und resistent gegen die Unbilden der verseuchten Umwelt machte. Heute gilt das Zeug als höchst gefährlich. Mein Vater, der übertrieben ausgedrückt, quasi darin schwamm, starb nicht an Krebs.

Später, als dann Bremen-Nord als klinisch rein bezeichnet werden konnte, konzentrierte sich die Tätigkeit des Vaters fast nur noch auf den Textiltransfer in die DDR, da die Ostberliner Regierung lediglich desinfizierte Kleidersendungen aus der Bundesrepublik passieren ließ.

Inzwischen hat sich die Bahrsplate in einen angenehmen Uferpark gewandelt. Immerhin 6 Hektar groß und direkt an der Weser gelegen. Die Fähre zum gegenüberliegenden Ufer, nach Motzen liegt gleich nebenan. In den Sommermonaten, wenn auch die Ausflugsschiffe am Anleger festmachen, herrscht munteres Leben und Treiben am Ufer der Weser.

Blumenthal ist weicher, klingt zärtlicher als Vegesack, das sich hart und metallisch anfühlt und sich manchmal auch so gibt.

Irgendwann wurde Vater wieder nach Bremen versetzt und ich nach Blumenthal. In Stadt Bremen nahmen die Ratten überhand, die der Vater bekämpfen sollte und die Schule an der Fresenbergstraße hatte meine mäßige Bildung aufs Korn zu nehmen.

Wir beide ließen es sachte angehen; Vater fütterte die Stadtbremer Ratten ausdauernd mit geräuchertem Hering, sodass sie dick, fett, träge, unbeweglich und somit zur leichten Beute der gefürchteten Schädlingsbekämpfer wurden. Dabei stellten sich so ganz nebenbei wissenschaftliche Erkenntnisse heraus: Geräucherten Schellfisch beispielsweise verschmähten die Nagetiere. Sie zogen bei solch liebloser Fütterung lieber eine leichte Diät vor.

Zu meinem Erstaunen drillte uns die Schule, das heißt, der Lehrer, nicht mit Wiederholungen von Grundrechenarten, Recht- und Schönschreiben, sondern wir erfuhren die Auseinandersetzung mit zukünftigen Lebensaufgaben, wie beispielsweise Ausfüllen von Banküberweisungen, Ausstellen von Schecks, kritischem Lesen von Zeitungsartikeln, Arbeiten mit dem Kursbuch der Deutschen Bundesbahn und vieles mehr.

Die meisten der Mitschüler und -innen kapierten die Absicht und den tieferen Lehrinhalt des Unterrichts nicht. »Ich werde nie im Leben einen Scheck zu Gesicht bekommen!«, hieß es hie und da unter uns Arbeiternachkommen oder: »In die Oper gehen wir sowieso nicht!«

Mir waren die uns präsentierten Dokumente nebst Übungsformularen gleichfalls nicht geläufig, doch nahm ich sie zwar nicht begierig aber immerhin wohlmeinend auf, was mir einige Pluspunkte einbrachte und mich tatsächlich ein bisschen besser auf das Leben nach der Schule vorbereitete.

Die Tatsache, dass unser Klassenlehrer ebenfalls in Aumund wohnte, ganz in unserer Nähe, und wir gemeinsam – vorausgesetzt ich besaß Geld für die Fahrkarte – mit der Farge-Vegesacker-Eisenbahn bis Blumenthal-Mühlenstraße fuhren, machte die Sache und den Unterricht viel gefälliger, wenn nicht sogar angenehm. Schule konnte tatsächlich manchmal Vergnügen bereiten.

Nicht weit entfernt verlieh die Stadtbücherei ihre leicht abgegriffenen Bücher. Ich gehörte zu den eifrigen Ausleihern und verschlang quasi den gesamten Bestand mit dem einzigen Thema: *Expeditionen zum Nord- und Südpol*. Warum, vermag ich heute nicht mehr zu sagen. Die Helden der damaligen Zeit imponierten eigentlich gar nicht, im Gegenteil – ich hielt sie für leichtsinnig und verantwortungslos ihrer Mannschaft gegenüber.

Vielleicht bin ich deswegen kein Polarforscher geworden.

Aus heutiger Sicht durchaus ein psychologisches Argument, denn zu jener Zeit wusste ich wenigstens ganz genau, was ich nicht werden wollte.

Die Arbeit rief, heute ruft sie wohl nicht mehr.

Das Angebot an Arbeit ging von Blumenthal aus. Genauer gesagt: von der Bremer Wollkämmerei. Mein Großvater kam um die Jahrhundertwende, und viele andere kamen mit ihm. Aus den preußischen Ostprovinzen zählten besonders die Polen, die in Blumenthal eine Existenz und eine neue Heimat suchten und sie auch fanden.

Die Wollkämmerei beschäftigte, im Gegensatz zu den Betrieben des Schiffbaus, auch Frauen im Produktionsbereich, was sicherlich an der Unterweser eine Ausnahme bedeutete und eine besondere Struktur der Betriebsführung verlangte. Gelungen muss man heute sagen, denn einige junge Damen aus meinem Bekanntenkreis arbeiteten dort und waren zufrieden.

Ein Onkel, der anfangs in der Lokomotivwerkstatt am Vegesacker Bahnhof beschäftigt war, wechselte nach dem Krieg zur Wollkämmerei und avancierte dort zum Werkmeister. Zum fröhlichen Kummer seiner Frau, unserer geliebten Tante. »Was soll ich denn nun kochen, mein Mann ist Meister geworden!«

Der andere, mein Patenonkel, war als Tischler bei der Schiffswerft Christian Pape am Rönnebecker Ufer beschäftigt. Ob nebenbei oder im Hauptberuf, das konnten wir seinen Referaten zu Hause beim Sonnabendvormittagsfrühstück nicht wirklich entnehmen, fungierte unser guter Onkel als Betriebsratsvorsitzender des Betriebes. (Die Werft im Familienbesitz als typische Vertreterin des einst sehr gesunden Mittelstandes taucht in der amtlichen Wirtschaftsstatistik heute nicht mehr auf. Also existiert sie nicht mehr.)

Beide Brüder verband, außer Blumenthal und der Familie, der Chorgesang. Im Männergesangverein *Concordia* gaben sie ihr Bestes. Das Talent müssen sie von ihrem Vater, unserem Opa, geerbt haben, der als gebürtiger Sachse den Gesang liebte. Auch seine Tochter, unsere Mutter, sang gerne, und ich prahle nicht damit, wenn ich behaupte, dass in unserem Elternhaus beim Abwasch und sonstigen Gelegenheiten aus vollen Kehlen gesungen wurde.

Jetzt, Jahrzehnte später, herrscht im Moment der Wonnemonat Mai über die deutschen politischen Systeme. Ich sitze auf der Terrasse unseres kleinen Reihenhausgartens und erfreue mich des Besuchs eines flatternden Kohlweißlings. Er könnte derselbe sein, den wir Kinder im Frühjahr 1952 vergeblich haben fangen wollen, weil er vorsätzlich das frisch angelegte Spargelbeet des Onkels im Garten seines neuen Heimes in der Hohenbuchener Straße in Lüssum leerfressen wollte. Ungewollt könnten wir den Schmetterling aus dem schönen Ort getrieben haben und so ward der Flieger gezwungen, sich im industriellen Westdeutschland neue Nahrungsquellen zu erschließen.

Er müsste jetzt etwa sechzig Jahre alt sein, sich im Rentenalter befinden und eigentlich nur aus Vergnügen seine Freizeit in aseptisch gemüsefreien Gärten verbringen. Jung ist er nicht mehr, das ist an der tiefgrauen Tönung seiner Flügel zu erkennen.

Er schwirrt wieder ab, vermutlich hat er mich – Schmetterlingen wird ja ein sagenhaftes Gedächtnis nachgesagt – als den Häscher von früher wiedererkannt.

Wenn mein Enkelsohn mir über die Schultern schauen könnte, würde er sagen: »Opa, was du da schreibst, ist Quatsch. Schmetterlinge fliegen. Raupen fressen. Die des Kohlweißlings lieben Kohl, keinen Spargel. *Ist doch klar, oder?*«

Man beachte die moderne Sprache der jungen Leute, kurz und knapp! Der letzte Satz fordert stets zum Dialog auf. Kein Wunder, dass heute, trotz der kurzen Sätze, unendlich kommuniziert wird.

Ich bin nur froh, dass der vorgenannte Nachkomme noch nicht sehr tief in die moderne deutsche Literatur eingetaucht ist, wo sich, o Wunder, die kurz gefasste Sprache manifestiert hat. Sie erleichtert das Schreiben, sie stellt keine großen Ansprüche an den Leser, sie spart Zeit!

Prädikat/Subjekt/Ergänzung/maximal ein Nebensatz/wenn notwendig ein bis zwei Kommata/basta! Das ist die Devise.

Dennoch bleibe ich lieber ein wenig altmodisch, da ich immer noch der Überzeugung bin, dass unsere Sprache eine Menge mehr hergibt.

Die Literatur gibt mir das Stichwort zu einem gelungenen Übergang am hohen Ufer in Rönnebeck, wo sich seinerzeit Literaten von Rang niedergelassen hatten. *Alma Rogge, Manfred Hausmann* und andere mehr liebten den Ort, der sie inspirierte und eine literarische Heimat bot.

Das hohe Ufer in Rönnebeck ähnelt topografisch gesehen dem in Blankenese an der Elbe, ist aber in jeder Beziehung normal geblieben, hat nicht den illustren Rang des ehemaligen Kapitänshügels in Hamburg angenommen, den manche Zeitgenossen gar als versnobt bezeichnen. Ich würde so etwas selbstverständlich niemals sagen, geschweige denn niederschreiben, wenngleich die Hamburger Hansebrüder und -Schwestern im Vergleich zu uns biederen Bremern manchmal 'n büschen arrogant erscheinen. Als Beispiel nenne ich den aktuellen Ausspruch einer Hamburger Modistin mittleren Alters: »Der Hamburger Herr trägt immer schwarze Halbschuhe, selbst zu weißen Hosen. Es heißt, dass die Brema, nein so was, igittigitt, sogar brrraune Schuhä trrroagen!«

Bleiben wir bei der ansprechenden Topografie Blumenthals. Burgwall im Tal der Aue/Becke, damals noch mit dem schlossartigen Bau des Oldenburger Reeders und Konsul Thyen gekrönt. Unsere Fahrradstrecke führte über Beckedorf oder durch den Löh in dieses schöne Gebiet. Als Schüler halfen wir mit bei den Ausgrabungen zur Burg Blomendal und/oder dem Sattelhof.

Der Forst Löh, unser einziger Wald, diente als Lehr- und Nutzobjekt, was Natur- und Heimatkunde anbetraf. Man war sich nie sicher, ob man sich noch in Hammersbeck oder bereits in Blumenthal mit dem amtlicherseits permanent verkehrsuntüchtigen Fahrrad bewegte. Zweckmäßig mied man in diesem Zusammenhang großräumig den Bereich um die Blumenthaler Kirche herum, denn dort konnte man in die Fänge eines abwegigen Polizisten geraten.

Später war dann nur noch das Forsthaus als Vereinslokal *der Freien Turnerschaft Hammersbeck* und der dort angelegte Sportplatz unser Ziel. Eigentlich wurden wir an diesem ja doch romantischen Ort erwachsen. Turnen, Gymnastik, Handball zählten zu Beginn zu den gefragten Disziplinen des nach dem Kriege wieder auferstandenen Turnvereins unserer Eltern. Die Jungen spielten überwiegend Handball, die Mädchen begeisterten mit Rhythmischer Gymnastik, und die ältere Generation machte uns im Turnen noch 'ne ganze Menge vor. Als Mittelpunkt galt stets das bewirtende Forsthaus mit seinen Pächtern, dem allseits beliebten Ehepaar *Gerda und Klaus Giessel.*

Behütet von den älteren Vereinsmitgliedern wuchs unsere Generation im gemeinschaftlichen Sport und Spiel mit gelernter Disziplin bei gegenseitiger Achtung auf, wobei wir auf Freiheit und Vergnügen keineswegs verzichten mussten.

Bei Vereinsfesten fand der jährliche Umzug durch den Ort löbliche Beachtung der Aumunder Bevölkerung. Die sportlich schwungvollen Bälle im Forsthaus unter der Regie von *Fritz Hanebutt* darf man heute noch als sagenhaft bezeichnen.

In den ersten Semestern als Studierender in einer Bremer Hochschule widmete ich mich als Trainer und Schiedsrichter der Schüler und Jugend-, selbst als Spieler der Herrenmannschaft intensiv dem Verein, was dann leider wegen Überbeanspruchung später nicht mehr möglich war. Ich erinnere mich gerne an einen Frühlingsball, den ich als junger Spund und Nachfolger von Fritz Hanebutt, auszurichten hatte. Es war mir gelungen und machte mich stolz.

Es lag und liegt in der Natur der Sache, dass sich Jungen und Mädchen im Verein näher und näher kamen, nicht mehr voneinander lassen konnten und schließlich zum Vergnügen aller Hochzeit feierten.

Das in der Nähe befindliche Blumenthaler Krankenhaus verfügte ursprünglich über 86 Betten, es expandierte notgedrungen, da sich im Laufe der Jahre mehr Einwohner und analog dazu mehr Patienten einstellten. Heute heißt es *Klinikum Bremen-Nord* und zählt annähernd 500 Betten. Im amtlichen Bulletin fungiert es unter der Rubrik *Wirtschaft und Verkehr.* Ein Krankenhaus als Wirtschaftsunternehmen zu klassifizieren, scheint mir gewagt zu sein, selbst wenn es 1000 Mitarbeiter beschäftigt. Doch dieses Thema möchte ich hier nicht vertiefen, trotzdem reizt es, rein ökonomisch betrachtet, ein Krankenhaus mit einem Kreuzfahrtschiff zu vergleichen, zumal es sich in beiden Fällen um Dienstleistungsunternehmen handelt.

Beim Krankenhaus kommen auf 500 Patienten = 1.000 Mitarbeiter; Beim Kreuzfahrtschiff bedienen 500 Mitarbeiter = 1.000 Gäste. Daraus darf man schließen, dass man in einer Klinik weit besser versorgt wird als auf einem Kreuzfahrtschiff. Mobile Rentner, zu deren Gruppe ich mich auch zählen darf, haben somit die Wahl, entweder …

Jedenfalls fielen der Expansion des Krankenhauses Forsthaus und Sportplatz zum Opfer. Der traditionsreiche Turnverein hat sich gerettet. Darüber darf man sich freuen.

Die Stadt Vegesack und ihre Satelliten bilden eine nahezu natürliche Symbiose, wobei das hier geschilderte umzu noch nicht einmal den gesamten Einzugsbereich der Metropole an der Unterweser umfasst. Es gäbe noch sehr viel Hübsches zu berichten von Beckedorf, von Löhnhorst, von Farge, von Neuenkirchen, von Schwanewede, von Meyenburg und anderen.

Mir fällt das Symbol der Muschel mit ihren Perlen ein. Die Muschel als fürsorgender Mantel schützt die Perle, die ihrerseits das ganze Gebilde wertvoller gestaltet. In der Ökonomie galt vor einigen Jahren der Begriff »Wertschöpfung« als das alleinige selig machende Orakel. Sämtliche Formeln der modernen Betriebswirtschaft schienen darauf ausgerichtet. Zurzeit ist es da herum ruhiger geworden, zu Unrecht meine ich. Es gilt nach wie vor, aus den vorhandenen gemeinsamen Ressourcen den materiellen und immateriellen Wert durch geschicktes Navigieren zu erhöhen, zu verbessern, auszuschöpfen. Da sind in unserer Region der Fantasie keine Grenzen gesetzt.

Die Farge-Vegesacker-Eisenbahn

Erst als sie nicht mehr da war, wussten alle, was sie zukünftig zu entbehren hatten. Die FVE, so die heute moderne doch wenig aussagende Abkürzung unserer Bahn, 1888 in Betrieb genommen, hatte und hat nur wenig mit der Fernsehwerbung von Eisenbahn-Romantik zu tun, obwohl ein paar sehenswerte Streckenbereiche als Schönheitspflaster der niemals entgleisenden Gesichtszüge unter der roten Stationsleitermütze zu finden wären.

Nahezu alle Eisenbahnstrecken hatten wirtschaftliche Interessen zum Vater. Zu Müttern wurden dann die Gegenden, in die man die Schienen pflanzte. Sehr naturbewusste Chronisten sprachen hinfort von eisernen Nabelschnüren.

In den vierziger Jahren des vorangegangenen Jahrhunderts zogen und schoben selbstverständlich Dampflokomotiven die Personen- und Güterzüge die beachtliche Steigung von Vegesack nach Aumund hinauf. Nicht ohne Mühen, das erkannten wir Kinder leicht am ächzenden Ton des Dampfausstoßes der zwei Volldruckzylinder. Poeten hier und anderswo schrieben damals: »Das Bähnlein schnaufte!«

Unserer Meinung nach bedeutete dieser Satz eine völlig unqualifizierte Beschreibung eines technisch-physikalischen Vorganges, der stattfindet, wenn sich die Entropie des Dampfes in Arbeit umwandelt, die Expansion ein größeres Volumen erzeugt, welches aufgrund enger Drosselquerschnitte der Steuerschieber Schwingungen verursacht, die zu einem Resonanzverhalten mit starker Geräuschentwicklung führen – diese einfachen Zusammenhänge kannte damals jedes Kind!

Da der Heizer ordentlich Kohlen nachschaufeln musste, um den Dampfdruck zu halten; als auch Abgas und Abdampf gemeinsam via Schornstein in die idyllische Umwelt entlassen wurden, waren gewaltige Rauchschwaden über der Borchshöhe der zeitgemäße Indikator der gebannten und genutzten Kräfte.

Am Gipfel angekommen, nämlich der Aumunder Feldstraße, erhöhte sich automatisch das Tempo der fahrenden Einheit, was uns, die wir uns kurz hinter dem Einfahrtsignal seitlich der Schienen postiert hatten, schnell die »wertvollen« Pfennig- und Zehnpfennigmünzen auf das Gleis zu legen, um sie kostenlos in noch wertvollere Eisenbahnprägungen verwandeln zu lassen. Der Lokführer sah uns wohl, wusste auch ganz bestimmt, zu welchem Zweck wir sein Werkzeug, nämlich die schwere Lok sowie den ganzen Zug benutzten, kannte jedoch die bemerkenswerte Beweglichkeit der Bengel sowie ihren Instinkt vor Gefahren und warnte deswegen nur in ganz seltenen Fällen mit der Dampfpfeife.

Die Ergebnisse zeigten sich zumeist enttäuschend. Mal war die ganze Münze mit dem Zug in Richtung Blumenthal verschwunden, mal war das Metall, das wir dann zwischen den Schwellen gelegentlich wiederfanden, zu einem gewalzten Blech verwandelt, das wie kaltes Kaugummi aussah, ein Stoff, den wir erst später kennenlernen sollten.

Schienenstrang Aumund Richtung Blumenthal

Uns Jungen und selbstverständlich auch Mädchen war damals nicht bewusst, dass den Dampflokomotiven nur noch ein relativ kurzes Dasein beschieden war, sonst hätten wir uns selbstverständlich mit den verschiedenen Baureihen dieser Vehikel befasst und heute ein viel beachtetes Fachbuch darüber geschrieben.

Der Onkel aus Rönnebeck hätte eine große Hilfe sein können. Als gestandener Lokomotiv-Reparateur wäre es ihm ein Leichtes gewesen, eine 161 von einer ELNA 191 zu unterscheiden und seinem Neffen diesbezüglich zu beraten.

Die roten Dieselloks lösten leider die schwarzen Oldies ab, was meinem Onkel wahrscheinlich gar nicht gefiel und er sich deshalb beruflich veränderte. Eines aber behielt er bei: die ewig rauchende Zigarre. Sie erinnerte ihn Zeit seines Lebens an die einzigartigen Antriebsfahrzeuge, die die Energie der glänzenden Fettkohle direkt in vorher nicht gekannte mechanische Kräfte umsetzte und die Welt eine Zeitlang in futuristischem Atem hielt.

An diese Stelle passt genau der interessante Zeitungsbericht von Ulf Fiedler vom 28.04.2012 in der lokalen Presse *Gruß aus der Vergangenheit* des Vegesacker Bankiers Friedrich Schild, der schon im Jahre 1884 der Eisenbahn und der Elektrizität eine erfolgreiche Zukunft prophezeite.

Sie trat ja auch ein, die großartige Zeit der industriellen Entwicklung, doch sie wurde und wird immer wieder abgelöst durch noch schnellere, bessere, kleinere, stärkere, billigere Systeme. Ein sich ewig neu generierender Prozess, den wir Menschen einleiten aber ihm gleichzeitig auch unterliegen. Das viel belächelte »Nostalgische« ist nicht unbedingt ein Sehnen nach den guten alten Zeiten, sondern ein ganz natürliches Weigern vor »Neuem«, von dem man befürchtet, es irgendwann nicht mehr zu beherrschen.

Bei uns in Aumund und umzu, wo noch Straßenbrunnen und Jauchegruben das herübergerettete Leben des 19. Jahrhunderts präsentierten, verkörperte die Eisenbahn, nämlich die Farge-Vegesacker, für uns junge Leute die Neuzeit, und wir kapierten schnell, dass mehr dahinter steckte, dass nicht nur das verlockende Reisen, sondern die Eisenbahn Arbeit, Wirtschaft, Existenz für alle in sich trug. An Wohlstand allerdings dachten wir nicht; dieser Begriff war in unserem Lebenslexikon noch nicht verankert.

Und wenn ein Güterzug am unbeschrankten Bahnübergang die heutige Hammersbecker Straße überquerte, der Lokführer oder Heizer sich aus dem offenen Fenster lehnte, für alle sichtbar, signifikantes Zeichen menschlicher Beherrschung über gewaltige mechanische Kräfte, dann vergaß ich die Waggons zu zählen, so sehr beeindruckte mich das Ganze.

Es folgten die ersten aufregenden Reisen – mit Umsteigen in Vegesack – in Richtung Bremen, wo in Oslebshausen ein Großonkel mit Familie lebte – und tiefer noch in der Stadt – gar eine Tante und ihr Mann eine schmucke Wohnung besaßen. Die Gegenrichtung wurde häufiger frequentiert, denn dort wohnte so ziemlich der Rest der Familie.

Alles, was noch bis Blumenthal zu besorgen war, befand sich im bezwingbaren Radius der Eigenbewegung und wurde entweder zu Fuß oder per Fahrrad bewältigt.

Eine Reise zur nördlichen Endstation ist unauslöschlich in meinem Gedächtnis gespeichert. Es war der Spätsommer 1945, als meine Schwester, ich und ein junger Kriegskamerad unseres Vaters, eben diesen an der Fähre in Farge aus der Kriegsgefangenschaft abholten. Schon im Zug fieberten wir Kinder dieser Begegnung entgegen: Wird er kommen? Werden wir ihn vielleicht verpassen?

Siegfried, sein Kamerad, beruhigte uns. Er hatte unser Heim einige Tage vorher erreicht, den gleichen Weg genommen, den Vater ihm beschrieben hatte. Es gab keinen anderen an der Unterweser von Oldenburg kommend, wo die deutschen Kriegsgefangenen in Erdlöchern hausen mussten.

An den Weg vom Bahnhof zur Fähre kann ich mich nicht mehr erinnern. Wir müssen ihn überflogen haben, so sehr ersehnten wir den Treffpunkt, wo wir den Vater überraschen wollten. Am zerschossenen Anleger tat sich nichts. Die Fähre hing noch am anderen Ufer. Endlich löste sie sich, kämpfte gegen die Strömung der Tide und machte umständlich fest. Nacheinander, schweigend erklommen die entlassenen deutschen Soldaten in mühsamen Schritten die Anhöhe herauf. Wir starrten in die eingefallenen höhlenartigen Gesichter der Männer, versuchten die fröhlichen Augen des Vaters zu entdecken. Vergebens. Enttäuscht, den Tränen nahe, gaben wir auf, Vater war nicht dabei.

Ein paar Nachzügler mit gesenkten Gesichtern, die wahrscheinlich den noch zurückzulegenden Weg gegen die erhaltene Freiheit verrechneten, zogen an uns vorüber. Siegfried tat einen Schritt nach vorne. Wir Kinder merkten es nicht. Ein Ruf: »Otto!«

Einer der Männer blickte auf. Erkannte seinen Kameraden, erkannte seinen Sonntagsanzug, sah seine Kinder! Weinend nahm er uns in die Arme, weinend klammerten wir uns an ihn.

Im Personenwagen der noch! deutschen Reichsbahn ließ sich der völlig erschöpfte Vater nieder, zog meine Schwester an sich und schloss die Augen. Siegfried und ich, die wir ihm gegenübersaßen, nahmen so etwas wie Entspannung bei ihm wahr, wenn auch Tränen ihre Spuren auf den eingefallenen Wangen hinterließen.

Ich verglich unbewusst sein Gesicht mit dem, welches auf den weißen Laken eines Krankenbettes des Hartmann-Stiftes gelegen, so wie man es und den Rest des Körpers aus dem zerstörten Bunker des Bremer Vulkans herausgezogen hatte. Es sah im Personenwagen der Farge-Vegesacker-Eisenbahn doch ein wenig besser aus.

Nach dem Bombenangriff auf den Vulkan am 18.03.1943 gaben Mutter und ich, die man ins Krankenhaus gerufen hatte, nicht mehr viel um das Leben des Mannes und Vaters. Zumal sein Vater, unser Großvater, der neben seinem Sohn im Bunker saß, getötet wurde. Doch Vater erholte sich wieder, wenn er auch versehrt blieb.

Je näher wir dem Heimatbahnhof kamen, desto munterer wurde er. Die eisernen Räder des Waggons hämmerten bei jedem Schienenstoß »Nach Hause – nach Hause – nach Hause …«

Wir Kinder zogen und schoben den doch sehr müden Vater mehr oder weniger in die Walter-Flex-Straße und riefen den Nachbarn zu: »Wir haben unseren Papa aus dem Krieg abgeholt. Er bleibt jetzt bei uns!«

»Tsie an«, sagten sie, »Otto ist jetzt auch wieder da.«

Unsere Mutter, die, wer weiß wie viele Stunden aus dem Küchenfenster schaute, sah uns kommen, lief ihrem Mann entgegen und vor Freude weinend fiel sie ihm in die Arme.

Der Krieg war nun endgültig auch für uns vorbei. Gut, dass es die Farge-Vegesacker-Eisenbahn gab.

Die Bahn bedeutete schon eine notwendige Lebensader für den wirtschaftlichen und zivilen Bedarf der Region. Die BVG (Bremer Vorortbahnen-Gesellschaft) war bis dahin noch nicht bis Aumund/Hammersbeck vorgedrungen.

Das Reisen an sich mag wahrscheinlich nur für wenige Bürger des Ortes als Privileg gegolten haben. Der überwiegende Teil der Anwohner musste nur schnell von A nach B und wieder retour kommen. Fahren oder gehen hießen die Alternativen.

Was heute gilt, galt damals auch: Der reine Personenverkehr ist für jeden Unternehmer, ob privat oder kommunal betrieben, wirtschaftlich nicht auskömmlich. Einige Gründe dafür erscheinen plausibel, andere nicht.

Fazit war und ist, dass, wenn Geduld und Mittel erschöpft, die Personenbeförderung eingestellt wird. So auch 1958 bei der Farge-Vegesacker-Eisenbahngesellschaft. Doch bis dahin beförderte sie unter anderen meinen Vater, der prinzipiell Züge bevorzugte, weil man darin einfach bequemer schlafen konnte als beispielsweise in Autobussen.

Die Beförderung von Aumund nach Vegesack und weiter nach Bremen meisterte er souverän. Einzige Bedingung: Er brauchte immer jemanden, der ihn kurz vor dem Aussteigen weckte. Ärgerlich nur: die unmenschliche Pünktlichkeit der Züge bei den Abfahrtsterminen. Da ließ sich keine einzige Minute herausschinden, die er doch so dringend brauchte.

Unsere Familie lernte deswegen zu Hause niemals die genaue Tageszeit kennen. Jeder häusliche Chronometer ging etwa 15 Minuten vor. Diese Viertelstunde brauchte unsere Mutter morgens als Verhandlungsmasse, um ihren lieben Ehemann aus dem Bett zu kriegen, ihn in die blaue Uniform zu pressen, ein Butterbrot in die Hand zu schieben und das Ganze dann zur Haustür hinauszujagen.

Die dunkelblaue Uniform der Bremer Landesbediensteten einschließlich der amtlichen Mütze unterschied sich erheblich von denen, die die Eisenbahner trugen. Für fremde Reisende, die nicht so sehr über Uniformen informiert waren, konnte der fliegende Otto im schlecht beleuchteten Dunstfeld Bremer Bahnsteige durchaus als Obereisenbahner gelten, was er sichtlich genoss. Auskünfte allerdings erteilte er nie, dafür sei er nicht zuständig, murmelte er in solchen Fällen, was ja auch irgendwie stimmte.

In größeren Städten sprach oder spricht man von Vorortbahnen, ein Ausdruck mit diskriminierenden Beigeschmack zumal für diejenigen, die in einem Vorort beheimatet sind. Wir sprachen nur von unserem »ZUG«, vom einzigen, der durch Aumund – man beachte: nicht durch Vegesack – fuhr und uns, die Blumenthaler, die Rönnebecker und Farger mit der Welt verband und jetzt auch wieder verbindet.

Was kaum jemanden beschäftigte, war der durchaus rege und selbstverständlich viel wichtigere Güterverkehr. Eine Ausnahme vielleicht bildeten die Jahre zwischen 1945 und 1948. In dieser Zeit musste man es als wichtig bezeichnen, zu wissen, was transportiert und wo ertragsversprechende Waggons eventuell abgestellt, respektive äußerst langsam rangiert wurden. Da die Geschehnisse um diese Eisenbahnfrachten inzwischen verjährt sind, kann ich das Thema getrost übergehen.

Personen interessieren. Die Bahnbediensteten, denen man die amtliche Person nicht absprechen konnte, störten leider häufig die routinierte Betriebsamkeit der Hin- und Herreisenden. Es waren stets dieselben. Kaum hatten sich die Berufspendler (so hießen sie damals noch nicht) an ein Gesicht gewöhnt und vice versa der Beamte an die Dauerpenner in immer denselben Abteilen, so wurde der Kerl versetzt, was wiederum eine erneute penetrante Fahrkartenkontrolle zur Folge hatte.

Nur wenige der ständigen Fahrgäste mit dem Ziel Bremen-Hauptbahnhof wohnten in Aumund, Blumenthal, Rönnebeck und Farge. So kannten sich alle natürlich mit Namen. »Kuck ma, da steht Otto belämmert vor der Schranke, hat es wieder einmal nicht geschafft!«

Na ja, da kam bestimmt ein nächster Zug; außerdem hatten sich die Vorgesetzten im Bremer Gesundheitsamt an die sagenhafte Unpünktlichkeit der Lichtjahre entfernten Farge-Vegesacker-Eisenbahn längst gewöhnt.

Es ist nicht auszuschließen, dass unser Vater zu den ersten geheimen Probanden der Jahrzehnte später eingeführten flexiblen Arbeitszeit gehörte.

Die Bahngesellschaft konnte sich nach miesen Bilanzen nicht auf einen solchen variablen Personenbeförderungsbetrieb einstellen und stellte infolgedessen diesen peu a peu und im Jahre 1961 ganz ein.

Den treuen Kunden – damals hießen die noch *Fahrgäste* – blieb somit nichts anderes übrig, als die Busse der erstarkten BVG (Bremer-Vorortbahnen-Gesellschaft) in Anspruch zu nehmen, was sich zwar als etwas billiger, aber auch sehr viel zeitraubender erwies. Im Übrigen unterschied der lohn- und gehaltsabhängige Bürger sein Leben in Arbeitszeit und Nichtarbeitszeit. Den Begriff Freizeit kannte er noch nicht. Urlaub gab es selbstverständlich, doch der wurde zur Haus- und Gartenarbeit verwendet.

Mit der wachsenden Betriebsamkeit aller organischen und nichtorganischen Elemente der Nachkriegszeit erhöhte sich auch die Gefahrenlage in und um die Bahn herum, insbesondere an den unbeschrankten Bahnübergängen. Der an der Hammerbecker Straße erwies sich als besonders neuralgisch. Es ereigneten sich mehrere Unfälle, ehe eine Schranke installiert wurde.

Der Aumunder Bahnhof besaß immerhin so etwas wie eine güterstrategische Bedeutung. Im Stellwerk hatte man drei Abzweigungen zu bedienen: Gaswerk (die Schienen kreuzten die Walter-Flex-Straße), Kohlenhandlung Petersen, Schlachthof. Ob die Abzweigung zum Bremer Vulkan via Löhstraße von Aumund oder Blumenthal bedient wurde, ist mir nicht bekannt.

Die Einstellung des Personenverkehrs »unserer Bahn« habe ich sozusagen »auf hoher See« erfahren und sehr bedauert. Später beim Studium in Bremen fuhren wir, die Studierenden aus Bremen-Nord, zwar mit Zug und Straßenbahn, aber eben nur von Vegesack aus. Es war ja auch alles im Umbruch begriffen. Neue Straßen, neue Häuser wurden gebaut, Gewerbebetriebe siedelten sich im Bereich der Bahntrasse an der Aumunder Feldstraße an. Die Bahn schien nicht mehr das beste Mittel aller Transporte zu sein, die Straßen trugen ab jetzt die Last der Warenbewegung. Bahn in Bremen-Nord war aus. Inzwischen besaß man ein eigenes Auto, Bahn schien mega out!

Doch – es geschehen noch Zeichen und Wunder. Ende 2007, also im neuen Jahrtausend, rollte wieder ein Dieseltriebwagen über »unsere« alten Schienen.

Inzwischen wurde die Strecke elektrifiziert. Eine moderne Regio-S-Bahn treibt elegante Triebwagen von Farge bis Vegesack und weiter noch direkt bis Bremen, zeitweise sogar bis ins niedersächsische Verden an der Aller.

Über die Gründe, die für die Wiederaufnahme des Personenverkehrs sprachen, möchte ich gar nicht spekulieren. Entscheidend verbesserte Wirtschaftlichkeit wird es nicht gewesen sein. Selbst wenn wir heute Strom von Windmühlen beziehen, ist er immer noch teurer als der aus einem konventionellen Kraftwerk.

Ich bilde mir ein, dass gesunder Menschenverstand, Bürgernähe und überbordender Autoverkehr das Motiv dieser weisen politischen Entscheidung gewesen ist. Die Subventionen, die in alle öffentlichen Verkehrsunternehmungen fließen, sind, denke ich, gut untergebracht.

Mein Vater würde sich gefreut haben, wenn er noch leben würde, wieder schnell zum Dienst zu gelangen. Die heute allgemein geltenden Verspätungen wären ihm ohnehin entgegengekommen. Zum Ende seiner Dienstzeit war ihm das Busfahren so lästig, dass er sich mein Moped auf Lebenszeit auslieh und jeden Morgen von Aumund nach Bremen in die St.-Jürgen-Straße und wieder zurück knatterte. So ganz genau weiß ich es zugegebenermaßen auch nicht mehr; vielleicht ist er nur bis Vegesack geknattert und hat dann die Bahn genommen.

Er jedenfalls hatte die Farge-Vegesacker-Eisenbahn schmerzlich vermisst.

Man kann nur hoffen, dass sie heute von der Bevölkerung angenommen und ausgiebig genutzt wird. Eine ähnliche situierte Regiobahn hier im Neandertal weist gute Ergebnisse auf.

Kinder werden heute vermutlich keine Cent-Stücke auf die Schienen legen, um sie wertvoller zu machen, obwohl Europa es bitter nötig hätte.

Der Bremer Vulkan

… DE MORTIUS NIL NISI BENE … *über die Verstorbenen soll man gut reden*, hatten die alten Römer empfohlen. Ich will's beim Bremer Vulkan auch versuchen, zweifle aber jetzt schon am Gelingen, weil selbst die Antike über wohlmeinende Versuche kaum hinausgekommen war.

Nach dem Zusammenbruch der traditionsreichen Werft am 1. Mai 1996 und absehbar davor war das Jammern und Wehklagen groß. Selbstverständlich wurden die Schuldigen ausgemacht und an den Pranger gezerrt.

Da mag jetzt so mancher aufmerksame Leser fragen und bedenklich anmerken: ***Nun ist lange Jahre Gras über die Geschichte gewachsen, da kommt so ein Esel und frisst es wieder ab!***

Die Vulkan-Werft prägte über Jahrzehnte Land und Leute in der nordbremischen Region, sie prägte auch mich, sodass ich um dieses, wenn auch sensible, Thema einfach nicht herumkomme. Weil:

Im Jahre 1952 begann ich eine Facharbeiterlehre beim Bremer Vulkan als Maschinenschlosser. Fast fünfzehn Jahre eines jungen nordbremischen Lebens zählte ich und war froh, überhaupt eine Lehrstelle ergattert zu haben. Es war nicht einfach.

Wir jungen unfertigen Lehrlinge stellten das schwächste Glied dar und mussten es aushalten. Mit tröstlichen Sprüchen halfen wir uns selbst: *Was uns nicht umhaut, macht uns stärker.*

Chaos schien System zu sein, vor allem bei Arbeiten an Bord der unfertigen Neubauten. Selbstverständlich lauteten die fixierten Arbeitspläne anders, durchdachter, aber was und wie auch angewiesen wurde, die Praxis an Bord endete immer im Bruderkampf.

Es ist dennoch dem Pragmatismus, der Tüchtigkeit und wie gesagt, auch dem brutalen Durchsetzungsverhalten der Werftarbeiter zu verdanken, dass zum erzwungenen Termin tatsächlich die Probefahrten der jeweiligen Neubauten stattfanden.

Die vielen Opfer und immense Mehrkosten dieser wüsten Arbeitsweise wurden von der Betriebsleitung ignoriert, stellten sich am Ende als die Achillesferse des traditionellen Schiffbaues heraus und führten letztlich in den Ruin.

Jeder, ob alt oder jung, geriet in Mitleidenschaft und könnte, wenn er wollte, von physischen und psychischen Verwundungen sprechen.

Bei dieser Gelegenheit nenne ich eine selten dokumentierte Statistik aus jener Zeit: Pro Schiffsneubau auf dem Bremer Vulkan rechnete man mit ein bis zwei Todesopfern!

Nun wurde man nicht als Vulkan-, A.G. »Weser«-, Schichau-, Krupp-, Deutsche Werft-, Lloyd und Beschäftigter anderer Schiffbauunternehmen mit eisernen Ellenbogen und verschlossener Stirn geboren, sondern man wurde dazu gemacht.

Meine Lehrkollegen und ich selbst, zunächst tief verschreckt vom rauen Wind, der uns entgegenbrauste, lernten unentwegt, Fachkunde, Handwerk, Verteidigung und Standsicherheit auf den harten Stirnholzböden der Werkhallen sowie auf den glatten Decks respektive Flurplatten der Neubauten am Ausrüstungskai. Wir passten uns an, näherten uns mental dem umgebenden Klima, welches offenbar überregional in der Schiffbauindustrie herrschte.

Eine ganz andere Komponente stellte sich mir zwar nicht direkt in den Weg, aber mischte im Werftkonzert kräftig und lautstark mit – die Industriegewerkschaft Metall.

Fährer Werktor des ehemaligen Bremer Vulkans

Die Bezirksleitungen der Küstenregion gaben sich traditionell mutig und bestreikten gemäß dieser geistigen Klassenkampfverpflichtung (1953) die gewerblichen Bereiche der angesiedelten Industrie und selbstverständlich auch den Bremer Vulkan. Sie bliesen zum Streik – natürlich für höhere Löhne.

Die Ohren der meist unbeteiligten Passanten wurden im Vergleich zu heutigen Protestmärsche rücksichtsvoll geschont, denn die IG Metall hatte die Trillerpfeifen noch nicht erfunden. In Trauer durfte man sich auch nicht versetzt fühlen, da die Reden der Funktionäre auf dem Sedanplatz – fortschrittlich elektronisch verstärkt – keinen Anlass zum frühzeitigen Dahinscheiden bot. Es war dies der Zeitpunkt, an dem ich beschloss, die IG Metall zukünftig aus gebotener sicherer Distanz kritisch zu begleiten.

Eines Tages fand endlich die Facharbeiterprüfung statt. Mit viel Glück bestand ich.

Ab diesem Zeitpunkt durfte ich mich einen *Vulkanesen* nennen. Der Begriff wurde in der Bevölkerung neutral gehandelt; er schien keineswegs eine Auszeichnung, allerdings auch kein Schimpfwort zu sein.

Ich wurde 18 Jahre alt, ein wenig erwachsener und dachte nach. Was tun? Bleiben und vielleicht einmal Werkmeister werden, eventuell als Angestellter ins Hauptbüro zu wechseln, oder die Ratschläge unserer guten Lehrer von der Berufsschule nebst den absolvierten Abendkursen umsetzen und ein Ingenieurstudium beginnen.

Ein tragisches Unglück, enthob mich weiterer Überlegungen, führte zu einer Wutentscheidung, wie man heute zu sagen pflegt.

Während ich mit meiner Kolonne in den Doppelböden nachts die dreizölligen Muttern der Fundamentschrauben fest schlug, war in der Tagschicht einem jungen Kollegen eine im Maschinenschacht leichtsinnig hantierte Stellagenbohle auf den Kopf geprallt, hatte ihn vor Ort getötet. Der hilfslose Ruf von oben: »Unnerut dor!« kam wieder einmal zu spät.

Das Hirn des Unglücklichen klebte noch am Fundament eines Hilfsdiesels, als wir am nächsten Tag wieder im Doppelboden verschwinden mussten.

Kurze Zeit später überreichte ich dem Obermeister meine Kündigung. »Watt wuld du, fohren wuld du! Fohr di mit de Hand öbern Mors!«, war die Antwort und ohne weiteren Kommentar nahm er mein Kündigungsschreiben entgegen. Praktizierte Dialektik eines Vorgesetzten des Bremer Vulkans im Jahre 1956.

Nein, die Arbeit auf dem Bremer Vulkan war keine lustige. Sie war es nicht zu Zeiten meiner Großväter, sie war es nicht zu Zeiten meines Vaters und meiner Onkel, sie war es nicht zu meiner Zeit, sie wird es nicht in den restlichen vierzig Jahren (1956 – 1996) gewesen sein.

Sie war auch keine angenehme Arbeit, wenn man diesen Begriff überhaupt benutzen möchte. Reduziere ich einmal das Adjektiv *angenehm* auf den Arbeitsplatz, auf die Umgebung, so fallen mir dabei die sozialen Bereiche wie Aufenthalts-, Umkleide- und Sanitäreinrichtungen ein. Bei der Erinnerung an den »Donnerbalken« wird mir heute noch übel.

Das alles war schon damals nicht tragbar, hat sich sicherlich im Laufe der Jahre gebessert, belastete vermutlich dennoch das Image des Betriebes, sorgte für latentes Unbehagen der Mitarbeiter.

Wie wenig für diese wichtige Komponente der Mitarbeiterzufriedenheit getan wurde, erkenne ich an den nach wie vor »antiken« Werktoren Fähr und Lobbendorf. Für mich sind sie das Indiz von missverstandener Tradition, von Engstirnigkeit oder mangelnden Investitionsmitteln.

Selbstverständlich kann ich auch von stolzen Augenblicken reden, doch da stand ich schon auf der Gehaltsliste des Norddeutschen Lloyd.

Das Motorschiff »Bärenstein« lag am Ausrüstungskai der Werft. Das beim Vulkan gebaute Schiff wurde umgerüstet und ich als 3. Ingenieur assistierte dem Inspektor der Reederei bei der Überwachung der Arbeiten. Natürlich kannte ich meine früheren Kollegen und die Meister, sodass die Kommunikation und die Arbeiten bestens gelangen.

Oftmals ging ich Bordwache, vertrat an den Wochenenden auch mal den wachhabenden Nautiker auf der Brücke und dippte den Stander, wenn ein Lloydschiff uns und den Vulkan passierte. Da war ich stolz auf die Schiffe, auf den Norddeutschen Lloyd und auf den Vulkan, von dem ich schließlich, beruflich jedenfalls, stammte.

Ich hatte nun eine Seite, nämlich die der Arbeitnehmer, bestehend aus dem gewerblichen und dem angestellten Bereich und die im Hintergrund agierende Gewerkschaft kennengelernt. Die andere Seite eines Unternehmens, die der Aktionäre sowie deren Ausführungsorgan, den Vorstand, kannte ich nicht, wusste auch kaum, wie er sich damals und am Tag der Scheidung am 1. Mai 1996 zusammensetzte.

Eines aber weiß ich: Bei einer Scheidung ist ganz selten nur eine Partei schuldig.

Wenn ich allerdings Komponenten für Windkraftanlagen auf dem ehemaligen Werftgelände rasten sehe, fürchte ich, dass die Vegesacker vom Regen in die Traufe kommen. Die Produktion dieser Bauteile beruht wieder, wie beim Schiffbau auch, auf die Stützung durch Subventionen, die in diesem Fall nicht dem Steuerzahler, sondern dem Stromverbraucher abgezwackt werden. Die gesamte Industrie der Erneuerbaren Energie Systeme stützt sich auf dem tönernen Sockel des Erneuerbaren Energien Gesetz (EEG) von 2001. Es fördert diese Energieart, die zwar Wunder verspricht, aber leider unstetig, uneffizient und teuer bleiben wird. Eine unberechenbare politische Kehrtwende beziehungsweise die Unbezahlbarkeit des erzeugten Stromes in Bezug auf den internationalen Weltwettbewerb kann Betriebe – wie den Vulkan auch – in den Ruin stürzen.

Das wünsche ich nun wirklich niemandem.

Es ist zu hoffen, dass sich auf dem ehemaligen Gelände »unseres Vulkans« ein gesundes und modernes Gewerbe ansiedelt, das nicht »Beschäftigungsgesellschaft« heißen muss.

Beim nächsten Besuch werde ich mich dem Fährer Bereich widmen, der mir im Moment etwas unzugänglich erscheint. Auch dem »Schaufenster« werde ich einen Besuch abstatten.

Der von mir mehrfach zitierte Entwurf des Stadtteilberichtes spricht von 60 Firmen mit ca. 1.500 Beschäftigten, die sich auf dem ehemaligen Gelände angesiedelt haben. Wir glauben, dass es sich nicht um Wahlpropaganda handelt, so darf der Vegesacker doch recht zufrieden sein.

Ich bin es auch und komme gerne wieder.

Die Weser

Wir alle kennen die bekannten Lieder: »Wo die Weserwellen trecken an den Strand …« oder »An der Weser hellen Strande…« und ihrer vielen mehr.

Beim Singen bringe ich stets etwas durcheinander, so möchte ich für die Richtigkeit der obigen Zeilen nicht garantieren.

Die Weser, wassergefüllte Lebensader unserer Region, bestimmt den Rhythmus des Lebens, selbst wenn wir und viele andere auch mehrere Kilometer entfernt von ihr wohnen und wohnten.

Chronisten, Romantiker, Baumeister beschrieben sie, besangen sie, fummelten an ihr herum, doch sie blieb und bleibt unsere Weser. Da wir Deutsche nun einmal an amtliche Ordnung und genaue Definitionen gewöhnt sind, schreibe ich lediglich von der *Unterweser,* die sich erheblich von der *Oberweser* unterscheidet – jedenfalls was Nationalität, Breite und Tiefe anbetrifft.

Ich bitte Verständnis dafür, dass ich unsere Weser (genau: Unterweser) mit dem Blick aus ihrer Mitte, aus der Fahrwasserrinne beschreibe, denn von dort kenne ich sie am besten. Schon als Kind und Schüler führte mich die Schreiber-Reederei mit ihrem damals größten Schiff, der MS »Oceana«, in des Stromes Mitte von Vegesack nach Bremerhaven und zweimal sogar um den Leuchtturm Roter Sand herum. Aufregende Reisen waren das. Ich trieb mich meistens unter Deck in der Nähe des Maschinenraumes herum, immer in der Hoffnung, einen Blick auf den hämmernden Dieselmotor erhaschen zu können. Kein Glück.

Dann stellte ich mir vor, dass der Motor plötzlich ausfallen könnte und der ganze Kahn von der Strömung ans Ufer geworfen würde. Sofort hastete ich an die Reling, um auszurechnen, wo denn das Schiff im tiefen Schlick stranden oder gar in den Kai von Brake oder Elsfleth oder Nordenham krachen würde.

Das Ende malte ich mir aus, wenn wir die Luneplate vor Bremerhaven passierten und die rostigen Wrackteile des einst stolzen Schnelldampfer »Bremen« den nichtsahnenden fremden Passagieren einen wonnigen Schrecken einjagten.

Auffällig: Nach dem Vorbeigleiten am Kraftwerk in Farge säumte in Richtung Bremerhaven mehr oder weniger nichts die beiden Ufer. Kaum Besiedelung, nur meterhohes Schilf. Die Dörfer hinter den Deichen konnte man schwach ahnen.

Auf der rechten Seite, also Steuerbords, liegt unter anderem das Dorf Aschwarden, der Geburtsort meiner Großmutter, in, sagen wir einmal, mittelbarer Nähe der Weser. Immerhin entstand, beziehungsweise lebte hier ein Viertel meiner Vorfahren, wenn man seine Großeltern als 4/4 Ursprung der Familie ansieht.

Genetische Wurzeln, Zuzüge und die Industrie an der Weser bestimmen die Stammbäume vieler Familien in der Region. Wenn ich die eigene nenne, so möge sie lediglich als Beispiel für viele gelten. Ein Viertel des Ursprunges habe ich bereits genannt. Die Familie der Großmutter mütterlicherseits stammt vermutlich aus dem Bereich der Oberweser im Hessischen. Sie muss allerdings schon vor längerer Zeit den hindernisreichen Weg der Weser abwärts gefolgt sein, denn sie war zu Ende des 19. Jahrhunderts bereits in der Stadt Bremen ansässig. Die Männer, also meine und meiner Schwestern Großväter wanderten zu Beginn der Industrialisierung aus Ostpreußen und aus dem sächsischen Erzgebirge zu, vermählten sich, gründeten Familien und wurden heimisch. Freund Wilfrieds Familie zog aus Ostfriesland an die Weser, wie auch andere liebe Nachbarn aus entfernteren Regionen den Strom aufsuchten, der Arbeit und Existenz versprach.

Die Mitte des Flusses befuhr ich dann erst wieder auf den soliden stählernen Decks verschiedener Frachtschiffe des Nord-

Blick vom ehemaligen Löschplatz auf die Weser

deutschen Lloyd in Bremen. Dabei bestimmte nicht unbedingt das Revier der Weser – gemessen in Längen- und Breitengrade – mein Befinden. Es war mehr das emotionale Moment, das den Seemann befällt, wenn er die Heimat verlässt.

Unendlich traurig, unendlich einsam ist der Seemann, der an der Reling steht und seiner Mutter und seinen Schwestern zuwinkt, die am Utkiek stehen, lange auf den kurzen Augenblick gewartet haben und wie verloren wirken. Sie scheinen aus einer vergangenen Welt übrig geblieben zu sein. Eine Welt, die so fröhlich das Wiedersehen lebte und gerade einmal einen Kurzurlaub dauerte.

Nur verschwommen nimmt er die Konturen des Ufers wahr. Fähranleger, Stadtgarten, Wassersportverein, Vulkan, Wollkämmerei, Bahrsplate, Stätten der Erinnerung fliehen langsam davon, bleiben zurück. Tiefe Reue ergreift ihn, was hatte er alles versprochen und wie wenig davon hat er gehalten. Lediglich eine flüchtige Begegnung mit dem Vertrauten mit dem Entbehrten war ihm geblieben. Nun verließ er wieder das Geliebte. Warum, verdammt noch einmal? Wer und was zwingt ihn dazu, die Geborgenheit der Familie, die Gemeinschaft der Freunde, schlichtweg die Heimat für unendlich lange Augenblicke zu verlassen?

Ist es Flucht, ist es Umweg, ist es Ausweg, ist es Wagnis?

Eine ganz andere Stimmung herrscht bei einer Rückkehr von der großen Reise. Ankommend im Ärmelkanal ab der Höhe von Brest schlafen an Bord alle Männer nicht mehr so gut. Die Offiziere erwarten ihre Frauen in Rotterdam oder Antwerpen, so fiebern sie diesen Häfen entgegen; der Rest der Besatzung muss erheblich mehr Geduld aufbringen.

Da hat sich gegen früher wenig geändert.

Wenn sich die Farbe des Wassers der Nordsee vom dunkelgrünen in das braunlehmige der Wesermündung ändert, dann befindet man sich schon Reichweite des Feuers vom Leuchtturm Roter Sand, was ich jetzt sehr prosaisch schildere, denn der Kahn ist längst auf dem Radarschirm der Küstenüberwachung identifiziert und wird ab jetzt wie eine Marionette an unsichtbaren Fäden zum Ziel geführt.

Pech nur, es ist Nacht, und Nebel beherrscht die Bucht. Sprich mir in dieser Atmosphäre keinen Seemann in deiner Nähe an! Man liegt vor Anker und das dämliche Nebelhorn tutet unsäglich.

Warte bis zum nächsten Morgen, warte, bis der Lotse an Bord kommt, warte auf die Sonne, die die Mole von Bremerhaven in rosiges Licht taucht, die die neue bemerkenswerte Silhouette Bremerhavens mit Licht überhäuft und für die Heimkommenden einen besonderen, einen von Werbemanagern gestylten kaufkräftigen Gruß bereithält. Du kommst in Stimmung. Dir fallen Lieder ein, die der sagenhafte Hein Mück gesungen haben könnte.

Früher schien Bremerhaven schwarz zu sein, in dieser Farbe wandten sich jedenfalls die Rückfronten der hohen Häuser von der Kaiserstraße der Weser zu. Früher aber war auch Bremen das erste Ziel der Schiffe des Norddeutschen Lloyd und Bremerhaven folgerichtig das zweite. So übersah man großzügig das große Schwarze und dachte fröhlich an das kleine schwarze (Abendkleid) in der nächsten Nachtbar.

Ein einziges Mal hatte ich die Gelegenheit mit der Hand sozusagen das Weserwasser vom Boot aus zu spüren. Als wachhabender Ingenieur hatte ich die Aufgabe, vom Vegesacker Vulkan aus wartungsbedürftige Rettungsboote von zwei Frachtern der Reederei ins Lager des Norddeutschen Lloyd im Bremer Holzhafen zu überführen. Nach anfänglichen Problemen mit dem Motor im Führungsboot, brachten wir den Konvoi von 4 Booten dann doch in die flache Fahrrinne unter Backbordseite.

Das Kommando hatte der 3. Offizier der »Bärenstein«. Für mich war es eine Premiere, die erste ehrliche Bootsfahrt auf der Weser und ich als Chief sozusagen. Der Motor lief, die Kühlwasserpumpe funktionierte, saugte brav das Weserwasser an, kühlte den Motor und spuckte das erwärmte Wasser wieder in den Fluss. Gashebel in der linken und den Hebel für das Wendegetriebe in der rechten Hand, folgte ich dem mündlichen Maschinentelegraf des 3. Offiziers, der mir gegenüber saß. So tuckerten wir ganz sinnig die Weser hinauf. Wir passierten den Löschplatz in Fähr, damals noch voller Boote des Wassersportvereins, den

Stadtgarten, die Hafeneinfahrt, die Lesummündung, Lesumbrook, Mittelsbüren bis ins Hafenrevier.

Am Ufer, auf Holzstegen im Schilf saßen Angler und winkten uns freundlich zu. Sie hatten wohl sonst nichts zu tun. Einer, offenbar ein Schelm, rief uns zu: »Wo wollt ihr mit den Booten hin? Bremen ist ohnehin nicht mehr zu retten!« Das sagte der 1962.

Am Ziel angekommen, vertäuten wir die Boote und fuhren mit dem Schnellbus der BVG zurück nach Vegesack. Die Crew von vier Matrosen und zwei Offizieren in Arbeitsklamotten schien einigen der Fährgäste ungewöhnlich, vielleicht auch nicht ganz standesgemäß, sie hielten dennoch den Schnabel, wohl weil die weißen Mützen der Offiziere Respekt einflößten.

Der Zeitenwandel lässt heute nun Bremerhaven den Vortritt für die Containerschiffe und Autotranporter. Aus diesem Grunde suchen heute weniger Schiffe die stadtbremischen Häfen auf. Es verkehren kaum noch Dickschiffe auf unserem heimischen Fluss. Das mag man bedauern, aber irgendwie macht sich der zu zahlende Tribut der neuen Zeit sichtbar, beziehungsweise in diesem Fall unsichtbar.

Doch diejenigen, die das Glück haben, auf zitternden Schiffsplanken, von der Nordsee her kommend, die Weser aufwärts zu schippern, denen springt die Großartigkeit einer niederdeutschen Flusslandschaft entgegen. Es ist die Ruhe, ja fast Stille, die punktuell abgelöst wird von Geschäftigkeit, von Bewegung in den kleineren Städten und Orten rechts und links des Stromes.

Und ich erlaube mir, an dieser Stelle eine Lanze für das Kraftwerk Farge zu brechen. Es ist eine in der Vergangenheit und auch zukünftig notwendige Einrichtung der konventionellen Stromerzeugung, da die kräftig beschworene Wind- und Sonnenenergie nicht wettbewerbsfähig ist und eben nicht dauerhaft zur Verfügung steht.

Wenn mich mein späterer Job an die Weser führte, besuchte ich meinen ehemaligen Kollegen und Kommilitonen, dem als Leiter des Kraftwerkes ein Büro in bevorzugter Lage zur Verfügung stand. Nach getaner Arbeit plauderten wir von der

Vergangenheit, versuchten die technische Zukunft zu deuten und ließen uns von der dahinfließenden Weser in ein ruhiges Fahrwasser des Feierabends führen. Die Schiffsansage der Station in Farge, die man bei günstigem Wind manchmal hörte, bestimmte zwangsläufig das Thema Seefahrt, in dem wir uns dann gerne verloren.

Doch zurück zum Schiff, das sich jetzt querab von Vegesack befindet, alle an Bord befindlichen Vegesacker und Aumunder aufs Deck treibt, diese zwingt an die Reling zu springen und zu winken und zu rufen, ganz gleich ob Bekannte oder Verwandte sich am Ufer befinden oder auch nicht. Einer sagte einmal: »Wenn ich in solchen Momenten hier an Deck stehe und Vegesack kommt mir entgegen, ist mir, als sei heute Abend Weihnachten.«

Emotionen, sonst für ein Nordlicht unserer Fasson für eine Art von Untugend gehalten, werden frei und lassen in eine Seele blicken, in der sich freudige Erwartung, ausgelassene Fröhlichkeit, Glück und zu erhoffende Liebe wie in einem Laderaum gestapelt haben.

Hat dann der Dampfer (es gibt keine mehr, er ist aber ein derart romantischer Begriff, dass ich ihn auch an dieser Stelle benutzen möchte) im Europa- oder Überseehafen festgemacht, strömen sie an Land, die Besatzungsmitglieder, die strömen dürfen. Nur wenige Tage Freizeit stehen zur Verfügung und die gilt es auszukosten und nochmals zu kosten, bis schließlich die bittere Neige den Appetit verdirbt, der Tag der nahenden Ausreise.

Auch ich fieberte jedes Mal der Heimkunft entgegen. Man war nun Monate unterwegs und da dauerte die Reise vom Bremer Überseehafen bis nach Vegesack/Aumund nochmals mindestens 1,35 Stunden, was kaum auszuhalten war. Im Bus, um die Ungeduld zu zügeln, schaute ich den Mitfahrenden in die Gesichter. Kenne ich die? Kenne ich den? Erkennt mich denn keine wieder?

Eine hübsche junge Frau fixierte mich, versuchte ein Lächeln, ein Blick, der mich auffordernd traf, sagte unhörbar: »Ich kenne dich, sprich mich an!« Machtlos, sprachlos, unfähig darauf zu reagieren, vielleicht auch überrascht von einer solchen Unverschämtheit einem unschuldigen jungen Mann gegenüber, der gerade von See zurückkehrte, musste mir doch jede und jeder ansehen, schaute ich schnell woanders hin. An der Haltestelle Löhstraße stieg sie aus, kopfschüttelnd, das bekam ich noch mit.

Löhstraße, Löhstraße, wer wohnte in der Löhstraße? Löhstraße – Vulkanstraße! – Ida, du lieber Himmel, es konnte nur Ida gewesen sein. Zu dieser überraschenden und für mich peinlichen Erkenntnis kam ich allerdings erst Monate später.

Ich Esel, ich Ochse, ich hätte mich überall hintreten können. Ich hätte mit ihr aussteigen, ich hätte sie nach Hause begleiten sollen, ich hätte, ich hätte …

Doch es war zu spät, wie es mir so oft passierte, weil ich mit der Zivilisation an Land lange Zeit nicht mehr zurechtkam.

Ich bitte alle, die ähnliche und schlimmere Erfahrungen mit mir machen mussten, um Entschuldigung und Generalamnestie.

Zu Hause, ja wie Weihnachten, ja so war es. Das Wichtigste wurde ausgetauscht, Mitbringsel überreicht, die Schwestern bewundert, die so langsam flügge wurden, dann trieb es mich hinaus, in das pralle Leben, wie der Dichter sagt, aber ohne Freunde geht das eben nicht.

Die warteten schon, glaubte ich jedenfalls, und wer gerade noch zu diesem Zeitpunkt anwesend und bereit war, Kneipkuren und andere gesundheitsfördernde Unternehmungen mit Nachtarbeitszuschlag zu absolvieren.

In Wirklichkeit bangten ihnen vermutlich vor jeder Heimsuchung, die dann hereinbrach, wenn Heini sich ansagte. Die abendfüllenden Kultur-Programme aufzuführen, halte ich jetzt bestimmt für den Leser für zu langweilig, außerdem sind sie Geschichte, wie die aparten Nachtlokale aus dem damaligen Vegesack der Historie zuzuordnen sind.

Selbst in der verräuchertsten Bar, in deren Atmosphäre wir Nichtraucher eisern aushielten und durchaus am Leben blieben, klammerte sich das Aroma der nahen Weser vom letzten Hochwasser am Gebälk und Interieur. Nicht, dass man zu der Erkenntnis kommen sollte, die Weser sei aufdringlich, aber dass sie präsent ist, zeigte sie uns täglich.

Auf dem Weg zur Studieranstalt in der Langemarckstraße/ Neuer Wall in Bremen überquerten wir sie zweimal am Tag.

Jeder, der etwas auf sich hält, hat einen oder mehrere Verwandte, die in Bremens Außenstelle Bremerhaven wohnen. Wenn diese uns besuchten und wir sie voller Stolz an den Utkiek führten, zeigten sie sich selten beeindruckt. Sie verrieten natürlich nicht, dass sie unsere gemeinsame Weser in Vegesack lediglich für einen aufgemotzten Graben hielten. Manchmal fragte einer: »Sag mal, wie breit ist die Weser hier eigentlich?«

Ich bin dann meistens beleidigt und schweige, auch deswegen, weil ich die genaue Meterzahl ohnehin nicht kenne. Prompt folgte dann die schlüssige Logik: »Wenn die B r e m e r hier nicht gebaggert hätten, könnte man zu Fuß rübergehen!«

Ganz anders dann auf dem Weserdeich in Bremerhaven. »Das ist doch mal eine Brise, das ist Weite, mein Lieber, da braucht man ein Fernglas, um das andere Ufer zu erkennen.« Ich pflichte dann bei; sie haben ja Recht und was sollte ich sonst auch sagen. In diesem Revier sind sie mir überlegen. Die waren alle schon einmal auf Helgoland, ich noch nie!

Bremer und Rheinländer*

Ich liebe Vorurteile. Man kann so viel mit ihnen anfangen. Und immer sind es die anderen, die mit geballter Kraft getroffen werden. Gut, als ehrlicher, aufgeklärter Mensch, muss man zugeben, dass es Ausnahmen gibt. Dabei fällt auf: Die rühmliche Ausnahme bildet man immer nur selbst.

Ich bin nun einmal Bremer. Auch meine Eltern wurden in dieser schönen Stadt geboren und waren sehr stolz darauf, genau wie meine Großmutter mütterlicherseits. Die anderen Vorfahren, die zum Zwecke der Familiengründung nun mal notwendig waren, hatten sich aus der näheren oder weiteren Umgebung zur Erfüllung des bereits erwähnten Vorhabens irgendwie eingefunden.

Das heißt nun nicht, dass ich als Ausnahme-Bremer gelten möchte, wenn wir den Bezug zu den Vorurteilen wieder herstellen wollen, wo es da heißt: »Die Bremer lassen sich gerne die Arbeit aus der Hand nehmen!«

Ich nie! Bevor mir jemand die im einfachen Volk so geschätzte Tätigkeit aus den Händen reißen konnte, hatte ich sie schon freiwillig abgegeben.

Dann heißt es weiter: »Die Bremer sind arrogant und stur!«

Das kann ich nun wiederum von mir absolut nicht behaupten. Man kann aber nicht jeden Menschen grüßen und die meisten kennt man ja auch nicht. Außerdem ist bekannt, dass ausgerechnet die immer neidischen Hamburger diese krassen Fehlurteile über die Bremer gefällt und heimtückisch in Umlauf gebracht haben. Und die Hamburger haben es gerade nötig!

Eines Tages fand ich in Bremen allerdings niemanden mehr, dem ich meine Arbeit in die Hand drücken konnte; so musste ich

* Das Kapitel wurde auch in meinem Buch »Merkwürdige Geschichten eines Reihenhäuslers« (2000) veröffentlicht.

mich nach neuen Domizilen umsehen. Das war gar nicht so einfach, denn Bremen durfte man nur mit dem Schiff verlassen. Daran hatte ich mich auch gehalten, aber die Schiffe brachten mich immer wieder ungefragt an den Ausgangspunkt zurück.

Die Stadt auf dem Landwege zu verlassen, stieß damals schon auf fast unüberwindliche Hindernisse. Es gab am Rande eine Autobahn und wo führte die hin? Nach Hamburg!

Den freiwilligen Auszug eines Bürgers der Stadt sah man ohnehin als eine Art von Landesverrat an. Nur großen Bürgern erlaubte man das Agieren in fremder Öffentlichkeit und den längeren Aufenthalt in der Diaspora.

Ich bin leider klein geblieben, aber immer noch von ganzem Herzen ein Bremer. Da meine Vorfahren wie schon beschrieben aus anderen Gegenden zuwanderten, bildet diese Konglomerat leider einen signifikanten Schönheitsfehler, da nach den strengen Regeln der Hanseaten auch die Großeltern in Bremen geboren sein mussten, will man ein echter Bremer sein. Bürgermeister der vornehmen Stadt an der Weser wäre ich sowieso nie geworden.

So klopfte ich eines schönen Tages mit meiner kleinen Familie im Auto an den Toren des lebensfrohen Rheinlandes an und wurde eingelassen. Das ist schon sehr lange her.

Wir tauschten das Wasser der Weser gegen das Wasser des Rheins. Und siehe da: Wasser blieb Wasser. Das Baden unterließ man zweckmäßig in beiden Flüssen. Aber die Menschen, welch ein Unterschied.

Meine Angewohnheit, Arbeit gleichmäßig und wohl dosiert, vor allen Dingen ohne viel Worte, in andere Hände zu geben, funktionierte plötzlich nicht mehr so richtig. »Da hann isch nix mi ze donn!«, schmetterte man mir entgegen und ich konnte sehen, wo ich mit meiner Arbeit blieb. So lernte ich notgedrungen sprechen, was in Bremen als eine völlig überflüssige Tätigkeit angesehen wurde. Man ging dort jedenfalls sehr sparsam mit dieser Ressource um.

Nun musste ich dauernd artikulieren, laut und deutlich sprechen, auf jeden Fall meine rheinischen Gegner von der Notwendigkeit leichter Handreichungen überzeugen, war ständig gezwungen, das Wort »Arbeit« immer wieder neu zu umschreiben. Ich musste lustige, fröhliche Ausdrücke für diese unanständige Tätigkeit erfinden, damit auch meine Kollegen und Mitarbeiter partizipieren konnten und die Tarnung nicht merkten. Völlig aufgeschmissen war ich jedoch, wenn ich den Begriff »Termin« übersetzen wollte und auch noch die Unverfrorenheit besaß, eben auf Einhaltung desselben zu bestehen.

Nach einem halben Jahr gab ich den Unsinn auf. Danach wurde mir bestätigt, dass ich mich doch offensichtlich gut eingelebt hätte und die Bremer überhaupt doch ganz anständige Leute seien.

Das erste Jahr war fast vorüber, da trat ein, was eintreten musste: der Karneval! Hastig packte ich meine Familie in das immer noch kleine Auto und fuhr, vom Grausen gepackt mindestens für drei tolle Tage zurück nach Bremen, wo man unsere Rückkehr frenetisch feierte, mit einer großen Rede und den fünf inhaltsschweren Worten: »Na, seid ihr wieder da?«

Das passierte noch dreimal, dann nahmen unsere Kinder das Heft in die Hand und feierten Karneval im Kindergarten. Dazu war die Anwesenheit der kostümierten Eltern aus erzieherischen Gründen absolute Pflicht. Zu dieser Zeit absolvierten wir auch die ersten Sprachkurse: »Sach e mal Blootwosch!« Ein freundlicher Nachbar mit guten Verbindungen zum Kölschen Klüngel und selbst Mitglied im Elferrat eines großen traditionellen Karnevalvereins erbarmte sich unser, führte uns ein in den Kölner Karneval und in die Prunksitzungen im Gürzenich. Wir säßen heute noch da, wir trügen immer noch die mit Eifer gebastelten Kostüme, wir würden ohne Unterlass im Minutenabstand Alaaf grölen, wir würden unablässig schunkeln, eine schnuckelige Colombine oder einen smarten Cowboy an der jeweils freien Seite im Arm, das Ganze im Übrigen mit nur geringer alkoholischer Unterstützung, wenn nicht ein beruflicher Wechsel und räumliche Trennung dazwischen gekommen wäre.

»Der Niederrheiner weiß nix, kann aber alles erklären!« Diesen Ausspruch, den der beliebte Kabarettist *Hans Dieter Hüsch* seinen geliebten Landsleuten unterschob, möchte ich als neutraler Beobachter der rheinischen Szene so nicht stehen lassen. Der Niederrheiner weiß sicherlich eine ganze Menge, und er scheut sich nicht, das auch alles zu erklären, wenn man ihn fragt.

Der Bremer hingegen erklärt nix, wobei er sicherlich auch eine Menge weiß. Er selbst nennt das: Sich bescheiden, andere nennen das mundfaul. Der besagte Norddeutsche geht davon aus, dass sein Gesprächspartner sich den Rest des unvollständigen Wortes, des nicht zu Ende geführten Satzes, der bruchstückhaften Rede selbst dazu denkt. Der Rheinländer ist zum Mitdenken nun aber gar nicht bereit, legt die ökonomische Bremer Redetechnik als leichte geistige Schwäche aus und klärt seinerseits den derart behinderten Menschen vorsichtig und wohltuend auf, wobei er sich die notwendige Zurückhaltung auferlegt, die sich damals schon die vertriebenen Römer zu eigen machten, als sie vor zweitausend Jahren in dieser Region Asyl suchten.

Die rheinische Fröhlichkeit ist sprichwörtlich und überall anzutreffen. Man sollte sie jedoch nicht mit Humor verwechseln. Das Thema Humor (Karneval eingeschlossen) ist einfach ein zu ernstes Fach, als dass es Zugereisten ohne Gefahr überlassen werden kann. Aus diesem Grunde halte ich mich da auch raus.

Die Freundlichkeit mit der der Rheinländer auf seine Mitmenschen zugeht, ist ohne Beispiel. Trifft er einen im Verbalismus leicht behinderten Menschen wie mich, so hilft er, wo er kann. Leider kann er nicht immer, weil eben so viele seiner Hilfe bedürfen. In diesem Fall muss man selbst zurechtkommen.

Meine Familie und ich, wir kamen und kommen immer besser mit Land, Leuten, dem Rhein und seinen Nebenflüssen aus. Mehrmals im Jahr fahren wir den großen Fluss aufwärts, decken uns in Boppard mit einer superben trockenen Riesling-Spätlese ein, besuchen die Burg Rheinstein, ergötzen uns an der schönen Landschaft, die auch im Winter ihre Reize hat und lassen uns am Abend inmitten einer Kolonne niederländischer Caravans auf der A 61 wieder abwärts treiben. Bis auf die Ausnahme einer Flusskreuzfahrt von Köln bis Basel auf einem properen Schiff der Rheinflotte meiden wir im Übrigen die schwimmenden Blechbüchsen. Gründe dafür kann ich nicht angeben. Möglicherweise liegt es an der hohen Konzentration fremder Touristen auf engstem Raum, die ich als älterer Einheimischer nur gequält dulden mag.

Es kann auch sein, dass das Stehen auf zitternden eisernen Schiffsplanken in mir eine unbewusste Assoziation an meine frühere Zeit bei der motorisierten christlichen Seefahrt hervorruft, die mir einen Hörschaden und Senkfüße beschert hat.

Aber auch Bremen und die Weser kommen bei uns nach wie vor nicht zu kurz. Von Zeit zu Zeit brauchen meine Frau und ich den Geruch des Brackwassers und des Schlicks. Es hält uns kein Wind und kein Wetter am grünen Deich der Weser vom träumenden Blick in die weite Mündung des Flusses und den unendlich erscheinenden Horizont ab.

Zu Hause aber bin ich jetzt auf meiner Terrasse, die auf dem zurückgebliebenen Lehm des rheinischen Urstromtales errichtet wurde. In einem gebührenden Abstand von hin und wieder Hochwasser führenden Vater Rhein, auf einer geodätischen Höhe von ca. 100 Metern über NN verbringe ich meine Zeit mit überflüssigen Tätigkeiten.

Der den Kölnern zugeschriebene Wahlspruch: »M'r muss och jünne künne!« schwebt unsichtbar über mir. Ich gönne jetzt so ziemlich jedem alles.

Aber es sollte nicht der Eindruck entstehen, dass wir uns, was Sitten und Gebräuche angeht, den Rheinländern völlig unterworfen haben. Mit Erfolg zelebrieren wir mehrfach im Winter unser Braunkohlessen mit Pinkel, Kartoffeln, Korn, Aquavit und Pils, so wie wir es gewohnt sind. Unsere rheinischen Freunde kommen gerne dazu und stehen auch den obligatorischen Fußmarsch durch Feld und Flur durch, selbst wenn es sich um eingefleischte Stubenhocker handelt. Klar, dass ich mit entsprechender hochprozentiger Marschverpflegung im Rucksack (kein Bollerwagen) vorweg gehe und wie der Rattenfänger von Hameln das Volk an mich kette.

Meine Schwester, die sehr besorgt darum ist, dass ich Bremen vergessen könnte, schickt mir jedes Jahr zum Geburtstag eine Ansichtskarte, auf der Dom, Rathaus und Marktplatz abgebildet sind. Eine völlig überflüssige Maßnahme, hängt doch über der Tür zu meinem Terrassenzimmer das Relief einer bronzenen Hansekogge mit dem Namen Bremen.

Immer noch Heimat

Es ist heutzutage nicht ungefährlich, über Heimat zu referieren. Entweder wird man in die Ecke der ewig Gestrigen gestellt oder man wildert in fremden Bereichen.

Eine Reihe von namhaften Philosophen hat sich mit realen abstrakten als auch utopischen Versionen auseinandergesetzt; sie alle sind zu einem Ergebnis gekommen, mit dem sich je nach Befinden leben lässt. Auf diese akademischen Ebenen möchte ich mich nicht begeben, vermag ich auch gar nicht, eben deswegen, weil ich dieser Fakultät nicht angehöre. Andererseits bedeutet *Philosophie* nichts anderes als *Logik*, wie mir eine studierte Expertin versicherte, eine Lehre, die auch einem Ingenieur nicht fremd sein dürfte.

Eine Fortsetzungsreihe der Tageszeitung *Rheinische Post* beschäftigte sich kürzlich mit dem Thema, handfest und weniger wissenschaftlich, weil die Redaktion ihre Leser zum Begriff *Heimat* befragte und eine Vielzahl von Antworten erhielt, die auszugsweise veröffentlicht wurden. Ich habe mich an dieser Aktion zwar nicht beteiligt, wurde dennoch angeregt, mich mit mir in dieser Sache zu befassen.

Ich lebe fast fünfzig Jahre im Rheinland, zwar an verschiedenen Orten, jedoch in ein- und derselben Region. Ist das jetzt meine und meiner Familie Heimat?

Haben meine Kinder, die hier aufgewachsen sind, jemals über ihre Heimat nachgedacht? Vermutlich nicht.

Habe ich als Kind und Jugendlicher darüber nachgedacht? Mit Sicherheit nicht!

Tritt der Begriff eigentlich erst dann ins eigene Leben, wenn es die 65 Jahre überschritten und sich der Ruhestand eingenistet hat? Muss man ihn daher als altmodisch bezeichnen?

Da scheint etwas dran zu sein.

Befasst man sich überhaupt mit diesem, in dem Fall abstrakten Thema, wenn man sein Geburtshaus nie verlassen hat? Dann bedeutet Heimat »das Zuhause«. Wer aus dem Urlaub kommt, fährt einfach nur nach Hause, nicht in sein Heimatdorf oder -Stadt.

Auch ich kam von See, von einer Weltumrundung und fuhr lediglich »nach Hause«.

Also ist *Heimat* als ein Begriff zu sehen, der aus der Fremde, aus der geografischen Entfernung gesehen, seinen realen Wert schöpft. Der Faktor Zeit spielt ebenfalls eine große Rolle. Zeit und Distanz als Elemente bilden in philosophischen Lebensformeln die Grundlage für umfangreiche Werke, mit denen wir uns jetzt nicht beschäftigen, sondern den einfachen Begriff *Erinnerung* benutzen. Der ferne Ort und die Erinnerung machen die Orientierung möglich, für sich selbst die Heimat zu bestimmen.

Wo und wie sammelt der Mensch Ereignisse, Erfahrungen, Zuneigung und Fürsorge; Daten, um moderne Vokabeln zu benutzen, die sich unlöschbar im Gehirn abspeichern? Doch nur in der Kindheit, in der Jugend, im Jungerwachsenenalter. Glücklich, der Mensch, der diese Phasen in der Geborgenheit der Familie, in einer Gemeinschaft einer angenehmen Region erfährt.

Wir konnten uns damals nicht selbst beobachten, aber wenn ich als Großvater bei meinem Enkelsohn erlebe, was dieser kleine Mensch an Kenntnissen und Informationen alles aufsaugt, so darf man dieses Phänomen verallgemeinern. Es war immer so und es wird so bleiben.

In der Ära der Ausbildung, des Berufes, der Familiengründung bestimmt die Existenz des Einzelnen oder der Gruppe, das Handeln. Es findet eine nur natürliche Abnabelung statt, die mitunter einen Ortswechsel bedingt.

In unserer Generation, die einem bislang nicht beendeten industriellen und somit existenziellen Wandel unterliegt, scheinen ein oder mehrere Ortswechsel unabdingbares Schicksal zu sein.

Während dieser Zeit bleibt und blieb kein Platz, über Ursprung, Vergangenheit sowie absolvierte Lebensschritte nachzudenken. Jeder war und ist bemüht, trotz aller Widerwärtigkeiten die Zukunft zu planen.

Erst im wirklichen Ruhestand, der längst nicht jeder und jedem vergönnt ist, rühren sich plötzlich die Wurzeln des Daseins. Das Wort *Familie* beginnt wieder Priorität zu erlangen. Woher komme ich, was und wer bin ich eigentlich? Wie weit man gekommen ist, fragt man sich besser nicht. Da könnten peinliche Versäumnisse ans Tageslicht geraten.

In säuberlich konstruierten Geschlechtern mit barockem Stammbaum, Tradition und Generationsplanung bis ins 22. Jahrhundert, kommen derartige Ausfälle natürlich nicht vor; da hat man nach Vorgaben zu leben, zu sterben und zu vererben. Muss nicht, kann aber ganz schön langweilig sein.

Da ich, meine Frau und folgerichtig unsere Kinder leider auch nicht einer solchen mustergültigen Sippe entstammen, gestaltete sich unser Leben möglicherweise interessanter.

Auch wir waren gezwungen, einen Ortswechsel einzugehen, weil ich damals 1964/65 in Norddeutschland keine passende Arbeitsstelle fand. Die fanden wir im Rheinland, wo wir lange lebten.

Und, es ist wahr, erst jetzt beginne ich über die Ahnen nachzudenken und zu forschen, denn diese Vorderen lebten wahrlich ziemlich verstreut im damaligen Deutschland. An der Weser fanden sie zusammen. Es wurde ihr zuhause.

Den Großvater aus Nikolaiken in Ostpreußen konnte ich nicht mehr fragen, aber »seine« Heimat schienen die Pferde auf ostpreußischen Koppeln zu sein.

Der Großvater aus Annaberg im Erzgebirge, verzehrte sich nach dem für ihn unerreichbaren Geburtsort, die Stadt am Pöhlberg war »seine Heimat«.

Die Großmütter aber waren an der Weser zu Hause. Sie durften ihr Zuhause Heimat nennen.

Die Familie, das Umfeld, dort wo man groß wurde, dort, wo man Strauch und Baum und Straßen kannte, dort, wo sich der junge Mensch formte, wo Körper und Geist Gestalt annahmen, diesen Platz nenne ich m e i n e Heimat.

Wir reisen viel und antworteten auf die Frage der Fremden nach Herkunft und so weiter eigentlich ganz unbewusst und eigentlich schon sehr lange: »Wir leben im Rheinland, stammen aber von der Küste, aus Bremen …«, meine liebe Frau ergänzt dann immer, »… und Bremerhaven!« Das aber ist auch schon wieder Vergangenheit.

Unbewusst und mit der Zeit gerät die Heimat in Verklärung; eine wunderbare Einrichtung der Natur. Das Gras war sicher nicht so grün und der Weg bestimmt sehr viel länger, als wir ihn in Erinnerung haben. Diese Fata Morgana wird vermutlich nicht ganz so harmlos sein, denn sie nährt die Sehnsucht zur Heimkehr und beim näheren Hinsehen die Enttäuschung. Die Sehnsucht darf bestehen bleiben; das penible Untersuchen heimatlicher Gegenstände ist tunlichst zu vermeiden.

Wir haben das Glück, ohne Probleme die Heimat zu besuchen. Es sind Menschen, liebe Verwandte, beste Freunde, angenehme Bekannte, dir wir aufsuchen. Es ist die Scholle der Kindheit, die wir wieder betreten. Es ist die Ära der unbekümmerten Jugend, die sich leider nicht als Jungbrunnen offenbart, dennoch beschwingte Gedanken ins Hirn zaubert, was unsereins, der ja mit Wenigem zufrieden ist, glücklich macht.

Im aktuellen Zeitalter des konsumierten Spaßes, wo Unterhaltung und Vergnügen sogar auf Kredit zu haben sind, schreitet der Begriff *Heimat* reichlich antiquiert daher und mag den einen oder anderen jungen Menschen sehr uncool vorkommen.

Aus diesem Grunde erlaube ich mir ein passendes Motto zu kreieren, was ich mir selbstverständlich hiermit schützen lasse:

Heimat macht Spaß!

Teil 2 – Das Bild eines Lebens

Kohlezeichnung von Heinrich Labentsch 1962

Arne Paul ist da

Nun bin ich Opa geworden – weil Arne Paul da ist. Mit ihm hatte ich eigentlich nicht mehr gerechnet. Das, was ich schreiben wollte, schien überflüssig; nun ist es eben nicht erledigt, weil Arne da ist und weil ich dadurch Großvater geworden bin. Großvater zu sein ist eine Verpflichtung.

Das sagte auch mein Großvater, der Bruno Ernst Frenzel aus Annaberg im Erzgebirge.

Der andere, der Friedrich Labentsch aus Nikolaiken in Ostpreußen, konnte uns Kindern darüber nichts mehr erzählen. Er starb im März 1943 durch einen Bombenangriff, gar nicht weit von uns, nur drei Kilometer Krieg lagen zwischen seinem Tod und unserem Leben.

Als ich 1937 geboren wurde, war Opa Frenzel 57 Jahre alt.

Als Arne geboren wurde, war ich als Großvater bereits 67 Jahre alt, also gut 10 Jahre älter als meiner damals aus dem Erzgebirge.

Da bleibt mir heute weitaus weniger Zeit und die will ich nutzen, um von meinem Großvater zu erzählen.

Ich glaube nicht, dass ich für Arne ein Rätsel sein werde. Mein Opa allerdings war es für mich. Nicht als der erwachsene Mensch, zeitweise der Familienvorstand, der Gerechtigkeit und Autorität ausstrahlte, dem wir Kinder den ganzen natürlichen Respekt zollten, sondern die Vorstellung, dass mein Opa ja auch einmal ein Junge gewesen sein musste, dass auch er einmal mit jugendlichem Übermut in seiner Heimat herumtollte, dieses Bild wollte sich nicht in meinem Verstand unterbringen lassen.

In meiner kindlichen Neugier muss ich ihn damals danach gefragt haben, aber ich erhielt wohl keine Antwort. Als ich dann lesen konnte, schenkte er mir das Buch *Das Obererzgebirge und seine Hauptstadt Annaberg. In Sage und Geschichte, herausgegeben im Jahre 1892.*

Der braune Leineneinband war damals schon sehr abgegriffen und die Seiten zeigten Spuren des häufigen Gebrauchs. Meine Mutter, seine Tochter, machte mich auf die handgeschriebene persönliche Widmung auf der ersten Seite aufmerksam: *Aus der Schumann-Stiftung. Schulprämie für Bruno Frenzel, Ostern 1894, gez. Dr. Hartmann Sy.*

Einige spannende Geschichten konnte ich alsbald nacherzählen, aber das Erzgebirge, seine Heimat, wo lag es, das sagenhafte Gebirge und wer war die Familie meines Opas, die musste es doch auch gegeben haben?

Wir erfuhren nichts.

Nur wenn Opa uns Kindern zu Weihnachten kunstvoll gefertigtes Spielzeug schenkte, dessen Genialität der Improvisation der Kriegs- und Nachkriegszeit geschuldet war, erfuhren wir Bruchstücke seiner Heimat, nicht seines Lebens. Das war mit Schweigen verhüllt.

Bruno Frenzel war es vielleicht so:

Bruno ging

Er ging einfach. Es hielt ihn nichts mehr. Er war ja groß, längst erwachsen, fünfzehn Jahre alt.

Mit seinem Vater war ihm die Heimat gestorben. Vor drei Jahren hatten sie ihn begraben, den selbstständigen Posamentiermeister Karl August Frenzel.

Seine leibliche Mutter, Anna Therese Frenzel, geborene Fleischer, die dritte Frau seines Vaters, starb schon im Jahre 1884, nachdem sie – außer Bruno – alle ihre Kinder früh verloren hatte. Es waren sieben!

Was den Jungen jetzt noch umgab, war das verfluchte erbärmliche Leben eines Hungerleiders, eines Erzgebirglers, eines körperlich und geistigen Vegetierens, das ihn in den letzten drei Jahren ins Mark der noch längst nicht fertigen Knochen fuhr, welche sein ohnehin mühsames Wachstum einschränkte und ihn alle Liebe der Welt für eine gemeine Lüge halten ließ.

Verschüttet der Weg zu einer höheren Lehranstalt. Erdrutschartig ausgelöscht wie die Runen weißer Kreidestriche an der verschmierten Schultafel. Die Vision in spannenden physikalischen Experimenten den geheimnisvollen Kräften der Erde näher zu kommen, den Ursachen der elektrischen Energie auf den Grund zu gehen, nur noch ein verschlafener Traum. Vorbei der heiß ersehnte Wunsch Maschinen zu bauen, Räderwerke zu konstruieren, der Natur die ungezähmten Kräfte abzutrotzen, um diese in gleichmäßig fließende Bahnen zu leiten. Der weiße Kittel, Symbol der schöpferischen technischen Kraft im angebrochenen Industriezeitalter, den zu tragen sein glühender Geist gierig verlangte, verblich im kargen Boden des Landstriches, der ihn ins Leben drängte.

Welches Leben denn nun, welche Zukunft, wenn doch jetzt schon alles begraben war?

Sie lag im schlichten Sarg auf dem Friedhof in Annaberg-Buchholz. Kein Stein aus Granit oder Marmor, ein schlichtes Holzkreuz im Boden, dort wo der Kopf des Toten ruhte.

Sie lagen alle da, die erste Frau seines Vaters, Augustine Wilhelmine Caroline, geborene Otto, ihre fünf Kinder mit Ausnahme des älteren Halbbruders, Hermann Paul und Brunos fünf toten Geschwistern.

Zwölf Kinder hatten die früh verstorbenen drei Frauen seinem Vaters geschenkt und gerade einmal vier, er, Hermann Paul, Alma und Julius hatten die Kindheit überlebt.

Verfluchte Erde, verfluchte Heimat.

Der Tag sandte die noch schwache Sonne über das nackte Gebirge, über die kahlen Hügel des Ober-Erzgebirges und versuchte den im frühen Tau zitternden Jungen am Grabe seines Vaters ein wenig zu erwärmen. Es gelang nicht.

Versteinert das Gesicht des immer noch Kindes. Mit großem Ernst blickten die dunklen Augen, die im Eifer und in der Hitze feurig zu glühen vermochten, auf das vergehende Grün der

Pflanzen, auf die matten Farben der kärglichen Blumen, von seiner Stiefmutter unter Tränen gepflanzt.

Sie weinten nicht, die jungen Augen des Knaben. Sie versuchten den Erdboden zu durchdringen, den Vater zu finden, ihn noch einmal ins Leben zurückzurufen, ihn noch einmal singen zu hören, sein fröhliches Lachen mitzunehmen auf den weiten unbekannten Weg in seine ungewisse Zukunft.

Still, schweigend, bewegungslos, eine winzige Ewigkeit lang in Gottes allmächtiger Dramaturgie, verabschiedete sich der nun heimatlose Junge.

Ein Spross trennte sich von der Wurzel, die bereits im Erdboden verdorrte.

Abrupt drehte er sich um, nahm den abgegriffenen Rucksack auf und warf ihn über die schmale Schulter. Sein einziges zu Papier gewordenes Rüstzeug, das Schulzeugnis, die Konfirmationsurkunde und das Buch »*Das Obererzgebirge und seine Hauptstadt Annaberg*« mit der persönlichen Widmung trug er mit sich. Diese Schrift musste ab jetzt seine Bibel sein. Sein Gott hatte ihn verlassen. Er durfte nur noch an sich selbst glauben, an seine Leistungen (im Zeugnis und im Buch beglaubigt), an seinen Willen und den unerschütterlichen Mut. Die letzten zwei Schuljahre im Zeugnis hatte Max Fleischer als Erziehungsberechtigter unterschrieben. Onkel Max war Vormund, mehr konnte er wohl nicht für sein Mündel tun.

Neben den wahrlich spärlichen Legimitationsurkunden trug Bruno lediglich Wegzehrung, Lebensmittel, Brot, ein bisschen Obst mit sich.

Er verließ den Friedhof, die Häusergruppe, die Stadt mit zunächst schweren, dann immer leichter werdenden Schritten. Ein junger Mensch, ein unfertiger Körper, ein verzweifelter Geist, eine beschädigte Seele, machten sich auf den Weg. Der führte gen Westen. Warum?

Man schrieb Sonntag, den 6. Oktober 1895.

Auf der Straße

Er war unterwegs. Eine ganze Stunde schon. Und er würde weiter unterwegs sein, immer voran, niemand würde ihn aufhalten. Der Scheibenberg mit seinen immerhin 804 Metern grüßte ihn von links. Der junge Wanderer grüßte nicht zurück. Zu sehr beschäftigten ihn seine Gedanken. Sicher, er hatte seine Mutter, Ida Johanna Petzold, die nicht seine richtige war, allein gelassen. Man würde für sie sorgen, ihr mindestens die Wohnung lassen oder sie vielleicht zu sich holen, zu den Fleischers. Onkel Max, sein Vormund, hielt sich bislang bedeckt. Bei dem Verkauf der Posamentierwerkzeuge, des Webstuhles, des gesamten Schatzes seines Vaters, des Posamentiers, Karl August Frenzel, war der gute Onkel Max seiner Mutter allerdings sehr behilflich. Die Schulden verlangten es so!

Auch Max Fleischer hatte selbstverständlich Pläne bezüglich einer handfesten Ausbildung seines Mündels, aber die Stiefmutter verwies auf den angegriffenen Gesundheitszustand des Jungen und setzte eine Schonfrist durch. Die war längst abgelaufen. Und er, Bruno, hatte sie jetzt endgültig beendet!

Frei sein, unabhängig sein, das stille ständige Gebet seines Vaters war dem Sohn in Fleisch und Blut übergegangen. Wenn er sich auch nicht über seinen Vormund beklagen wollte, so spürte er doch in seinen jungen pulsierenden Adern die Abhängigkeit, in die er geraten war, fühlte an den Händen und Füßen die unsichtbaren Fesseln, die ihn nach der Fasson Anderer formen sollten, und vor allen Dingen empfand er vor seinem freien ungebundenen Geist Gitterstäbe, die ihm die Sicht bestimmter Dinge verdunkelten, die feste Muster, wie die der am Webstuhl erzeugten Bordüren, mit denen er sich nicht abfinden wollte.

Die Freiheit auf der Landstraße hat ihre Grenzen, selbst wenn kein Gendarm und Wegelagerer die des Einzelnen beeinträchtigen, so erinnert mindestens die Natur das wandernde Individuum an Beschränkungen dieser Art. Besonders dann, wenn das Ziel des Flüchtenden oder Freiheitsliebenden wie ein Vogel durch das Gehirn fliegt und keinen festen Platz gefunden hat, oder, wie bei Bruno sich überhaupt noch nicht artikuliert und die Frage danach ein luftiges Gebäude zusammenbrechen ließ.

»Guten Tag, junger Freund, wohin des Weges so früh am Morgen?«

Ein fahrender Händler, Jude wahrscheinlich, vollbepackt mit Stoffwaren und Spitzen, aus Böhmen kommend, hatte sich an die Seite des Jungen geschlichen, jedenfalls derart lautlos, dass dem Knaben die freundlich gesprochenen Worte trafen wie die Schwertstreiche eines schlechten Gewissens. Bruno zuckte zusammen, seine viel zu große Ballonmütze rutschte über die Augen, vor Schreck blieb er stehen.

»So sehr in Gedanken, entschuldigt, wollt' ich nicht erschrecken Euer Gnaden? Aber wenn wir haben den gleichen Weg, so sollten wir machen ihn gemeinsam, wenn's Euch beliebt.«

Wohin des Weges? Ja, wohin führten sie denn, die Schritte, die endlosen, Bruno Frenzel? Wollte er dem Glück entgegenlaufen oder dem Unglück entfliehen. Auf der alten Poststraße von Annaberg über Schlettau, Elterlein, Zwönitz und weiter nach Westen oder Norden. Trotz der lachenden Herbstsonne, die doch den Geist erleuchten sollte, war dem jungen Herrn nicht klar, wohin er ging. Er folgte intuitiv dem Zug der Waren, der Briefe, der Händler. Was sollte er auch antworten, dem ungeschriebenen Gesetz der Straße folgen und ehrliche Auskunft geben?

»Aus Annaberg« murmelte er leise.

»Und wohin?« Die unschuldige Frage des selbst ernannten Weggefährten folgte unmittelbar. Bruno schwieg. Der Handelsmann, zweifellos älter als Bruno, vielleicht etwa vierzig Jahre alt, ansonsten schwer zu schätzen, blieb, devot unaufdringlich, einen halben Schritt hinter dem voranstürmenden Jungen, gab sich selbst eine Antwort. »Werdet Ihr's selbst nicht wissen können, junger Herr, warum sollte ich's wissen wollen?«

Bruno blieb abrupt stehen, sah den Älteren direkt und herausfordernd ins Gesicht, dazu musste er zwangsläufig aufschauen: »Ich weiß genau, wohin mich mein Weg führt, zu den mechanischen Kräften, zu den Maschinen, zu der Elektrizität. Kennt Ihr Werner von Siemens?«

Gleichmütig, unbeeindruckt schritt der Handelsmann weiter, war nun dem Jungen einen halben Schritt voraus. »Da geht Ihr also nach Berlin. – Mönchlein, Mönchlein, Ihr tut einen schweren Gang, denn Ihr habt kein Geld und zum Studieren seid Ihr ohnehin noch zu jung …«

»Ich habe das beste Zeugnis der ersten Klasse und darüber hinaus eine Schulprämie unseres Direktors«, unterbrach Bruno hitzig seinen Begleiter, der gerade eine rhetorische Anleihe deutscher Reformationsgeschichte gemacht hatte. Nun stellte sich der abgeklärte Händler, hinter dessen Stirn die ganze bittere Erfahrung seines Volkes ruhte, den das Leben, die Menschen, die Straße geprägt hatte, vor den Jungen, legte den freien Arm über die runden Schultern und sprach tröstend, dennoch klang es beschwörend: »Aber ihr habt nicht die richtige Schul' und Geld werdet Ihr auch nicht haben. Man braucht beides, Herr, die richtige Schul' und richtiges Geld!«

Nur zu gut wusste der junge, in die neue Zeit aufbrechende Jüngling, dass der Partner der Landstraße Recht hatte, dass die Voraussetzungen für ihn die denkbar ungünstigsten Konstellationen angenommen hatten. Doch wer in diesem Alter lässt sich durch unbewiesene Wahrheiten und wohlfeile Weisheiten anderer Bedenken einflüstern oder vom eingeschlagenen Wege abbringen. Kompromisse würde er sicher schließen müssen. Lediglich Umwege würden diese bedeuten, unvermeidliche ärgerliche Zeitverluste, aber so musste man auch zum Ziele kommen.

»Was ist passiert in Annaberg?«

»Mein Vater starb vor drei Jahren. Alles verkauft. Er war Posamentierer.«

»Warum lernt Ihr kein Handwerk in Eurer Heimatstadt?«

»Posamentierer, Weber für Litzen, Spitzen und Bänder?«

»Gibt viele andere ehrbare Berufe, die den Mann und die Familie ernähren.«

»Annaberg ist arm, das ganze Erzgebirge ist arm. Einige wenige Leute bestimmen. Alle anderen müssen nach deren Pfeife tanzen, nicht wahr? Es gibt keine Freiheit. Mein Vater wollte immer frei sein, sein eigener Herr …« Bruno schwieg plötzlich. Die Erinnerung überfiel ihn wie ein hinterhältiger Räuber.

»Ihr habt ein gutes Zeugnis, zu gut für ein schlichtes Handwerk?« Der neue Freund wollte nicht provozieren, er wollte lediglich eindringen in die Gedankenwelt eines anderen Menschen und auch in einen Kosmos, der niemals seiner werden konnte, dessen seelische Tiefe er aber gar zu gerne zu ergründen wünschte.

»Kennt Ihr Volta, Allessandro Graf Volta?«, erregt zupfte der Junge am abgegriffenen Mantelrevers des Händlers. »Aber Galvani müsst Ihr kennen, die galvanische Elektrizität, die Volta mit seiner galvanischen Säule zu einem Element entwickelte, mit dem man Strom erzeugen kann. Nur Metalle braucht man und Säure und es gibt Licht, unendlich viel Licht. Keine Kerzen, kein stinkendes Petroleum, kein giftiges Gas, – nur Metall, Zink und Kupfer braucht's, sonst nichts. – Und Strom fließt aus riesigen Dynamo-Maschinen in elektrische Motoren, die drehen sich dann von selbst und treiben andere Maschinen in den Fabriken an. Man braucht keine Wasserräder mehr und Trockenzeiten zwingen nicht mehr zum Hunger. – Und die Menschen …«

»Was wird mit den Menschen, Teufel Ihr, was wird mit den Menschen? – Sie werden verlieren ihre Arbeit, können nicht kaufen das Brot, verrecken die kleinen Kinderchen, wenn Maschinen übernehmen die Berufe, wenn Männer werden sein ohne Arbeit. Was wird sein mit Handwerk, was wird sein mit den Händlern auf der Straße?«

Erregt hatte der Mann seine Bürde abgesetzt, fuchtelte mit beiden Armen in der Luft. Wild blickte er den Jungen an. »Könnt Ihr überhaupt so weit denken? Gibt es in Eurem jungen wirren Geist überhaupt einen Platz für Gedanken, die der Entwicklung vorauszueilen haben, die sich müssen auseinandersetzen mit allen den schlimmen Folgen für die Menschen, für das Volk. Seht mich an, bin ich nicht jetzt schon das Opfer der Eisenbahn, der fauchenden Lokomotiven, die Waren schleppen ohne mich durch die Lande? Wer braucht noch einen Postillon, wenn neumodische Telegrafenstationen blitzschnelle Nachrichten über

Nationen hinweg senden? Welcher Kaufmann in Leipzig nutzt noch den armen Mendel aus Weipert dem Böhmischen, wenn er mit dem Telefon, dem teuflischen, direkt aus der Stadt mit dem Verleger in Marienberg den Handel machen kann? – Nein, mein Freund, die Gespenster der neuen Epoche, die schreckliche Industrie der Engländer ist nicht zu Gottes Gefallen. Lasst Euch nicht blenden von der Kraft der Elektrizität, von den blitzenden Lampen, von der Leichtigkeit der Arbeit, von der totalen Nutzung der so genannten Wissenschaften. – Das bittere Gift im Kern schmeckt man erst, wenn man ihn zerbissen hat. Dann ist es zu spät, Bruder, dann sind wir zerschmettert, dann wühlt die Pestilenz des Fortschritts in unseren Gedärmen, bringt uns um, weil wir können nicht haben die süße Medizin der Reichen.«

Müde, verbittert, die neue Zeit nicht verstehend oder prophetisch die davor liegende voraussehend, schüttelte der Mann der Landstraße den Kopf, der ihm auf die Brust gesunken war, und sein schmutzig grauer Bart schabte am ehemals bunten Halstuch. Er hielt die schmalen Lippen zusammengepresst. Die blassen Lider unter den buschigen Augenbrauen schlossen sich. Es schien, als würde er beten.

Bruno war irritiert, der Ausbruch des Mannes hatte ihn überrascht. Wie konnte ein Mensch an einer besseren Zukunft zweifeln? Es konnte doch nur vorangehen. Und mit den vielen Erfindungen, von denen er staunend gehört hatte, davon die meisten aus dem stolzen kaiserlichen Reiche, aus dem eigenen sich prächtig entwickelnden Lande stammten, würde, da war er sich sicher, die Armut bestimmt zu besiegen sein, den kleinen Leuten einen bescheidenen Wohlstand bescheren. Mehr wollten sie doch nicht, er und die Seinen. Mit Bestürzung dachte er plötzlich an die Mutter, an Paul, an all die anderen seiner Familie. – Aber in Annaberg ließ sich doch nichts machen, das müssen sie doch einsehen. – Und auch Bruno betete, flehte um Beistand, darum, dass man ihn verstand, dass man ihm verzieh, er würde doch wiederkommen, ein besseres Leben mit nach Hause bringen.

Der Abend brach heran, sehr plötzlich, wie der harte Herbst der rauen Region den Tag wechseln ließ. Die Männer fröstelten.

»Lasst uns bleiben in Hartenstein, kenne dort ein preiswert Quartier. Eine Witwe vermietet zwei kleine Stuben. Wir könnten uns eine teilen. Dafür werdet Ihr Geld haben, ja?«

Mehr bestimmend als fragend richtete der Händler die Worte an Bruno. Der nickte. Mühsam schleppte er sich nur noch dahin, war froh, diesen Begleiter gefunden zu haben. Wie sonst hätte er in der Fremde, die sich ihm jetzt doch recht feindlich entgegenstellte, bestehen können? Als was hatte ihn der Partner bezeichnet »Mönchlein«? Damit konnte nur Martin Luther gemeint sein und dessen beschwerlicher Weg war ihm bekannt. Aber dann drängte sich eine kleine Stube mit einem heiß ersehnten Ruhelager in seine Gedanken, verscheuchte lästige Befürchtungen, eliminierte unzulässige Vergleiche, verlieh seinen erschöpften Gliedern neue Kraft, den schmerzenden Füßen lindernden Balsam und dem knurrenden Magen eine sättigende Speise.

Bruno trabte an der Seite des Händlers im schwankenden Schritt, rein mechanisch wie in Trance setzte er Fuß vor Fuß, bis das schwache Licht einer Laterne an einer abgestoßenen Hausecke ihn in die schmerzende Realität versetzte. »Wie weit geht es noch?«, fragte er stöhnend.

»Durch den Ort muss es uns noch tragen, haltet aus.«

Völlig finster war es geworden. Vorsichtig tasteten sich die Wanderer die Hauptstraße entlang, ließen sich leiten von spärlichen Lichtstrahlen, die hin und wieder aus unzureichend verdunkelten Fenstern in die Dunkelheit drangen. Mendel, der Händler, blieb unschlüssig stehen. »Es ist spät, zu dunkel«, murmelte er enttäuscht, »muss stehen das Haus hier irgendwo auf der rechten Seite. Hat wohl schon Belegung. Habt Ihr kein Glück mit mir, Bruno.«

Bruno war in die Knie gegangen. Er hockte am Boden, der nur noch aus Sand bestand, den gepflasterten Bereich des Ortes hatten sie hinter sich gelassen. In seine Augenwinkeln stahlen sich salzige Tränen der Wut und Enttäuschung. Trotzdem schwieg er, riss sich zusammen, obwohl sich in seiner Kehle unterdrückte Laute des Protestes ballten. Er schluckte sie hinunter, schickte sie in den leeren Magen, der mit unwilligem Knurren antwortete.

Die scharfen Augen des Händlers durchdrangen die Finsternis. Alle seine Sinne hatte der Mann darauf konzentriert, Schatten, Hindernisse, Mauern und Türen zu orten, Geräusche auszumachen, seinen Geist auf das Ziel zu richten, das nahe sein musste, ganz, ganz nahe. Einmal nicht der ewig schuldige Jude sein, der nichts anderes vermochte als die Menschheit in die Irre zu leiten, wie die anderen meinten.

»Warum gibt es in der Welt kein Licht, warum muss der Mensch, blinder jetzt als jedes Tier, in der Finsternis verkommen?« Bruno schluchzte verzweifelt.

»Junger Freund, Bruno, nicht verzagen, der Herr wird uns leiten ...«

»Der Herr, welcher Herr, deiner, meiner? Er hilft nicht mehr, er hat das Erzgebirge verlassen!« Wild und ungezügelt schrie Bruno den Händler an.

»Versündigt Euch nicht, er wird helfen«, ruhig und besonnen forderte der Ältere die Achtung vor der höheren Macht und suchte eine tröstende Antwort. Und es war der Mond, der sich in diesem Moment durch die hohe Wolkendecke schob und ein wenig Helligkeit vom dunklen Himmel sandte, jedenfalls so viel, dass die beiden Wanderer zugleich die Konturen von drei einzelnen Häusern zu erkennen vermochten.

»Es ist das dritte Haus, lasst uns eilen«. Mendel riss Bruno vom Boden hoch. Sie drängten sich in die finstere Türnische, suchten mit fahrigen Händen nach dem Klöppel, um sich bemerkbar zu machen. Das spitze Bellen eines Hundes kam den beiden als ein erbärmliches Echo vor. Doch Lichtstrahlen aus den Ritzen der undichten Haustür versprachen mehr Leben dahinter.

»Was gibt es so spät noch?«, die fragende helle Frauenstimme klang abweisend, unfreundlich, betroffen, ängstlich.

»Hier ist Mendel, der Jud' mit einem jungen Freund, wir begehren dringend Obdach. Es ist sehr spät, wir wissen's, aber der Herr wies uns den richtigen Weg. Könnt' Ihr gewähren?«

»Der Mendel ist‘s – freilich, – ich werd' euch öffnen«, klang es hinter der Tür erleichtert und schon schwang die schwere, eisenbeschlagene Pforte mit ächzendem Knarren nach innen. Ein schlanker Frauenarm hob ein warmes Licht in die Höhe und blendete die Pupillen der späten Gäste. Ohne weitere Worte verriegelte die Frau den Eingang und ging voran ins Haus, direkt in die Wohnküche, wo eine Petroleumlampe über dem großen Tisch Licht und ein Herd mit seiner Restglut noch wohlige Wärme verbreitete.

»Setzt Euch, Mendel, legt Eure Waren im Flur ab. Ihr werdet sie später mit in Eure Kammer nehmen. Einen gar jungen Kameraden habt Ihr bei Euch. Wohin des Weges, junger Mann?« Nicht weibliche Neugier, geschäftliche Pflicht ließen die Herbergsfrau die Worte an Bruno richten.

»Später, Frau Wirtin, mein Freund ist sehr erschöpft und hungrig wie ich. Dürfen wir hier unser kärgliches Mahl einnehmen? Es ist so warm und angenehm in diesen Wänden. Wenn wir noch um ein wenig Wasser bitten dürften, der Durst quält uns gleich stark.« Mendel antwortete für Bruno, der apathisch auf den Zylinder der gleichmäßig brennenden Petroleumlampe starrte. Er schien mit offenen Augen zu schlafen.

»Ich könnte noch etwas Holz nachlegen und Euch einen Kaffee zubereiten. Wird allerdings eine Kleinigkeit kosten …«

»Wir danken sehr, Frau Wirtin, für Euer Bemühen, aber uns reicht ein Schälchen Wasser, bitte sehr.«

Die Wege trennen sich

Auch am nächsten Morgen klebten die bleiernen Wolken wie ausgelaufenes Zinn am Himmel. Den frühen Wanderern drang die Feuchtigkeit des herbstlichen Frühdunstes durch die Kleidung und erzeugte Unbehagen auf der Haut. Kälte zog in den Organismus und in die Nervenbahnen. Schnelle und größere Schritte sollten für innere Wärme sorgen. Bruno konnte dem Handelsmann nicht folgen. Der Abstand zwischen ihnen vergrößerte sich von Meile zu Meile. Wütend über die sich ergebende Distanz, baute Bruno innerlichen Ärger über den rücksichtslosen Juden auf, der ihn scheinbar vergessen hatte.

Doch auf einer Straßenkuppe wartete Mendel auf ihn. Die ersten Worte an diesem Morgen. »Habt Ihr schon einmal etwas von Moses Mendelsohn gehört?«

Bruno, immer noch verärgert, schüttelte den Kopf.

»Er war so jung, wie Ihr, kleiner wohl noch von Wuchs, wenig Hals, mit einem großen Kopf schief auf der Schulter, aber ein schönes kluges Gesicht und er ging von Dessau nach Berlin. Auf einer Landstraße wie Ihr, Bruno. Arm wie eine Kirchenmaus, vielleicht musste er sogar barfuß laufen, von Dessau nach Berlin, Bruno. Auch er wollte lernen wie du. Folgte seinem Rabbi, seinem einzigen Lehrer. Ungefähr im Jahre 5003 unseres Kalenders muss es gewesen sein, gerade einmal 150 Jahre sind seither vergangen, mein junger Freund – ich darf doch du sagen. – Moses Mendelsohn, guter Sohn der Bela Rachel, wurde einer der großen Männer unserer Religion und ein guter Freund von euch Christen.«

Mendel setzte seine gut verschnürte Bürde ab, hockte sich auf einen morschen Baumstumpf und blickte den jungen Sachsen aus Annaberg eindringlich an. »Willst du auch so groß werden, Bruno? Wem folgst du, wer ist dein weiser Meister?«

Bruno sah seinen Begleiter nicht an. Er mochte nicht lügen. Er besaß keinen Lehrmeister, weder in Berlin noch sonstwo. Schweigend setzte er sich neben Mendel auf einen rohen unbehauenen Stein, der wohl der Wegmarkierung diente.

»Du bist ausgerückt, Bruno, nicht wahr? Brauchst nicht zu antworten, ich merkte es wohl. Ergo ist es wichtig, dass du ein Ziel im Visier hast, eine akkurate Adresse womöglich. Man wird fragen, Bruno. Immer wieder wird man fragen und wenn du zögerlich in der Antwort, sperrt man dich kurzerhand in den Arrest. Dein Weg wird unendlich lang sein, wenn du kein wirkliches Ziel nennen kannst und rohe Posten in staubigen Uniformen an den vielen Grenzen werden dich mit scharfen Augen durchbohren, sie werden deine armselige Kleidung und dürftige Habe durchsuchen und beleidigende Worte werden dich wie Peitschenhiebe treffen«. Mit großem Ernst hatte Mendel gesprochen. Ihm war die Sorge um den jungen unerfahrenen Bruno, der ihm so sympathisch geworden war, anzumerken.

Der Junge schwieg, blickte trotzig zurück, schaute die Landstraße hinab bis zum Schnittpunkt der Alleebäume, wo sie nur noch einen Punkt bildeten, dorthin, woher sie kamen.

»Bruno, du musst arbeiten, du musst ganz schnell eine Beschäftigung finden. Mit mir kannst du nicht weiter reisen. Du musst eine Lehre beginnen, suche dir einen Meister …«

»Mein Vormund wollte mich zwingen, eine …«. Unbeherrscht unterbrach der Junge den eindringlich redenden Mendel, brachte aber seinen Einwand nicht zu Ende, die Kehle schnürte sich ihm zu, das schlechte Gewissen, unrecht gegenüber den in Annaberg sitzenden Verwandten gehandelt, seinen widerspenstigen Willen der offensichtlichen Vernunft entgegengesetzt zu haben, raubte ihm die Sprache.

Der verständige Handelsreisende packte eine spärliche Brotzeit aus und nötigte, ohne große Worte zu verlieren, den Begleiter an der Mahlzeit teilzunehmen. Aber in der Sache ließ er nicht locker und fragte: »Du hast eine so eigenartige Mütze, eine viel zu große Mütze auf dem Kopf. Sie kleidet dich nicht, sie passt nicht zu dir. Du willst doch wohl nicht Sozialist werden?«

Bruno sah ihn an und schüttelte stumm den Kopf. Dann schaute er vorwärts, dorthin wo sie noch eine Strecke gemeinsam gehen würden, dorthin, wo er seine Zukunft sah. Die anfängliche Beklemmung löste sich von der jungen Seele und befreite seine Zunge, die plötzlich fremde Wörter und Sätze mit dampfendem Atem in den kühlen Morgen sandte.

»Ich will frei sein. Ich will die Kraft meiner Hände, die meines Geistes nur für mich und später nur für meine Familie einsetzen und nutzen. Ich will nicht Herrscher und nicht Knecht sein, ich will ich sein. Wenn es in der Heimat, die ich nun verlasse, nicht gelingt, so wird es mir in der Fremde – und wenn es Amerika sein soll – vergönnt sein, das Leben zu leben, das mir Jesus Christus gegeben hat. Und mein Vater wird mich begleiten. Sein Wahlspruch aus dem Evangelium nach Matthäus wird mich leiten:

Ihr seid das Salz der Erde. Wenn nun das Salz kraftlos wird, womit soll man's salzen. Es ist zu nichts hinfort nütze, denn dass man es hinausschütte und lasse es die Leute zertreten. Ihr seid das

Licht der Welt. Es kann die Stadt, die auf einem Berge liegt, nicht verborgen sein. Man zündet auch nicht ein Licht und setzt es unter einen Scheffel, sondern auf einen Leuchter; so leuchtet es allen, die im Hause sind. So soll euer Licht leuchten vor den Leuten, dass sie eure guten Werke sehen und euren Vater im Himmel preisen.

Ich bin Salz und möchte nicht zertreten werden, weil alles Salz in diesem Lande kraftlos geworden ist. Ich bin Licht und will zum Licht, das anderswo heller leuchtet als hier.«

»Das sind wahrlich große Worte, die dein seliger Vater dir eingegeben haben muss. Du bist ein braver Sohn, wenngleich ich dem kraftlosen Salz nicht zustimmen kann. Ein ehrwürdiges Handwerk, eine Arbeit mit auskömmlichem Lohn trifft man auch im Erzgebirge an, vielleicht nicht mehr in Annaberg, aber warum die Fremde, junger Freund?«

Bruno trat an Mendel heran, reckte sich dem Größeren entgegen und die ganze rhetorische Wucht eines jugendlichen Revolutionärs traf den überraschten Reisenden. »Mendel, ist Euch das Schicksal der schlesischen Weber geläufig? Habt Ihr die blutige Niederschlagung des Aufstandes von Juni '44 noch in Erinnerung? Es ist gerade fünfzig Jahre her, wo preußische Soldaten auf die eigenen Familienangehörigen schießen mussten, wo unschuldige halb verhungerte Weber mit Weib und Kind im Staub des Gehöftes des Fabrikanten, des Ausbeuters Zwanziger, verbluteten. Und Ihr wisst, Mendel, bis heute hat sich in Peterswaldau, in Langenbilau, im ganzen Eulengebirge nichts geändert. Die Weber in Schlesien hungern, sie fressen Gras, ihre Kinder sind in Lumpen gehüllt, sie krepieren in ungeheizten zugigen Hütten, die man anderswo keinem Hund anbieten mag. Und – Mendel, merkt auf, Schlesien ist nicht weit vom Erzgebirge entfernt. Und – Mendel, auch die Posamentierer im Erzgebirge sind Weber an Webstühlen! Immer wieder hat mein Vater mir davon erzählt, immer wieder gewarnt und immer wieder unter der Angst gelitten, nichts dagegen tun zu können. Und – Mendel, nicht die Maschinen, nicht die mechanischen Webstühle an den Transmissionen der Dampfmaschinen haben den Webern das Unglück gebracht; es war ihre Unbeweglichkeit, ihr Trotz, ihre Einfältigkeit, das Verschließen der Augen vor der Tatsache, dass eine andere Zeit herangebrochen war, herangebrochen ist, die fehlende Erkenntnis, dass das einsame Weben in kargen Hütten niemanden mehr ernährt. Das stumpfsinnige Hocken an einem verdorrten Platz war und ist ihr Verderben. Sie, die Weber, haben sich an ihren Familien versündigt. – *Das darf uns nicht passieren,* sagte mein Vater ständig und er starb schließlich darüber. Diese Worte sind mein Erbe, Mendel. Ich suche die neue Zeit in einer neuen Welt.«

Das innere Feuer des jungen Mannes kam zum ersten Mal zum Ausbruch. Es schleuderte die Flammen einer indoktrinierten Empörung über das Unrecht der Welt auf einen unbeteiligten, mittellosen, scheinbar freien Juden, dessen Ahnen nichts anderes gewohnt, als Unrecht zu erleiden, zu schweigen, zu dulden. Mendel ließ diese herzliche Tirade wie so vieles über sich ergehen. Die Überlegenheit seines Geistes zwang ihn zu schweigen, wenn auch der Ausfall des Jungen imponierte.

Ebenso ruhig, als hätten sich die schmalen Lippen des jungen Revolutionärs nie geöffnet, als hätte die Luft, die zum Atmen benötigt wurde, nie solche ausgewachsenen, viel zu schweren Worte befördert, nahm auch der Junge sein Päckchen auf.

Zwei Wanderer zogen weiter, auf Zwickau zu.

»Bruno, wollt Ihr groß, ein Mann des Geistes wie Moses Mendelsohn, oder wollt Ihr Sozialist werden?«

Die auf den Punkt gebrachte Frage schwang wie das drohende schwere Pendel eines Perpendikels zwischen den ungleichen Weggefährten, störte den Takt der Schritte; die logischen, aber ultimativen Alternativen überforderten den Jungen als Ganzes. Das war dem Mendel klar, dieser Rhetorik konnte der sympathische Bursche neben ihm nicht folgen und so ergänzte er, der Abgeklärte, der Weise seiner Art, wobei es ihm gerade auf diese Ergänzung ankam; mit allen Fasern seines Herzens wollte er den Jungen auf den rechten Weg lotsen, ihm helfen. Der gemeinsame Weg endete bald, nämlich in Zwickau, nur noch ein paar Meilen für notwendige Ratschläge.

»Wirst du ein Großer, Bruno, dann wird die Welt dich hören, dann kannst du verändern, verbessern. Aber glaube nur nicht, dass du die Menschen zur Besserung wandeln kannst! Die Verhältnisse mögen veränderbar sein, sie selbst aber, die Menschen, sind nicht einmal fähig sich den Gesetzen Moses zu unterwerfen, die eigenen errichteten Regeln zu leben. Sie sind allesamt zu schwach, Bruno. Richtest du deine Schritte dagegen der Revolution, dem Sozialismus zu, bist du nicht mehr als ein Staubkorn in der riesigen Masse, dann bleibst du das kleine Licht unter dem Scheffel deines Evangelisten. Der giftige Wind eifriger wortgewaltiger Agitatoren wird dich in schmutzige Wolken aus taubem Sand und Straßenkot mal in diese, mal in jene Richtung treiben; dir wird Hören und Sehen vergehen und deine ehrenwerten Ziele werden dem Spott deiner geifernden Mitmenschen zum Opfer gebracht. Wenn du dabei deine Existenz sicherst und Frau und Kinder ernähren kannst, darfst du dich glücklich schätzen. Die Revolutionäre glauben, dass sie in der Menge, im Haufen, mächtig sind. Das mag für Momente zutreffen, aber sie erreichen niemals die gerechte Führung. Nicht mehr als hundsgemeine zerstörende Instrumente sind sie und befinden sich stets in den Händen zwielichtiger Meister; Marionetten an Fäden derer, die auf der Bühne der Welt ihre Spielchen treiben. Eines Tages dann, Bruno, bist du nicht mehr als ein stumpfes, abgenutztes zerbrochenes Werkzeug, das achtlos in den stinkenden Tümpel der Erde geworfen wird. – Bedenket, mein Sohn, Euren weiteren Weg!«

Der Händler hatte das persönliche Du verlassen, verwandte in der Anrede die Form der dritten Person, vielleicht ihrer Eindringlichkeit wegen. Sie hatten Zwickau längst erreicht und verharrten an der Wegkreuzung, die die weiteren Richtungen ad per pedes wiesen. Der eine zog südwärts, auf Plauen zu, der andere noch unentschlossen, entweder gegen Westen oder Norden.

»Bruno, sucht Euch einen Lehrmeister, lernt, lernt, lernt, solange noch Zeit dazu ist! Wählt nicht das Leben als den einzigen Lehrmeister. Dieser Kerl ist windig, unzuverlässig, gemein und hinterhältig. Er lehrt dich lediglich, gerade einmal am tristen freudlosen Dasein festzuhalten. Das ist zu wenig für Euch. Ihr müsst kein Moses Mendelsohn, kein Werner von Siemens werden, aber ich würde mich riesig freuen, später zu hören, dass Ihr ein großer Baumeister geworden seid. – Nun, lebt wohl. Unsere Wege trennen sich. Gott segne dich!«

Er drückte Bruno die Hand. Schweigend blickte der Junge in das ehrliche Antlitz seines Begleiters. Er las in den Augen des Großen die bittende Aufforderung, die Worte zu beherzigen, Taten folgen zu lassen. Es schien ihm, als hätte ein Vater gesprochen, der sein Ziel nicht mehr erreichen kann, aber seinem Sohn den Weg dahin aufzeigen möchte.

Bruno ging.

Er blickte sich nicht mehr um, wie auch Mendel es nicht tat. Eine Begegnung, ein kurzes Kennenlernen, ein vorsichtiger Rat unter Fremden, mehr war es nicht. Das Tasten, Fühlen, Denken zweier Generationen unter dem drohenden verlockenden Fanal eines neuen Zeitalters, das man später das der Industrie nennen sollte, klang aus. Es spielte sich auf einer unbedeutenden staubigen Landstraße ab, blieb als der unfruchtbare Keim im schmutzigen Graben hinter zwei Feldsteinen liegen, wertlos für den Jungen, der auszog, das Fürchten zu lernen.

Werdau ist auch noch Sachsen

Die Trennung vom zufälligen Gefährten, so wenig Bruno mit dessen Ratschlägen und Ermahnungen anfangen konnte, so tröstlich er dagegen seine beschützende Begleitung empfand, verursachte anfangs zitternde Knie und einen schwächlichen Gang, ließen ihn sein Schicksal wie einen mit Steinen gefüllten Rucksack den Körper zu Boden drücken. Voller Bangen vor den Eindrücken der großen Stadt, in dessen Nervenbahnen er nun eindrang, versuchte er sich unsichtbar zu machen. Doch keiner der fremden, hastenden Menschen kümmerte sich um ihn, keiner sah ihm in die Augen, keiner fragte woher und wohin.

Aber in der Mitte der Stadt, dort, wo das urbane Herz der Ansammlung von Respekt einflößenden Gebäuden, von unzähligen Menschen, streng blickenden Uniformierten, von Arroganz und Protz unbarmherzig den Takt einer rastlosen Zeit schlug, brach aller Mut des fünfzehnjährigen Bruno Ernst Frenzel zusammen. Diesem Treiben konnte er unmöglich standhalten; es schien ihn zu erschlagen.

Er las auf einem verschmutzten Wegweiser an einer Straßenkreuzung, die ihn bei seinem Beinahe-Zusammenbruch zur kurzen Rast zwang: *Nach Werdau 9 KM.*

Von Werdau *hatte* er gehört. Es lag in seiner Richtung. Die Strecke würde er noch schaffen.

Spät am Nachmittag hatte er den Marktplatz von Werdau erreicht. Ein überschaubarer Ort, weniger Furcht einflößend, ein bisschen heimatlich. Er suchte den Weg zum Bahnhof; fragen durfte man immer nach solch modernem Ort, dem Wahrzeichen der neuen Zeit, dem Platz der stolzen Ritter des Aufbruchs. Jeder Mensch und sah er noch so zerrissen wie verdächtig aus, verwandelte sich mit dieser Erkundigung bei dem Angefragten sofort in einen ebenbürtigen Bürger, in einen Reisenden, dem man mit Hochachtung begegnen musste, verfügte er doch offensichtlich über bare Mittel, um sich mittels der neuesten mobilen Technik, der Eisenbahn, von einem Ort zum anderen zu bewegen, was zu jeder Zeit jeden beeindruckte.

Bruno hatte nicht die Absicht und schon gar nicht das Geld, ein Billett zu kaufen, zu reisen, den Weg ins Glück per Bahn zu absolvieren. Der Bahnhof war das Ziel des Tages, wurde ab jetzt, wo er *unterwegs* war, immer Etappe. Gut überlegt. Bewies dieser Gedanke neben einem angemessenen Quäntchen Intelligenz noch ausreichenden Pragmatismus, den der junge Kerl benötigte, um sein Schicksal zu meistern. Er kaufte sich für 5 Pfennig das

Werdauer Tageblatt
Amtsblatt für das königliche Amtsgericht
und den Stadtrat zu Werdau
Nr. 235 vom Dienstag, den 08. October 1895

Die auf Seite 1 angeführten Konkursverfahren und Versteigerungen interessierten ihn weniger. Auch das wichtige Protokoll der städtischen Gasversorgung konnte den sonst so technikdurstigen Bruno nicht begeistern, wenn immerhin angemerkt werden muss, dass selbst eine so kleine Stadt in Sachsen bereits ein fest installiertes Gasnetz betrieb. Den Kleinanzeigen galt sein Augenmerk. Nicht nur Mendels Mahnung, sondern sein Wille, sich Arbeit zu suchen, diktierten.

Auf der zweiten Seite ganz unten fand er:

Hauptmarkt
Herbst-Ueberzieher nur 7.— „
Winter-Paletots, Escimo u. Double nur 7.— „
Winter-Paletots, prima Escimo nur 10.— „
Pellerinnen-Mäntel nur 9 „
Burschen-Anzüge nur 5 „
Knaben-Schul-Anzüge „
Knaben-Buckskin-Anzüge „
Einzelne Westen u. Knaben-Hosen „
Joppen, pa. Loden, 2reihig, gefüttert nur 4.75 „
Ohne Concurrenz.
Kein Laden, daher diese billigen Preise.
Nur Hauptmarkt 22, 1 Tr. hoch.
Bitte genau auf die Hausnummer und den Namen zu achten.
„Kleider-Paradies"
Zwickau. Inh.: Carl Schulze & Co. Hauptmarkt 22, 1 Tr. hoch. Zwickau.
Schwarze Anzüge und Fracks werden leihweise abgegeben.
Hauptmarkt 22, I Treppe hoch.

Laden mit Wohnung
ist Markt Nr. 6 miethfrei.

6 tücht. Former
sucht per sofort
Eisengießerei, Gößnitz, S.-A.

Druck und Verlag von Julius Booch,

Zeitungsausschnitt Werdauer Tageblatt

Sechs tüchtige Former wurden gesucht. War Former ein Lehrberuf? Gleich sechs wurden benötigt. Vielleicht hat er eine Chance. Doch Gößnitz war nicht Werdau, musste erst einmal erreicht werden.

Zufällig fiel sein Blick auf den Fahrplan: Abfahrt der Züge nach – Gößnitz, Gera, Chemnitz, Früh 5.46 Uhr, Vormittag 8.49 Uhr. Also beschloss er am nächsten Tag in aller Herrgottsfrühe die erste Bahn zu nehmen, sein Glück in einem Metallberuf zu versuchen. Wenn nicht, so war er mindestens dem goldenen Westen oder Norden, das war ihm egal, einige Kilometer näher gerückt. Unverständliche Fröhlichkeit überkam ihn. Sonnenstrahlen am bisher trüben Himmel zeigten sich. Mögliche

Strecken wurden dadurch heller, sodass er sie künftig nicht mehr verfehlen konnte. Starke Lokomotiven gab es, die die ratternden Züge in alle Richtungen des Landes, in alle Zentren des guten Lebens zur lohnenden Arbeit, zum Erfolg trieben. Berufe, Tätigkeiten, freie Stellen boten sich an, gar nicht weit entfernt, schon in Gößnitz, wie schwarz auf weiß bewiesen. Er war jetzt stark, fühlte sich bereits als Sieger, hatte seine Geschicke in die eigenen Hände genommen.

Alle Bangigkeit war von ihm abgefallen. Forsch machte er sich auf den Weg ein billiges Logis für die Nacht zu erhalten.

Um 11 Uhr vormittags stand er vor dem Werktor der Eisengießerei und fühlte die forschenden Blicke des rotäugigen Pförtners, der grundsätzlich Fremden gegenüber so tat, als sei er der Herr der ganzen Fabrik, auf sich, den kleinen Bruno, ruhen, mehr noch, sie durchbohrten ihn förmlich.

Eine nicht auszurottende Epidemie von Überheblichkeit, die sämtliche Torwärter der Welt infiziert hatte und hat. Der von außen nicht sichtbare untere Körperteil dieser Kreaturen schien stets wurmförmig ausgebildet. Das erleichtert vermutlich das Kriechen auf den staubigen Böden, nämlich dann, wenn höhere Chargen oder gar der Fabrikbesitzer ins beschränkte Blickfeld dieser Käfigknechte traten.

Brunos Mütze, die doch eigentlich Solidaritätsgefühle unter Gleichen wecken sollte, störte den Mann. Er war Knecht und blieb Knecht seines Herrn, der den Göttern nahe stand und diese liebten eben keine Arbeiter, die Widerstand signalisierende Ballonmützen trugen. Bruno war sich dieser von ihm ausgehenden Provokation überhaupt nicht bewusst. Er besaß keine andere Kopfbedeckung. Ehrerbietig nahm er diese wie gewohnt ab und trat näher an das Pförtnerhäuschen heran. Diese nicht erwartete Geste der Höflichkeit versöhnte den finsteren Mann da drinnen irgendwie, ließ ihn mindestens das kleine Fenster aufschieben und fragen: »Nou, was gib 'sn?«

»Ich komme aus Werdau, genauer aus Annaberg und möchte fragen, ob noch eine Stelle als Former frei ist. Ich las die Annonce im Werdauer Tageblatt.«

Das Fenster wurde weiter geöffnet und der Oberkörper des schwindsüchtigen Mannes zwängte sich dadurch. Die trüben Augen musterten den Jungen jetzt genauer, von unten bis oben und das war nicht sehr viel, vielleicht 1,60 Meter Jungenhöhe. Dann schüttelte der Mann den Kopf, nicht unbedingt abwehrend, eher bedauernd. »Bist noch zu jung, Junge. Jelernt hast'e sicherlich auch noch nischt oder etwa doch? Biste Former?«

Bruno senkte die Augen, versuchte einen Vorstoß. »Aber ich kann gut arbeiten.«

»Nee, Junge, dat wird nischt, dat häl'ste hier nit durch.« Fast mitfühlend, ja ungewöhnlich sorgend wehrte der Pförtner das Anliegen des jungen Arbeitssuchenden ab. Kinderarbeit war zwar verboten, aber längst nicht ausgerottet, schon gar nicht im Erzgebirge, doch der Pförtner hatte sein eigenes Schicksal im Sinn, er wusste, was Arbeitern in diesen Höllenöfen von Gießereien blühte.

Ein plötzlicher Hustenanfall riss ihn in seinen Käfig zurück. Im letzten Moment schob er das offene Fenster zu und erbrach sich nahezu seine kranke Lunge auf die Ablagefläche, die als Tisch diente. Keuchend mit tränenden Augen blickte er nach draußen, sah den Jungen abwartend an gleicher Stelle stehen, die große Ballonmütze in den Händen, die dunklen Augen hilfesuchend auf ihn, den doch totgeweihten machtlosen Pförtner, gerichtet. Mit letzter Kraft schüttelte der werktätige Kranke den Kopf und versuchte eine wegscheuchende Geste, so wie man einen Hund davonjagt, fiel dann aber von unsichtbaren Mächten geschüttelt zurück in seinen Stuhl.

Der Tod lässt sich Zeit, so schnell stirbt es sich nicht. Der Körper des Torwächters beruhigte sich, ließ wieder etwas Luft in die Lungenflügel tropfen. Der Kopf aber blieb im Wollschall und Kragen der Uniformjacke versteckt und Tränen perlten am dunklen Stoff mit den versilberten Knöpfen hinunter. Sie galten ihm und auch dem Jungen da draußen.

Doch der war verschwunden.

Der Mann in der Pförtnerloge konnte sich selbst und ihm nicht helfen; diese Erkenntnis warf Bruno nicht um, aber das gerade Erlebte zählte als Niederlage. Die Erste von vielen, die noch folgen sollten, doch das konnte Bruno noch nicht erahnen.

Ein Zimmermann kommt weit herum

Eine Zimmermannskiste, wie es sie heute wohl nicht mehr gibt, muss der junge Bruno in Werdau erworben haben. Zu dieser Kiste, dem ritualen Werkzeug eines wandernden Handwerksgesellen dieser Zunft, hatte mein Opa Bruno eine wohl besondere Beziehung, denn er behielt sie sein ganzes Leben.

Im hohen Alter, er war schon sehr zerbrechlich, zeigte er sie mir, seinem Enkel Heinrich, zu der Zeit als ich studierte und 1958/59 zeitweise zu Hause war.

»Ich war einmal Zimmermann«, sagte er. Er öffnete die Klappe und wir beide fanden neben Werkzeugen, die mit der Zimmerei nichts zu tun hatten, das vergilbte Exemplar des schon zitierten Werdauer Tageblatts vom achten Oktober 1895.

Es überraschte ihn selbst, dieses frühe Zeugnis seines Lebens wiederzufinden. Er nahm die historische Zeitung aus dem vorigen Jahrhundert mit in das gemeinsame Zimmer unserer Großeltern, setzte sich in seinen Armstuhl, schaltete die kleine Tischlampe an, wechselte die Brille und wird das Dokument eingehend studiert haben.

»Was hast du denn da?«, wird sicherlich meine Großmutter Marie Frenzel ihren Mann gefragt haben. Er wird ihr vermutlich keine Antwort gegeben, sondern sich in das schon angerissene und im wahrsten Sinne des Wortes mitgenommene Blatt vertieft haben. Oma hat danach bestimmt wieder ihre Lieblingslektüre »Ottchen Alldag« in die Hand genommen.

Auch ich, sein Enkel, hatte damals andere Dinge im Kopf, aber heute mache ich mir einen Reim darauf, nachdem wir diese Zeitung in seinem dürftigen Nachlass wieder aufgefunden hatten.

Aus dem hinterlassenen Briefverkehr, den Opa mit seiner (vielleicht einzigen) Nichte, Minna Frenzel, nach dem Zweiten

Weltkrieg führte, entnehme ich, dass es damals in Werdau möglicherweise Verwandtschaft gegeben hat.

Ich gehe davon aus, dass Zeitung, die Zimmermannskiste und Opas Aussage in einem historischen Zusammenhang stehen, nämlich die Lehre als Zimmermann in diesem kleinen Ort in Sachsen, obwohl keinerlei Zeugnisse darüber vorliegen.

Unsere Mutter, seine Tochter Berta, jedenfalls ging immer davon aus, dass ihr Vater Zimmermann lernen musste, weil durch den Tod seines Vaters eine höhere berufliche Laufbahn unmöglich geworden war.

Die hölzerne grobe Kiste mit den zwei ledernen Riemen auf der Rückseite, die das Tragen auf der Schulter dienten, sehr ich noch vor mir. Die Vorstellung, dass der schmächtige Bruno dieses Monstrum mit sich herumschleppte, möglicherweise auf zünftiger Wanderschaft kilometerweit von Unterkunft zu Unterkunft tragen musste, nötigt mir Respekt und Hochachtung ab. Zäh war er, der kleine Bruno Frenzel aus Annaberg in Sachsen. Das hat er später im Alter als unser Opa täglich bewiesen.

Lieber Opa, von dort, wo du jetzt bist, kann man immer noch keine Emails oder SMS senden, obwohl, was Technik anbetraf, du dich immer auf dem aktuellen Stand befunden hast. Ich und alle, die dich kannten, sind keine Erbsenzähler. Wir wollen auch gar nicht wissen, was in den Jahren 1895 bis 1899 passierte. Du wirst es mir nicht mitteilen, aber mein hölzernes Gebäude, gezimmert aus Vermutungen und Wünschen bricht der reinen Logik wegen zusammen, wenn ich schwarz auf weiß lese:

BREMER WOLL-KÄMMEREI

Bremen-Blumenthal, den 27.07.1960

Betr: Bruno Frenzel, geb. 11.08.1880 in Annaberg, verstorben am 10.07.1960, zuletzt
wohnhaft in Bremen-Aumund, Walter-Flex-Straße 38.
Herr F. war in den nachstehenden Zeiten bei uns als Fabrikarbeiter beschäftigt:
Vom 8.12.1899 – 15.08.1900
Vom 10.12.1908 – 22.11.1910

Ein Zimmermann kann selbstverständlich auch als Fabrikarbeiter tätig sein, selbst im hohen Norden, doch als Zimmerlehrling tauchst du erst im Jahre 1901 auf. Dein Nachlass weist nämlich folgendes Zeugnis auf:

HOTEL DEUTSCHER KAISER
Besitzer: Emil Fechner
Buchholz *Thalstrasse*
Renommirtes Vergnügungs – Etablissement im oberen Erzgebirge
Central-Heizung – Electrische Beleuchtung

Buchholz, Sa., den 13. April 1901

Zeugnis
Inhaber des Ernst Bruno Frenzel aus Annaberg war vom 1. Januar 1901 bis heute als
Hausdiener in meinem Hotel thätig und ist derselbe ehrlich und fleißig gewesen. Dies
bezeugt der Wahrheit gemäß

Emil Fechner
Hotelbesitzer

Beglaubigt
Am 14.4.1901
Unterschrift und
Stempel: Stadtrath zu Buchholz

Unmittelbar danach, also am 16. April 1901, lieber Bruno; zu diesem Zeitpunkt warst du zwanzig Jahre alt, stellt dich der Zimmermeister Julius Weigelt in Annaberg als Zimmerlehrling ein. Nun bedeutet ein Lehrling heute mit 20 Lebensjahren (nach dem Abitur) nicht Außergewöhnliches mehr, doch in den damaligen Zeiten sicherlich eine Sonderheit.

Wir sind bereits mittendrin in deiner Odysseus, in deinem rastlosen Lebensabschnitt, der dich nirgendwo lange einhalten lässt. So bleibt dem Meister nichts mehr übrig, als dir nach vier Monaten Lehrzeit! ein Zeugnis zu schreiben:

Zeugnis
Hierdurch wird bescheinigt, daß der Zimmerlehrling E. Bruno Frenzel aus hier vom
16. April 1901 bis heute bei mir thätig gewesen, selbiger hat sich während dieser Zeit
gut geführt, dieses bezeugt der Wahrheit gemäß

Annaberg Julius Weigelt
d. 17.8.1901 pr. Zimmermeister

Stempel/Unterschriften
STADTRATH ANNABERG
EINW. – MELDEAMT

Nun kann es gewesen sein, dass du infolge deiner raschen Auffassungsgabe das Zimmerhandwerk in den vier Monaten vollkommen beherrscht hast und deswegen die Zelte abbrachst. Die Zunft der Zimmerleute konntest du damit allerdings nicht überzeugen; einen Gesellenbrief stellte dir offenbar keiner aus.

Die Zeit von 1895 bis 1899, immerhin vier Jahre, lieber Opa Bruno, ist nicht die einzige Lücke in deinem dokumentierten Lebenslauf, aber für mich, für uns ist sie die mysteriöseste. Hast du eine weiterführende Schule, Seminare oder Lehranstalten in diesen Jahren besucht, wie deine Tochter – unsere Mutter – immer behauptet hat, oder hast du eben nicht?

Wahrscheinlich nicht. Du warst ein Familienmensch, und wenn es damals eine intakte Familie Frenzel in Annaberg gegeben hätte, dann gäbe es keine weißen Flecken auf deiner schwarzen Zimmermannsweste. Das weiß keiner besser als ich, als meine zwei Schwestern, als unser verstorbener Cousin Klaus Frenzel, deine Enkelkinder.

Wir kennen nicht die Verhältnisse, unter denen du aufwuchst; wir kennen nur das Sterbedatum deines Vaters, da warst du zwölf Jahre alt. Deine leibliche Mutter, die geborene Anna Therese Fleischer, starb, als du vier Jahre alt warst. Deine Stiefmutter, geborene Ida Johanna Petzold, hat euch, deinen Halbbruder aus des Vaters ersten Ehe, Hermann Paul Frenzel, und dich sowie vielleicht noch eines der überlebenden 12 Kinder deines Vaters, so gut es ging, betreut. Dein Bruder, Hermann Paul, war fünfzehn Jahre älter als du. Er musste seine eigenen Wege gehen.

Du warst plötzlich allein, Bruno, vermutlich ohne vertrauliche Führung. Wer war für dich verantwortlich? Dein Vormund, der Herr Max Fleischer? Wir wissen nicht, wie er sich verhalten haben könnte. Du warst ein Kind seiner verstorbenen Schwester. Ein Kind einer inzwischen anderen Familie. Ein fremdes, wie es sich herausstellt ein störrisches Kind! Der Mann tut seine Pflicht, er versucht eine Lehrstelle zu vermitteln, als du die Volksschule beendet hattest.

Dir passte das nicht; kein Mensch sprach damals von Lebensplanungen, aber du hattest andere, höhere Pläne. Vorstellungen, die sich mit deinen Schulleistungen verbinden ließen. Du warst schließlich der Beste in der Klasse! Die Zeiten des industriellen Aufbruchs weckten Wünsche.

Die materiellen und gesellschaftlichen Zwänge, denen Menschen damals (und selbstverständlich heute noch) unterworfen waren, mochtest du nicht anerkennen und vor allem wolltest du dich nicht beugen.

Ein hitziger unruhiger Mensch in jungen Jahren, wagemutig und allem Neuen aufgeschlossen. Es muss dich hinausgetragen haben in die Welt. Die Zeitung aus Werda ist nicht durch Zufall in deiner Zimmermannkiste gelandet. Vielleicht stimmt meine Chronologie nicht, möglicherweise stammt die Kiste aus Annaberg und das Tageblatt fand später seinen Weg in das gehobelte Holz.

Was war in Werda? Warum die Zeitung? Der Chefredakteur hieß Reinhold Petzold. Er besaß den gleichen Namen wie deine Stiefmutter. Zufall?

Ein weiter Weg bis Blumenthal

Irgendwann hast du dich auf den Weg gemacht, Bruno. Die Zeit war reif und du konntest sehr gut lesen. Wilhelm Conrad Röntgen entdeckte die Röntgenstrahlen; eine sensationelle Entdeckung für die Medizin und Materialprüfung. Der französische Wissenschaftler Louis Pasteur entdeckte Mikroben und Mikroorganismen, entwickelte Impfstoffe und die Konservierung von Lebensmitteln. Die Industrialisierung in Deutschland schritt voran und im Westen des Landes suchte man Arbeitskräfte.

Doch die wichtigste Zeit für einen aufwachsenden Menschen bedeutet die Lebensjahre zwischen vierzehn und zwanzig. Eine Station des Lebens, die Pflicht, Fürsorge und Bildung verlangt, Leistungserfolge daraus stärken das Selbstbewusstsein; Parameter der Kultur, die du, Bruno, entbehren musstest. Dieser Mangel, Bruno, wird dein Leben kennzeichnen.

Es ist nicht nachvollziehbar, wie und auf welche Weise du dich durchgeschlagen hast. Vielleicht als Tagelöhner von Stadt zu Stadt, von Dorf zu Dorf, von Gelegenheit zu Gelegenheit. Das Leben lehrt, sagt man und ein hartes Leben lehrt besonders gut meint man. Die Erfahrungen, die du gesammelt hast, mögen dir später irgendwie zugute gekommen sein, gefördert haben sie dich nicht.

Vielleicht warst du auch eingebunden in Annaberg oder in der Nähe, in einer dienenden Verpflichtung, die wir nicht kennen. Eine wenig geliebte Aufgabe, die pflichtgemäß abgearbeitet musste, die dir ein Auskommen, jedoch kein Einkommen bescherte.

Doch eines Tages, im Spätherbst, die nassen grauen Nebel kündeten den gefürchteten Winter des Erzgebirges an, fand ein fahrender Werber den Weg nach Sachsen. Er wird mit der Erlaubnis des Magistrats im Schaukasten für amtliche Nachrichten am Rathaus des Ortes auf sich und sein Angebot aufmerksam gemacht haben:

Arbeitskräfte gesucht!
Die aufstrebende Industrie an der Unterweser
sucht tüchtige junge Männer ab 18.
(Auch junge Frauen für einfache Arbeiten)
Nähere Information am Donnerstag
um 7.00 Uhr abends im Gasthof zum Hirschen

Nicht nur in Sachsen, sondern auch in Schlesien, in West- und Ostpreußen, in Polen, im Rheinland und im Eichsfeld, allesamt Regionen der Armut, warben Beauftragte der aufstrebenden Industrie Nordwestdeutschlands für Arbeitskräfte.

»Ihr jungen Burschen«, wird der fremde Herr Beauftragter begonnen haben: »Ich freue mich, dass ihr heute Abend den Weg zu mir, zu eurem glücklichen Schicksal gefunden habt – das erste Bier der Interessenten, Herr Wirt, geht auf meine Rechnung – auf den Weg, ihr jungen Männer, der neuen deutschen Industrie, die unserem Reiche weiteren Glanz verleihen wird. Im hannoverschen Blumenthal an der Weser, zirka 20 Kilometer von Bremen entfernt, stehen seit 1883 die blitzsauberen Fabrikhallen der Bremer Woll-Kämmerei Aktiengesellschaft und warten auf weitere junge Kräfte. Seit 1888 verbindet die Farge-Vegesacker-Eisenbahn den Standort mit der großen Stadt Bremen, sodass die Bremer Woll-Kämmerei Aktiengesellschaft nicht nur saubere, helle und ausbaufähige Arbeitsplätze, sondern auch ein schönes Umfeld, bestehend aus einer grünen ruhigen Landschaft an dem großen Strom der Weser und zur Unterhaltung die liebenswerte Hafenstadt Bremen mit ihren weltweiten Handelsverbindungen anbieten kann. Die Arbeitsbedingungen und Löhne können sich sehen lassen, das versichere ich euch persönlich. Das Unternehmen hat es sich zur Aufgabe gemacht – wie der Name es schon sagt – verschiedene Wollarten – zu bearbeiten, zu kämmen sozusagen, und es setzt dazu die modernsten Maschinen ein. Ein eigenes Kraftwerk liefert die notwendige Energie dazu. – Ich persönlich bin befugt, hier an Ort und Stelle, mit euch die entsprechenden Arbeitskontrakte abzuschließen. Greift zu Gesellen, eine solche Gelegenheit bietet sich nicht alle Tage. Im Übrigen übernimmt das Unternehmen, die Bremer Woll-Kämmerei Aktiengesellschaft, die Kosten für die erste Anfahrt nach Blumenthal. Die Formalitäten dafür liegen auch in meiner Hand. – Mit energetischem Schwung in das neue Jahrtausend; ihr die Jugend von Sachsen, gebt der neuen Zeit ein neues Antlitz!«

Mit diesen bombastischen Worten, die durchaus dem medialen Ton des prahlenden Kaiserreichs angepasst schienen, schloss der Herr Beauftragte seine Rede und setzte sich an einen freien Tisch, der viel Ähnlichkeit mit einem Werberpult aus der napoleonischen Epoche aufwies. Damals wurden Soldaten für Schlachten gesucht, jetzt wurden wieder Krieger geworben, Industriesoldaten, sie ahnten es natürlich nicht.

Bruno verdrängte die heimischen Verhältnisse, denen er bis dato untertan schien. Aufmerksam hatte er zugehört. Maschinen und Energie, Hebel und Zahnräder, Lohn und Brot, eigenes Geld, diese Begriffe hatten sich festgesetzt in seinem Verstand, in seinem Körper, in seinen Nervenbahnen. Sie wurden für ihn sichtbar, greifbar, erzielbar, wunderbar.

Mit den neunzehn Jahren, die er nun zählte, konnte man endlich über Sachsen hinaus kommen, einfach nur die Unterschrift leisten.

In Werdau bestieg er wieder den Zug. Leipzig, Halle, Stendal, Bremen, Vegesack, Blumenthal waren bekannte Stationen neben unzähligen kleineren Städten, in denen die Züge hielten. Alles das, was er staunend erblickte, gehörte zu Deutschland! Bruno bekam zum ersten Mal einen Eindruck von Dimensionen. Ein Land ungeheurer Größe, so schien es ihm. Immerhin ein Kaiserreich. Sein kleines Königreich Sachsen ließ er schnell hinter sich.

Sehr bequem saß es sich nicht in der Holzklasse. Doch davon nahm der junge Mann kaum Notiz. Das Neue spannte ihn auf die Folter. Was kam da auf ihn zu? Was musste er tun an seinem neuen Arbeitsplatz? Der werbende Vertreter konnte nicht sehr viel darüber vermitteln. Er würde schon seinen Fähigkeiten entsprechend richtig eingesetzt und sich bestimmt sehr wohl fühlen, tröstete dieser.

Bruno kostete dennoch das ihn nahezu bedrohende Glücksgefühl aus. Er kannte schließlich Garne und Stoffe auch als Rohprodukte und könnte aller Wahrscheinlichkeit nach seinen Status als Sohn eines Posamentierers nutzbringend anwenden. Schließlich war er der Beste aus der Abgangsklasse.

Fast wäre er in Bremerhaven gelandet, wenn nicht ein aufmerksamer Zeitgenosse ihn darauf hinwies, dass er in Bremen-Burg umzusteigen hätte und dann in Vegesack noch einmal.

Glücklicherweise sei seit mehreren Jahren die Farge-Vegesacker-Eisenbahn in Betrieb, sodass er bestens nach Blumenthal gelänge. Frühere angeworbene Arbeitskräfte hätten den Rest des Weges von Vegesack bis Blumenthal zu Fuß laufen müssen und dabei lachte der Mann in der Bahn; Bruno verstand daraufhin, die Füße für weite Wege zu benutzen, geböte sich nur im armen Sachsen.

Es war der 6.12.1899, als er spät am Abend den kleinen Bahnhof in Blumenthal verließ. Er möge sich beim Pförtner melden, das Werktor sei nicht weit vom Bahnhof entfernt, gerade gegenüber, schräg über den Marktplatz, ganz leicht zu finden, so lautete die Anweisung. Das mag am hellen Tage noch stimmen. Bei fast völliger Dunkelheit – nur ein paar Laternen funzelten in der beginnenden Nacht – findet einer kaum das »Gegenüber«. Doch das blendende elektrische Licht des Fabrikeinganges, ein (zweifelhaftes) Symbol für Bruno und sein späteres Leben, wies ihm die notwendigen Schritte. Ob sie die richtigen waren, wusste nur das Schicksal.

Und wieder stand er vor einem Werkstor und wieder saß darin ein Pförtner und wieder blickte Bruno in ein misstrauisches Gesicht, und wieder wurde er angeknurrt, und wieder war Bruno drauf und dran den Rückweg einzuschlagen. Doch dieser Ort hier war Blumenthal, Hunderte Kilometer von der Heimat entfernt, Wege zurück sind niemals Auswege und es war dunkel. Er zeigte seinen Vertrag vor, was nun nicht unbedingt die Stimmung des Pförtners verbesserte, aber mindestens eine Order aus dem abgetauchten Gehirn des Subalternen abrief. So schnarrte er ins hintere Dunkel der Pförtnerloge: »Hermann, ein Neuer! Kommt as de meesten veel to loot. Ober dat helpt nu nix. Treck diene Jacke an und bring em gau röber inne Barack. Vertell em wat he weten mutt. Allens annere Morgen fröh.«

Eine Figur, schemenhaft wie von Rembrandt gemalt, tauchte auf, stülpte sich eine Mütze auf den blanken Schädel, öffnete die Seitentür, nahm Bruno in Empfang, etwa so, wie man ein Postpaket annimmt, von dem man weiß, was darin enthalten ist und trottete los. Die lebende Post aus Sachsen lief notgedrungen hinterher.

Norddeutschland redet nicht viel, erst recht nicht im dunklen Dezember und nur widerstrebend, wenn es Hochdeutsch sabbeln muss. Denn es sah auf dem Papier, dass der junge Bruno aus Sachsen kam. Plattdeutsch konnte man von dem neuen Arbeiter nicht erwarten, also bemühte sich Norddeutschland dem Neuen das vertraglich abgeschlossene Arbeitsleben, das ab jetzt hauptsächlich von der Fabriksirene bestimmt wurde, in aller Kürze in der Blumenthaler Stadtbürgersprache zu erklären. Norddeutschland war froh, dass es sich an diesem Abend nicht mit polnischer Post herumschlagen musste.

Für Bruno bedeutete dieser Pförtnergehilfe tatsächlich die erste Begegnung mit der norddeutschen Tiefebene und mit einem fremden Idiom, von dem er wirklich nur die Hälfte verstand, denn was der Blumenthaler stolz als Hochdeutsch verstand war das reinste Missingsch, ein sprachliches Konglomerat aus Platt- und Hochdeutsch. Bruno fragte nicht, Bruno hörte auch nicht mehr zu, Bruno schaute sich nicht um, Bruno warf sich auf das Feldbett, dass Norddeutschland ihm anbot. Bruno fiel in einen tiefen Schlaf, betäubt von tausend Eindrücken. Am anderen Morgen fand Bruno, dass man in Norddeutschland jedenfalls gut schlafen konnte.

Die Fabrik

Ab diesem Moment wurde Bruno zu dem vielgerühmten als auch unbedeutenden Schräubchen in einem Räderwerk. Einem Räderwerk, welches aus Transmissionen, Riemenscheiben und langen Maschinenbänken bestand, die sich mechanisch mit allen damals bekannten Wollarten auseinandersetzten. Ganz abgesehen davon, dass sehr viel Personal notwendig war, um die Maschinen zu beaufsichtigen, das heißt, den ordnungsgemäßen Ablauf des Produktes, also der Wolle zu überwachen, taten die Maschinen auch nicht immer das, was sie tun sollten, nämlich funktionieren. Also war eine umfangreiche Reparaturkolonne dauernd beschäftigt, Ausfälle an Mensch und Material zu beheben.

Bruno Ernst Frenzel um 1900 in Vegesack/Blumenthal

Bruno lernte schnell. Die Meister bekamen fix heraus, dass der Neue aus Sachsen ein großes Talent aufwies, wenn es um mechanische Belange ging und so landete er bald in einer der Kolonnen, die dafür zu sorgen hatten, dass das Räderwerk nicht stillstand.

Er wurde gebraucht. Eine Genugtuung für den jungen Mann. Er verdiente Geld, eine ebenfalls neue Erfahrung. Die Arbeit gefiel ihm, das andere Leben, dasjenige außerhalb der Fabrik, dürfte nicht so optimal gewesen sein. Die jungen fremden Arbeiter waren in werkseigenen Wohnheimen untergebracht. Hier mischten sich die Landsmannschaften, vornehmlich aus dem Osten des Reiches und eine große Anzahl von polnischen Angeworbenen. Es war nicht leicht für die jungen Männer Privatquartiere zu bekommen, da das Örtchen Blumenthal die, wie man heute sagt, notwendige Infrastruktur noch nicht aufwies.

Wegen dieser Unbequemlichkeit nutzte Bruno während der knapp bemessenen Freizeit viele Gelegenheiten, das Umfeld zu erkunden. Oftmals wandte er sich Vegesack zu, das damals schon für junge Menschen Interessanteres bot als Blumenthal. Der kleine Hafen, die große Werft des Bremer Vulkan, das schöne Weserufer mit seiner Parkanlage und den vornehmen Häusern an der Weserstraße zogen Bruno immer wieder an.

So völlig anders gab sich die norddeutsche Landschaft rechts und links der Weser. So offen, so grün und dennoch abwechslungsreich, so ganz anders als im Erzgebirge, das aus dieser Sicht wirklich karg zu nennen war.

Den Beginn des neuen Jahrhunderts, des Zwanzigsten, erlebte Bruno fern der Heimat in Blumenthal. Er fing an, sich wohlzufühlen und wurde abrupt aus dieser Stimmung heraus gerissen. Es zeichneten sich Probleme in der Wirtschaft ab. Die Interessen der Unternehmen und die der Gewerkschaften gingen auseinander. In Vegesack wurde gestreikt. Viele Arbeiter wurden daraufhin ausgesperrt. In der Mitte des Jahres 1900 trat prompt die Wirtschaftskrise ein.

Auch die Bremer Woll-Kämmerei AG tat das, was Unternehmen in solchen Fällen immer tun: Keine Aufträge – keine Arbeit – Entlassungen aussprechen.

Es traf selbstredend den jungen Fabrikarbeiter Bruno Ernst Frenzel aus Sachsen. Er wurde *wegen Arbeitsmangel* aus dem Arbeitsprozess entfernt. Ein erstes Mal in seinem Leben. Es würde ihm und vielen anderen arbeitenden Menschen in Deutschland noch häufiger passieren. Sie konnten es damals nicht wissen; ich bin mir heute sicher, dass sie es mindestens ins Kalkül zogen. Der Begriff *Sicherheit der Arbeitsplätze* ließ sich nicht in den Verstand der Werktätigen des Zwanzigsten Jahrhunderts implantieren. Sie lebten auf einem schwankenden Drahtseil.

Der 15. August 1900 war sein vorläufig letzter Arbeitstag. Man gab ihm mit auf den Weg, dass man sehr zufrieden gewesen wäre und sobald wieder genügend Aufträge im Hause seien, dürfte er nochmals wegen Arbeit nachfragen.

Notgedrungen trat Bruno die Heimreise an. Er hatte sich so sehr an die schöne grüne Unterweser gewöhnt. Gerade in diesem Sommer zeigten sich der Weserstrand mit seinen wogenden Schilfufern, die knubbeligen Weidenbüsche und die wechselnden Gezeiten sich ihm so entgegenkommend, dass er tatsächlich Heimatgefühle entwickelte und sich vornahm, irgendwann wiederzukommen.

Ich darf vorweggreifen: Es wurde seine neue Heimat. Aber bis dahin floss noch sehr viel Weserwasser in die Nordsee.

Es ist auch möglich, dass Bruno bereits zu diesem Zeitpunkt von Amors Pfeil getroffen wurde, denn das vorgehende Foto des drahtigen jungen Mannes fanden wir erst jetzt in Omas Geheimschatulle. Wenn es tatsächlich so gewesen ist, dann wurde ihre gemeinsame Liebesprobe einer harten Prüfung unterworfen. Die junge Marie Spörhase, genannt Ahlborn, unsere Oma, wusste immer, was sie wollte, und sie wollte Bruno aus Sachsen. Das folgende Foto, das sie als junges Mädchen zeigt, macht ihren eisernen Willen auch optisch deutlich.

Marie Spörhase, genannt Ahlborn

und ihre Schwester Charlotte Spörhase, genannt Ahlborn

Zwei hübsche Bremer Deerns, und wenn ich mir meine Schwester Annemarie ansehe, so besaß sie im gleichen Alter eine frappante Ähnlichkeit mit ihrer Großtante Charlotte.

Wieder in Annaberg

Bruno kam als arbeitsloser Arbeiter ins arbeitsarme Annaberg zurück. Was tun? Arbeit suchen, natürlich. Wann er wieder in der Stadt der Annenkirche eintraf, ist nicht bekundet. Auch über die Rückreise wissen wir nichts. Verblieb er nach der Entlassung noch ein Weilchen im norddeutschen Raum? In der Nähe der reizenden Marie, vielleicht?

Pünktlich zu Beginn des neuen Jahres 1901 trat er seine Stelle als Hausdiener im Hotel *Deutscher Kaiser* in Annaberg-Buchholz an. Bruno war ein praktisch denkender Mann, hatte

Erfahrungen in technischen Abläufen vorzuweisen und kannte inzwischen auch das System der modernen elektrischen Beleuchtung, mit der der Hotelbesitzer in seinem Briefkopf warb – aber Bruno war kein Dienstbote! Mit großer Wahrscheinlichkeit ist anzunehmen, dass der junge Angestellte die Aufgaben meisterte, die mit dem Haus und seinen Einrichtungen zusammenhingen. Da ein Hausdiener aber auch Gäste zu versorgen, für deren Bequemlichkeit, Vergnügungen und diversen Sonderwünschen zur Verfügung zu stehen hatte, im wahrsten Sinne des Wortes dienen musste, war vorauszusehen, dass es zwischen dem wohlmeinenden Herrn Emil Fechner und Bruno Frenzel zu Differenzen kam. Möglich ist allerdings auch, dass der immer noch zuständige Vormund des Bruno, Onkel Max Fleischer, dem jungen Mann eine Zimmermannslehrstelle besorgt hatte, die dieser am 15.04.1901 beim Zimmermeister Julius Weigelt anzutreten hatte.

Die kurze Verweilzeit, die Bruno dem Zimmermeister zu Verfügung stellte, lässt raten, dass es ihm hier auch nicht sonderlich gut ging. Am Sonntag, den 11.August 1901 wurde Bruno einundzwanzig Jahre alt, also mit diesem Tage volljährig. Nun war er unabhängig und frei in seinen Entscheidungen. Er kündigte, brach sozusagen die Ausbildung ab, arbeitete noch bis zum nächsten Samstag, den 17. August 1901, packte seine Siebensachen ein und setzte sich erneut ab, um nie mehr ins Erzgebirge zurückzukehren.

Was hatte er verlassen? Die Heimat?

Einen Ort, der seine jungen Bürger nicht mehr ernähren kann, darf man den noch Heimat nennen? Eine Familie, in der der Tod reichlich erntete, darf sie noch die Heimat bilden? Das Erzgebirge, schon zu Zeiten von Brunos Geburt, war längst ausgebeutet. Die tätigen Knappen im Berg durfte man sich nur noch symbolisch vorstellen. Sie dienten lediglich als farbige Staffage bei traditionellen Festen und Umzügen.

Im Berg verblieben nur noch verlassene Stollen. Und in den Stollen und Schächten verrottete das verbaute Holz der einst reichen Wälder. Man nannte es Urbarmachung, aber dieser

Raubbau führte zum Kahlschlag an Mensch und Natur. Annaberg und seine Umgebung waren steinig wie die Häuser, in denen die Menschen lebten. Während man sich darinnen mit der Produktion und Veredelung von Textilien (Posamentierarbeiten) mühsam über Wasser hielt, schnitzten die Leute im Umfeld von Seiffen Holzspielzeuge, Weihnachts- und Osterschnitzereien. Nicht die Lust an der Arbeit und ihren Produkten, sondern reine Verzweiflung waren das Motiv dieser unfreien in dunklen Zimmerhöhlen verbrachten Tätigkeit.

Hätte Bruno hier als Zimmermann Chancen gehabt, eine Familie zu gründen und zu ernähren? Handwerker leben vom Aufbau, leben von der Innovation, wie man heute sagt. Davon konnte damals im Erzgebirge und auch in Annaberg nicht die Rede sein.

Hundert Jahre später, im Jahre 1988 besuchte ich, dein Enkel, Annaberg. Bekanntlich bestand zu der Zeit noch die DDR, der so fröhlich machende Arbeiter- und Bauernstaat. Wir hatten nur wenig Zeit uns umzusehen, aber der Eindruck blieb so grau, wie die Wände des Schachtes in den Berg, den wir direkt aus der schlicht schönen St. Annenkirche begehen konnten. Fröhlichkeit kam weder bei mir, meiner Frau noch bei meiner uns führenden in der Nähe von Dresden wohnenden Cousine, Frau Dr. Susanne Drabek, eine geborene Frenzel, auf. Nicht einmal ein Körnchen Sentimentalität konnte sich beim Durchgang durch die Straße, in der die Ahnen angeblich gewohnt haben sollen, bei uns festsetzen.

Erst beim Anblick des Denkmals des Adam Ries (Adam Riese), Lehrmeister der Rechenkunst, drängte sich deine Gestalt, Bruno Frenzel, in meine Erinnerung, denn rechnen – rechnen, konntest du. Ich stellte mir dich als zwölfjährigen Buben vor, der mit seinem Vater 1892 der feierlichen Enthüllung des Denkmals beiwohnte. Und beide mochten von der Möglichkeit eines besseren Lebens durch die bahnbrechenden Wissenschaften, zu der Adam Ries wesentlich beigetragen hat, geträumt haben.

Lieber Opa, ich weiß, dass du dich in späteren Jahren vor Heimweh verzehrst hast. Nach dem Kriege – ich meine den

Alma Frenzel

Julius Frenzel

Zweiten Weltkrieg, weil du ja beide ertragen musstest – hast du alle Frenzels, derer du habhaft werden konntest, angeschrieben, um überhaupt wieder Kontakt zu finden (sogar den Düsseldorfer Senf-Frenzel hast du nicht ausgelassen).

Sie waren noch zugegen, mindestens in Sachsen, als du die Heimat verließest, deine Geschwister und Halbgeschwister, Paul, Julius und Alma.

Dein Bemühen war von Erfolg gekrönt. Die Diplom Handelsschullehrerin, Minna Frenzel, in Annaberg lebend, die Tochter deines Halbbruders Paul, führte die Familien wieder zusammen. Zunächst nur einmal schriftlich, denn das Reisen von einem deutschen in den anderen deutschen Staat gestaltete sich nicht einfach, obwohl 1958 die Mauer noch nicht errichtet war.

Minna hat dich einmal besuchen dürfen. Du hast Annaberg nicht mehr gesehen. Ich weiß jetzt nicht, ob man sagen soll: Schade oder vielleicht besser so. Das Schicksal hat es nicht gewollt. Lassen wir dein geliebtes und bis heute erhaltenes Lesebuch von 1892 zu Wort kommen:

Annaberg
Hoch auf sonnigem Fels am Fuß' des stolzen Pelorus,
Der, ein König, das Volk niederer Berge beherrscht,
Den, wenn's dämmert im Thal, des Tages scheidende Fürstin
Noch mit Purpur und Gold strahlend den Scheitel umwebt:
Dort auf heiterer Höh' erbauten, kundig des Erzes,
Weise Väter die Stadt, weihten, St. Anna, sie Dir! –
Und die Heilige gab der Stadt Gedeihen und Wohlstand,
Hieß sie blühen, und so blüh'n noch die Enkel mit ihr.
Dietrich

Mit dem Blühen ist es so eine Sache, besonders wenn auch die Enkel noch bedacht werden sollen. Du hast dich damals entschieden, hast dich einer so anderen Region angeschlossen und ich möchte für dich heute sagen: Du brauchtest es nicht bereuen.

Wieder an der Weser

Rund einen Monat später, am 19. September 1901, arbeitete Bruno Frenzel bei der Bremer Tauwerkfabrik in Bremen-Grohn.

Die Weser, dieser ruhige, schlammige, warme Strom hatte Bruno wieder angezogen. Die Flut stieß ihn manchmal fort, die Ebbe holte ihn stets wieder zurück.

In der Bindfaden-Fertigung verdiente Bruno seinen Lohn. Vorübergehend muss man sagen, muss man bei Bruno Frenzel meistens sagen.

Aber nun war es anders. Der Wille, sich in dieser grünen Idylle (als Gegensatz zum eher kargen Erzgebirge) endgültig niederzulassen, hatte sich in Bruno festgesetzt. Sein eigener Herr sein, nicht mehr lernen, nicht mehr dienen, arbeiten ja, wenn auch stets zu ungünstigen Bedingungen, denn das »nach oben kommen« blieb ihm verwehrt. Sein Schicksal konnte er beim Namen nennen: Existenz auf niedrigem, aber lebenswerten Niveau.

Doch Land und Leute hatten ihn gefangen. Kein geschwätziger Sachse, eher schweigsam, so kam ihm die Mentalität der hiesigen Bevölkerung entgegen. Fast dröge, die Einheimischen, zurückhaltend die eingewanderten Fremden, zu denen er auch zählte. Das Plattdeutsche, das gesprochen wurde, war gewöhnungsbedürftig, auch so verschieden vom Sächsischen, was Bruno gezwungenermaßen schnell ablegte. Lediglich das ständige »nit waar?«, mit dem er jeden Satz abschloss, hatte er sich bis an sein Lebensende erhalten.

Während Blumenthal noch zum Königreich Hannover gehörte (das von Preußen bereits einverleibt war), zählten Grohn und Vegesack zu Bremen. Dort wurde auch Platt gesprochen, doch setzte sich das Hochdeutsche in der umtriebigen Handelsstadt zunehmend durch. Die Industriebetriebe in der Region, die nur durch fremde Arbeitskräfte existieren konnten, prägten selbstverständlich in der sogenannten Gründerzeit das Antlitz der Siedlungen an der Unterweser. Sie prägten Menschen, Sprache, Strukturen.

Symbolhaft dazu: Ebbe und Flut.

Ebbe bedeutete Flaute, bedeutete fehlende Aufträge, bedeutete Entlassungen. Flut bedeutete das Gegenteil. Wie im Wechsel der Gezeiten tauchten Menschen auf, verschwanden wieder. Jedoch die Intervalle industrieller Beschäftigungen verhielten sich asymmetrisch, sie erforderte einen schnell verfügbaren Puffer des humanen Kapitals, das heißt bei Ebbe wegen der geringeren Löhne ganz schnell aufstocken, um beim Boom auf Personal der Nähe zurückgreifen zu können, im Endeffekt also Fremdpersonal sesshaft zu machen. So wuchsen die Städte des Nordens und die Arbeiter genossen eine relative Sicherheit, wenn auch vorübergehend der Verlust des Arbeitsplatzes in Kauf genommen werden musste.

Bruno verlor diesen Job schon wieder im Jahre 1902. Doch vom 19.03.1903 bis zum 01.Oktober des gleichen Jahres beschäftigte ihn die Firma G. Seebeck AG in Bremerhaven als Zimmermann. Seebeck baute in erster Linie moderne Schiffe aus Eisen, doch es wurde immer noch genügend Holz an Bord verarbeitet.

G. Seebeck A.G.
Schiffswerft, Maschinenfabrik und Trockendocks
Bremerhaven
Abgangs-Attest

Der Zimmermann Bruno Frenzel
aus Annaberg hat seit dem 19. März 1903 bis zum
heutigen Tage bei uns in Arbeit gestanden und ist
ordnungsmäßig ausgetreten
Derselbe war Mitglied der Betriebs-Krankenkasse unserer Firma

Bremerhaven-Geestemünde, den 1. Oktober 1903

G. Seebeck A.G.
gez. Unterschrift

Hier hatte Bruno in seinem Beruf gearbeitet, Geld verdient und offenbar von sich aus gekündigt. Die Firma Seebeck war damals eine moderne Werft und baute neue Fischdampfer für die bedeutende Fischereiflotte der Bremerhavener. Arbeit schien genug vorhanden. Warum gab Bruno auf?

Bremerhaven musste für einen jungen unabhängigen Mann interessanter gewesen sein, als Blumenthal oder Vegesack, denn Bremerhaven war und ist Hafenstadt durch und durch und versprach Abwechslung. Bruno hatte zum ersten Mal Kontakt zu Seeschiffen, zum großen Strom der Weser, zum Meer der Nordsee aufgenommen. Wer auf dem Deich steht, der vermag kaum das Ufer der anderen Weserseite auszumachen, der gewaltige Eindruck der Ferne, die Sehnsucht der Weite bestimmt das Denken. Das war damals so, das ist heute so.

Bruno hatte an Schiffen mitgebaut. Dieses Wirken, dieses Mitgestalten an einem Projekt, welches man wachsen sieht, diese eigenhändige Arbeit, die zu Wasser gelassen wird, die schwimmt und auf die Weltmeere entlassen wird, vermittelt ein ungeheures Selbstwertgefühl, das soweit führt, letztlich auch den weiteren

Weg des Schiffes mitzugehen. Bruno muss es gefühlt haben; sein Enkel, also ich, habe es ebenso erlitten.

Unser Weg war der gleiche, unsere Entscheidungen verschieden. Während ich die Legalität wählte, bin ich mir anhand der vorliegenden Dokumente des Nachlasses nicht sicher, ob mein geliebter Großvater ähnlich brav handelte. Es ist nicht unwahrscheinlich, dass Bruno als blinder Passagier von Bremerhaven aus ein Schiff nach Amerika wählte. Jedenfalls erreichte er New York.

Bruno wollte immer den Dingen auf den Grund gehen, sein Enkel auch. Heute gibt es eine Auswanderer-Datenbank in Bremerhaven, die ich folgerichtig anschrieb. Als Auswanderer hat Bruno Frenzel das Land damals nicht verlassen, denn ich erhielt folgende Antwort:

Bremerhaven, 01.09.2009

… Ihr Recherche-Auftrag in der Deutschen Auswanderer-Datenbank

Sehr geehrter Herr Labentsch,
die Recherche in der Deutschen Auswanderer-Datenbank nach Bruno Ernst Frenzel *ist leider erfolglos verlaufen. Es wurden auch mögliche Varianten in der Schreibweise berücksichtigt …*

Doch was riet die Liebe, Bruno? Ihr kanntet euch doch schon längst, du und Marie. Was und wer hatte euch geraten, eine ungewisse Trennung auf sich zu nehmen, eine nahezu unmenschliche Probe von Ausharren, Treue, Hoffnung und Warten zu bestehen?

Wir wissen es nicht. Wir können nur vermuten, dass es der Wunsch nach einem besseren Leben, nach einer sichereren Existenz, um die ersehnte Familie, das Glück der gemeinsamen Verbundenheit auf eine eiserne haltbare Basis zu stellen.

Als Tramp in Amerika

Als Kinder, seine Enkel, wussten wir früh, dass unser Opa, Bruno Frenzel, in jungen Jahren in New York war und von dort aus zwei Jahre lang durch die USA trampte. Die Information bekamen wir von meiner Mutter, seiner Tochter. Hörensagen, mehr nicht, denn Amerika sagte uns wenig, von Eisenbahntramps hatten wir allerdings gehört, wohl mehr abenteuerliche Vorstellungen. Mit unserem Opa konnten wir das nicht in Einklang bringen.

Später, als er schon sehr krank war und ich von meiner ersten Seereise von New York nach Hause kam und davon erzählte, bekannte sich Opa zu seinem Amerikaaufenthalt, und zwar so, als sei das Ganze eine Jugendsünde gewesen. Er kramte mühsam in seinen Erinnerungen und schilderte mir bestimmte Straßen und Gebäude in Hoboken, einem Stadtteil von New York und wollte wissen, wie es dort denn ausgesehen habe. Ich bestätigte ihm, es genauso aufgefunden zu haben, wie es ihm noch im Gedächtnis haftete.

Wir lagen mit unserem Schiff allerdings an Docks in der Nähe von Brooklyn. Dieser Stadtteil schien sich Ende der fünfziger Jahren des 20. Jahrhunderts wenig verändert zu haben als zu Beginn des Jahrhunderts, der Zeit also, die den Opa betraf. So habe ich bestimmt nicht arg geschwindelt und muss mir keine Gewissensbisse einreden, denn in Hoboken bin ich nie gewesen.

In der Tat muss sich Bruno Frenzel im Jahre 1904 nach N.Y. gezaubert haben, denn aus seinen Unterlagen geht über eine Hinreise nichts hervor. Die Vermutung, dass er es als blinder Passagier gewagt haben könnte, ist nicht unwahrscheinlich.

Ein erstes – sehr rätselhaftes – Zeugnis ist ein *Certificat of discharge*, also ein Nachweis über eine Abmusterung von einem Schiff, dessen Name ebenso wenig zu entziffern ist wie der Name des Seemannes. Frenzel ist es nicht! Alter und Nationalität allerdings stimmen mit denen des Großvaters überein. Es war ein kleines Schiff mit einer Tonnage von 1783 tons und einer Maschinenleistung von 400 hps. Vielleicht ein Küstendampfschiff, mit dem Bruno möglicherweise, wie dokumentiert, vom 25.06.1905 bis 16.08.1905 und vielleicht sogar unter einem anderen Namen an der Ostküste Nordamerikas herumgondelte.

Amtlicher und wesentlich deutscher ist der nächste Nachweis:

Deutsches Heuerbureau
No. 3 Pearl Street,
New York

Heuerschein

Der Bruno Frenzel
aus Annaberg ist als Trimmer
für den deutschen Dampfer »Syracusa«
für die Reise von New York nach Brasilien weiter und zurück nach New York
zu entlassen nach Löschung der Ladung
mit $ 20 Monatsheuer und $ 13 Vorschuß angemustert worden.
Heuer beginnt am 29. Januar 1906

New York, den 2/2 1906
F. Willhöft Capitän

Bruno Frenzel hatte wieder einen neuen Beruf in Angriff genommen, nämlich den des Trimmers auf einem Dampfschiff. Gleichzeitig verließ er mit dieser Anmusterung das »besuchte« Amerika und kehrte heim.

Er hatte geschworen zurückzukommen, wenn Amerika ihm und seiner Marie keine besseren Lebensmöglichkeiten (als im damaligen Deutschland) bot. Er fand sie nicht, die goldenen Dollars, die dem Märchen gemäß auf der Straße aufzusammeln waren.

Vor Arbeit hatte Bruno keine Bange. Den Job eines Trimmers auszuüben, bedeutete, sich mit einer der schwersten Arbeiten an Bord eines Schiffes zu belasten. Die Dampfschiffe damals feuerten die Kessel mit Kohle. Diese war in verschiedenen Kohlenbunkern unter Deck gelagert. Der Trimmer hatte nun die Kohle aus den Bunkern mit Hilfe von Schubkarren vor die Kessel zu transportieren, wo die Heizer die Kohle dann an die Feuer brachten. Neben dieser Tätigkeit diente die Kohle auch dazu, das Schiff zu trimmen, das heißt, Kohle von Backbordbunkern nach Steuerborbunkern zu transportieren oder umgekehrt, um das Schiff gerade zu richten. Bei Seegang und auch voller Fahrt mussten die Trimmer rennen, was das Zeug hielt und waren ständig ungemütlich hohen Temperaturen ausgesetzt.

Dampfschiffs Rhederei »Union«
Aktiengesellschaft
HAMBURG

Dienstzeugnis
Bruno Frenzel aus Annaberg i / S
hat auf dem Dampfer »Syracusa« 4 Monat 15 Tage
als Trimmer gefahren.
Diensttüchtigkeit: sehr gut
Nüchternheit: sehr gut
Ursache der Dienstentlassung: Schiff wechselt die Flagge
Greenock, den 12. Juni 1906 gez. Unterschrift I. Maschinist
Stempel: Kaiserliches Deutsches Konsulat in Glasgow
gez. Unterschrift

Nun hatte Bruno den Kontinent wieder erreicht. Von Glasgow aus wird der Welterfahrene den Weg nach Hause sicher gefunden haben. Wo aber sah er sein »zu Hause«?

Amerika konnte ihn wohl nicht begeistern. Vielleicht besaßen die Vereinigten Staaten damals noch längst nicht die Faszination späterer Zeiten. Vermutlich hielt er sich illegal im gelobten Lande auf, immer darauf gefasst, erwischt und vorübergehend auf Ellis-Island interniert zu werden. Von dieser Insel des Schicksals hatte sie alle gehört. Jeder Hoffnungsvolle, der sich im Lande der tausend Möglichkeiten ein besseres Leben für sich und die Seinen erhoffte. Die amerikanische Einwanderungsbehörde war nie zimperlich, damals nicht – heute nicht. Wer nicht genehm war, oder sich sonst irgendetwas zuschulden kommen gelassen hatte, der fiel prompt durch die Maschen des Drahtes, mit dem frühere »Künstler« die Lager umhüllt hatten, der Kandidat wurde ohne Rücksicht wieder aus dem Lande gejagt.

Amerika schien für Bruno Frenzel lediglich eine Episode des bewegten Daseins gewesen zu sein, eine, die er verdrängen wollte und auch konnte.

Was, Bruno Frenzel, war dein Ziel?

Aumund-Vegesack

Nach der heute nicht mehr bekannten Ankunft in Deutschland steuerte Bruno seine neue Heimat an der Unterweser an. Dreimal dürfen wir raten, wer und was ihn dahin zog. Doch – dreimal ist auch Bremer Recht. Jetzt musste er bleiben!

Aber nicht allein die Liebe sichert die Existenz des Menschen, sondern Brot und schmackhaftes Wasser, also eine Beschäftigung, die die Voraussetzung dafür schaffte.

Er muss danach sehr schnell einen Arbeitsplatz beim Bremer Vulkan, der Schiffbau und Maschinenfabrik AG in Bremen-Vegesack erhalten haben, da ein Dokument vorliegt, das zwar eine Krankheitsbescheinigung darstellt und schwarz auf weiß bescheinigt, dass er vor Beginn der Krankheit der Invalidenversicherungspflicht unterworfen und berufsmäßig eine Lohnarbeit verrichtet hatte. Die Krankheitsausfallzeit belief sich vom 17. September bis zum 6. Oktober 1906.

Bruno hatte seinen Arbeitgeber gefunden. Die große Werft im Bremer Norden war es. Eine Aktiengesellschaft mit meist anonymen Anteilseignern als Arbeitgeber – sozusagen eine übergeordnete Macht – schicksalsbestimmend –, die nicht nur symbolisch sein und unser Leben ab diesem Zeitpunkt über weitreichende Zeiträume bestimmen sollte. Von nun an fanden Bruno und die Werft immer wieder zueinander. Lediglich unterbrochen von temporären Entlassungen wegen Arbeitsmangel, Streiks, Kriege, Krankheiten.

Zwei wichtige Ziele in einer Lebensplanung – wenn man überhaupt von einer gezielten Lebensplanung reden darf – hatte Bruno erreicht. Eine neue Heimat und einen einigermaßen verlässlichen Arbeitgeber. Nun galt es, sich sesshaft zu machen und eine Familie zu gründen. Immerhin befand er sich im 27. Lebensjahr.

Die so wichtige Frage, die Kinder und Enkelkinder immer von ihren Eltern beantwortet wissen möchten: »Wie habt ihr euch kennengelernt?«, können von Bruno, unserem Opa und von Marie, seiner Frau, unserer Oma, natürlich nicht mehr beantwortet werden.

Sie müssen sich gesehen, geliebt und schließlich nach langem Warten geheiratet haben, der Bruno Ernst Frenzel aus Annaberg in Sachsen und die Marie Caroline Margarethe Spörhase, genannt Ahlborn, aus der St. Michaelis-Gemeinde in Bremen, geboren am 30. März 1888 in Bremen, Schröderstraße 44.

Wo und wie haben sie sich kennengelernt? In der Stadt Bremen? In Vegesack? Bei der Arbeit? Beim Tanz? Wahrscheinlich wohl in Bremens Norden, denn Maries Brüder, Bernhard, Heinrich und August der Jüngste, lebten in Aumund, lediglich Christian, der Oberbootsmannsmaat, siedelte in Großstadtnähe, nämlich in Oslebshausen, nahe dem Blockland.

Bei August fand auch die Urgroßmutter, Bertha, Henriette, Johanne Spörhase genannt Ahlborn geborene Pingel, ihre Bleibe in ihren letzten Jahren. Ich kann mich noch sehr gut an den Anblick der kleinen alten Frau im Lehnstuhl erinnern, wenn wir zu Besuch bei Onkel August weilten. Nicht weit von uns, im Ortsteil »Räubersruh« nach Beckedorf zu, wohnten sie.

Er mag vor dem Fährer Tor des Vulkan ins Ziel getroffen haben, der werktätige Amor des frühen zwanzigsten Jahrhunderts, denn Oma verkaufte dort Stint, solche Fische, die wie Heringe aussehen, und am Löschplatz direkt an der Weser angelandet und von dort direkt in die Bratpfannen der Vegesacker Bürger gelangten. Ein äußerst schmackhafter Außenbordkamerad (wie wir Seeleute später respektvoll die schwimmenden Geschöpfe nannten). Wir Kinder wurden häufig damit gefüttert.

Als Fischverkäuferin haben wir die Oma nicht mehr erlebt, aber als sehr geschickte Köchin, die in Windeseile jedweden Fisch aus Weser und Nordsee ausnehmen und zubereiten konnte. So resolut, wie sie mit den Fischen umging, so verhielt sie sich auch gegenüber ihren Mitmenschen, knallharte Wahrheiten, burschikoses Auftreten und eine liebenswerte verbale Rücksichtslosigkeit; dazu das Ganze nicht sonderlich leise geäußert. Diese immer gut gemeinte Charaktereigenschaft schränkte zwangsläufig den Kreis möglicher Freundinnen ein, was unsere Oma überhaupt nicht störte.

Wer hatte denn nun den ersten Schritt getan, Bruno oder Marie? Vermutlich Marie, denn Bruno hatte in seinem jungen Leben mächtig viele Sätze gemacht, um drohenden Problemen aus dem Weg zu gehen; von Marie war solches Verhalten nicht bekannt. Sie wird sich gedacht haben, ehe der Kerl nochmals entfleucht, schnappe ihn dir! Und was Oma ergriffen hatte, das hielt sie fest. Es muss ihr herrliches Haar gewesen sein, mit dem sie Bruno fesselte. Noch im Alter begeisterte sie uns Kinder mit ihrer vollen langen silbergrauen Mähne, die sie jeden Morgen zu einem mächtigen Zopf geflochten hatte und als Dutt im Nacken aufsteckte. Alle Nachkommen – weibliche wie männliche – bedauerten, von diesem schönen Erbe nichts mitbekommen zu haben.

Wenn die Geschichte nicht lügt, heirateten sie am 4. April 1908 und pünktlich nach vier Monaten erblickte am 1. Juli 1908 Bruno Karl Heinrich Frenzel Junior gesund und munter das Licht der nordbremischen Welt. Am 9. September 1909 folgte der zweite Sohn, Heinrich Ernst Paul Frenzel und am 6. Juni 1911 wurde die Tochter, Berta Martha Frenzel, unsere Mutter, geboren.

Die jeweiligen Domizile sind nicht mehr bekannt. Im Jahre 1914 muss die Familie jedenfalls im malerischen Schönebeck im Haus Nr. 24 gewohnt haben. Das geht aus dem Mietvertrag hervor, den Bruno mit dem Vermieter Herr Th. Maß abschloss, um von diesem die Wohnung in Aumund-Fähr, Schulkenstraße Nr. 4, Obergeschoss, ab dem 1. April 1914 für die weitere Zukunft zu

Marie Frenzel und ihre Kinder 1915
Heinrich, Berta, Mutter, Marie, Bruno jun.
(Ein Foto für den Vater im Krieg)

mieten. (Ich kann mich noch an frühere Spaziergänge in Schönebeck erinnern, wo unsere Mutter uns auf ein – ich meine – altes Bauernhaus aufmerksam machte, in dem sie einmal gewohnt hatte, die junge Familie des Bruno Frenzel Senior muss man jetzt sagen).

Oma und Opa, der Bremer Vulkan und das unterste Haus der Schulkenstraße (Nr.4) wurde für uns spätere Enkelkinder zu einem einzigen umfassenden Begriff, denn alles gehörte zusammen.

Familie und Arbeit

Die Zeiten beider Ehepartner ohne Beschäftigung scheinen zahlreich, sie wurden nicht registriert. Die Hochzeit vermutlich eine Formsache, wahrscheinlich fand keine Feier statt, denn Fotografien existieren nicht. Als viel wichtiger zählte die Arbeit. Bruno führte sie nach Bremerhaven, dort wo er schon einmal tätig war. Immerhin betrug die Entfernung zwischen Aumund und der Hafenstadt an der Wesermündung rund 50 Kilometern.

Joh. C. Tecklenborg A.-G.
Schiffswerft und Maschinenfabrik
Abgangs – Attest.
Der Zimmerer Bruno Frenzel
aus Annaberg
seit 28. April er als Tischler in unserem Etablissement
beschäftigt, ist heute ordnungsgemäß aus der Arbeit getreten.

Bremerhaven-Geestemünde, den 4. Juni 1908

Joh. C. Tecklenborg A.-G.
Schiffswerft und Maschinenfabrik
gez: Unterschrift

Es hieß später, Bruno sei zu Fuß dort hingegangen. Für heutige Maßstäbe ist das eine unglaubliche Leistung. Wie auch immer zählt die Tatsache, dass Bruno ein ungeheures Verantwortungsgefühl für seine junge Familie aufbrachte, wenn er solche Strapazen auf sich nahm. Wir erinnern uns: Am 1. Juli 1908 wurde Bruno Junior geboren.

Ab dem 10. Dezember 1908 bis zum 22. November 1910 konnte er wieder bei der Bremer Woll-Kämmerei AG arbeiten. Diese Arbeitsstelle lag zwar auch nicht vor der Haustür, aber wesentlich näher am Wohnort. Wir müssen davon ausgehen, dass er die Wege von und zur Arbeit gleichfalls per pedes absolvierte.

Der Abgang bei dem Blumenthaler Werk schien geplant, denn schon am 24. November 1910 fand er zurück zum Bremer Vulkan, wo er bis 1913 beschäftigt war. Eine durchgehende Beschäftigung – ohne Unterbrechungen also – war für die geringverdienenden Arbeiter so gut wie ausgeschlossen. Eine kleine Delle im Auftragseingang des Unternehmens zog sofort eine Personalmaßnahme nach sich.

Bruno und Marie hatten jetzt drei Kinder zu ernähren. Wir mögen uns heute die Sorgen lieber nicht vorstellen, denen sich die untere Gesellschaft der damaligen Zeit ausgesetzt sah. Diese erbarmungslose Abhängigkeit vom Arbeitgeber musste an den Nerven der Menschen zerren, musste sie von einer dramatischen Zwangslage in die andere purzeln lassen.

Es ist anzunehmen, dass sich Bruno spätestens zu diesem Zeitpunkt der Gewerkschaft, dem damaligen *Deutschen-Metallarbeiter-Verband DMV* anschloss. Wenn auch die wöchentlichen Mitgliedsbeiträge als schmerzhaft empfunden wurden, so gewährleisteten sie aber eine Unterstützung im Falle von Arbeitslosigkeit, bei Streiks und Aussperrungen sowieso.

Wie hast du es mit der Revolution gehalten, Bruno Frenzel? Musste man deine Mitgliedschaft bei dem DMV als Ausdruck der Kampfbereitschaft oder mehr der Existenzabsicherung der jungen Familie ansehen. Wir alle wussten um deine Verbundenheit mit der Gewerkschaft, lieber Opa, und bei deiner Beerdigung senkte sich auch die Fahne der IG Metall ehrend über deine letzte Ruhestätte.

Heute aber, im Jahre 2009, also nur hundert Jahre später, hat die IG Metall dich nicht mehr registriert. Per E-Mail teilte mir die Gewerkschaftszentrale aus Frankfurt (immerhin: Frankfurt, nicht Vegesack) mit, dass über deine Mitgliedschaft keine Unterlagen mehr vorliegen. Eigentlich beschämend, finde ich. Mit Sicherheit gehörtest du zu den treuen Kollegen, die der IG Metall überhaupt die Macht ermöglichten, die notwendig war, um Verbesserungen eures Arbeitslebens damals durchzusetzen. Die mächtigen Funktionäre haben mit einem Federstrich die Basis, die Wurzeln der Organisation, die Menschen aus Fleisch und Blut, die sie damals waren, die mit Leidenschaft für die gemeinsame Sache kämpften, gelöscht! Historischer Ballast nur, in den Zeiten der Dateninflation nicht mehr speicherbar.

Doch der Vulkan vergaß Bruno nicht. Nach einer Beschäftigungspause von ungefähr zwei Monaten bescheinigte dieser:

Arbeitsbescheinigung
Der Bohrer Ernst Bruno Frenzel
Hat vom 9 ten September 1913 bis zum 7 ten April 1915
Bei unserer Abteilung Maschinenbau gearbeitet.
Derselbe war Mitglied unserer Betriebskrankenkasse
Vegesack, *den 7. April 1915*

Bremer Vulkan
Schiffbau und Maschinenfabrik

Bruno Frenzel besaß nun einen definierten Beruf in der Metallindustrie, als Facharbeiter, angelernt zwar, aber gehalten in einer Tarifklasse der Entlohnung, die nicht die unterste gewesen sein konnte. Er und die ganze Familie durften etwas Luft schnappen, wie man in Vegesack zu sagen pflegte. Doch das Deutsche Reich erlaubte ihnen nur einen kurzer Atemzug.

Der Erste Weltkrieg

Nicht nur der deutsche Kaiser, Wilhelm II., sondern fast ganz Europa brach den Krieg vom Zaume. Die hohe Politik, die Bruno zwar heiß interessierte, die er aber überhaupt nicht beeinflussen konnte, hatte den Entschluss gefasst, Krieg zu führen und in der unfassbaren Folge bluteten die Völker aus. Wobei man selbst bei autoritären Staaten immer berücksichtigen muss, dass die Politikerkaste allein nicht in der Lage ist, Kriege zu erklären und zu führen. Große Teile des Volkes werden gleichfalls die notwendige Kriegslüsternheit als Basis der Auseinandersetzung gewährleisten müssen. Die herrschte damals im Deutschen Reiche vor: Hurra, hurra, hurra.

Und alle litten sie. Brunos Entlassung hatte einen einzigen Grund: Er musste den Kriegsdienst antreten. Und sofort erhält er einen Militärpass.

12. Kompagnie
1. Baudivision
Militärpaß
des Grenadiers
Ernst Bruno Frenzel
Jahresklasse: 1915
Diensteintritt: 09. April 1915
Truppenteil: II. Ersatz- Bat. Grenad.-Regts. Nr. 89, I. Abt. 6. Korp.

Zunächst war der Familienvater als Rekrut in Neustrelitz stationiert und wurde dann am 5. Juli 1915 nach Kiel versetzt, wo er in der 12. Kompagnie, I Baudivision infolge der Mobilmachung in der Marinekaserne als Heizer diente.

Irgendwie konnte der Bremer Vulkan aber auf den guten Bohrer Bruno Frenzel nicht verzichten, denn im Militärpass heißt es:

Weltkrieg I.

An die 3. Kompagnie I. Werftdivision zur Entlassung und Zurückstellung bis 31.07.1916 zwecks Beschäftigung bei der Firma Bremer Vulkan-Werke in Vegesack überwiesen.

Kiel, den 5. Mai 1916

Unterschrift

Hauptmann d. L. II u. Kompagnieführer

Stempel: Kaiserliche Marine-Kommando der 3. Abteilung I. Baudivision

Prompt schreibt die jetzt tätig werdende 3. Kompagnie I. Werftdivision:

Am 5. Mai 1916 gemäß Verfügung der Marine-Station der Ostsee 14646-F vom 27.04.16 für die Bremer Vulkan-Werke bis einschließlich 31. Juli 1916 vom Waffendienst befreit und dem Bez.Kom. I. Bremen überwiesen.

Kiel, den 5. Mai 1916
Wittmer
Kapitänleutnant und Kompagnieführer
Stempel

Die Freistellung wurde nochmals verlängert, daher kann man davon ausgehen, dass Bruno Frentzel (das Militär nahm es mit Namen nicht so genau) die Uniform nicht mehr anzulegen brauchte. Eine Nachmusterung am 12. Jan. 1918 durfte Bruno aber noch über sich ergehen lassen. Wie das kaiserlich preußische Bezirkskommando in Bremen entschied, kann nicht genau gedeutet werden: u.v. d. St. oder so ähnlich.

Warum aber wurde ein einfacher angelernter Arbeiter vom alles dominierenden vaterländischen Krieg abgezogen, um beim Bremer Vulkan in ziviler Berufung dem Kaiser zu dienen?

Ganz einfach, weil die Werft, die bisher im Handelsschiffbau tätig war, ihre Produktion dem Kriegsschiffbau widmen musste, wenn sie sich nicht einer Beschlagnahme aussetzten wollte. Der letzte große Neubau, der Fracht- und Passagierdampfer »Zeppelin«, konnte nur mit verminderter Belegschaft im Januar 1915 fertiggestellt und abgeliefert werden. Schon 1916 wurde das ganze Jahr für die Marine gearbeitet. Nun musste jede verfügbare humane Kraft wieder an die Werkzeugmaschinen montiert werden. Seit 1917 stellte der verschärfte U-Boot-Krieg weitere Anforderungen. Der Bau von Handelsschiffen war völlig lahmgelegt. Das nationale Interesse, die patriotische Pflicht, von der man in den oberen Etagen an der Weserstraße, die Etagen, die Bruno niemals zu Gesicht bekam, sprach, gingen vor.

Am 11. November 1918 unterschrieb Deutschland den Waffenstillstand. Der Kaiser verschwand, das Volk hatte verloren und Bruno war wieder einmal dabei. Doch es gab mindestens in den Jahren 1919 bis 1922 für die Werft und ihrer Belegschaft ausreichend Arbeit. Das Ergebnis dieses Werkens allerdings wurde beschlagnahmt, die gesamte deutsche Handelsflotte inklusive der Neubauten ging als Reparationsleistung an die Siegermächte und große Teile der Belegschaft marschierten im Anschluss im Werftarbeiterschritt unabdingbar in die Arbeitslosigkeit.

Der Krieg, die anschließende Revolution und die Folgen waren fürchterlich; politische Morde das Tagesgeschäft. Alle anderen Geschäfte aber stockten, einige Wenige rafften, alle Anderen litten Hunger. Unsere Mutter sprach lediglich von den Steckrübenjahren. Wie Bruno und seine Frau sich und ihre drei Kinder durchbrachten, ist nicht überliefert. Das Schweigen über die erlittenen Schmach legte sich wie ein strenges Gebot über die gequälten Seelen.

Unsere Generation, die den Zweiten Weltkrieg überlebte, handelte unbewusst nach gleicher Gesetzmäßigkeit. Es genügte, das Elend zu erleben, man muss damit nicht noch hausieren gehen. Die Nachkommenschaft versteht es sowieso nicht!

Die Revolution 1918 hatte auch Bremen erreicht. Am 9.11.1918 erlässt der Bremer Arbeiter- und Soldatenrat folgenden Aufruf an die Bevölkerung:

»Was hat sich ereignet? Nichts geringeres als eine Revolution. Ihr Produkt sind die Arbeiter- und Soldatenräte. Über die Aufgabe der Räte kann kein Zweifel sein: Ausbreitung und Vertiefung der Revolution. Die ganze Macht in die Hände der Arbeiter- und Soldatenräte! Sturz der kapitalistischen Gesellschaftsordnung … Aufrichtung der sozialistischen Gesellschaft. Das ist das Programm der Arbeiter- und Soldatenräte. Jedem, der es bekämpft, werden wir rücksichtslos begegnen.«

Dieser Aufruf wird in der Hansestadt nicht wenige erschreckt haben. Alle Macht in Arbeiter- und Soldatenhänden? An wessen Armen waren denn diese Hände befestigt? Doch nur an denen der Funktionäre und die hatte Bruno zu genüge kennen gelernt. Lautstarke Propagandisten, die nur Agitation, Manipulation und Gewalt kannten, um eigene Interessen durchzusetzen.

Nieder mit dem Klassenfeind. Ihre Zeit begann damals und hörte nimmer auf.

Bruno Frenzel, der stolz auf seinen Arbeiterstand war, zog sich zurück, verschanzte sich und seine Familie, die ihm über alles ging, in der Etagenwohnung, Schulkenstraße Nr. 4 in Aumund, Ortsteil Fähr. Seine Wohnung lag auf dem gleichen Niveau (über NN = Normalnull gesehen) wie die Büros des Vorstandes des gegenüberliegenden Arbeitgebers. Hoch genug über dem höchsten Wasserstand der Weser, die bei Sturmflut manchmal schon das Fährer Werktor der Werft besuchte. Die Distanz zum Vorstandsbüro betrug vielleicht 150 Meter Luftlinie, war aber für Bruno in Lichtjahren nicht zu messen.

»My home is my castle«, sagte er sich trotzdem, und das hatte er im englischsprachigen Amerika gelernt.

Für den Klassenkampf war Bruno Frenzel nicht zu haben. Er siedelte jetzt ganz nahe am Vulkan und wenn es was zu arbeiten gab, dann war er zur Stelle, nur 60 Schritte bis zum Werktor am Fährer Löschplatz.

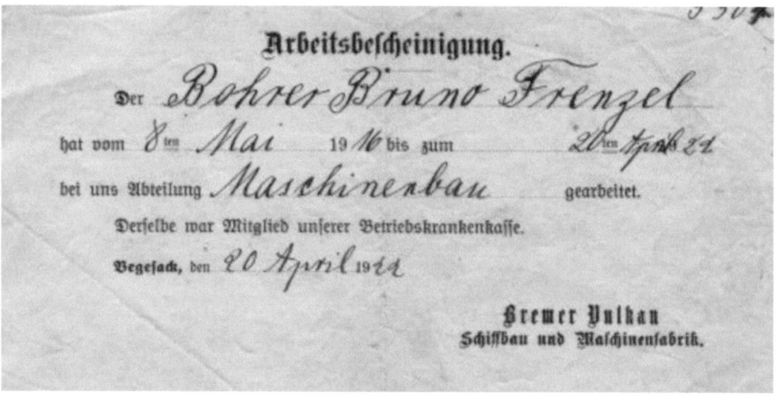

Arbeitsbescheinigung.

Der Bohrer Bruno Frenzel

hat vom 8ten Mai 1916 bis zum 20ten April 21

bei uns Abteilung Maschinenbau gearbeitet.

Derselbe war Mitglied unserer Betriebskrankenkasse.

Vegesack, den 20 April 1921

Bremer Vulkan
Schiffbau und Maschinenfabrik.

Eine Arbeitsbescheinigung von vielen

Die Inflation steuerte 1923 auf den Höhepunkt zu. Ein Dollar wies den Gegenwert von 3,5 Millionen Mark aus. Selbstverständlich wurde und wird immer irgendwo gestreikt. Diese Leidenschaft der Arbeiterführer muss man wohl als ein Naturgesetz ansehen.

Gewerkschaften lieben Staatskrisen, ihre zahlenden Mitglieder sind meistens weniger verliebt. Die deutschen Hochseefischer beendeten am 7. April 1923 ihren zehnwöchigen Streik. Dafür streikte am 9. April 1923 die Reichsdruckerei. Es fehlten deshalb Geldscheine. In den Schulen wurde warmes Essen ausgeteilt. In Berlin bewachte die Polizei Kartoffeläcker.

Wir, die zweite Generation nach Bruno Frenzel, nehmen an, dass der fleißige fürsorgende Mann irgendwo in Aumund einen Kleingarten (Schrebergarten) gepachtet hatte und beackerte, wie er ihn später auch zu unserer Freude in Aumund an der damaligen Feldstraße (heute Aumunder Feldstraße) betrieb. Zu seinen und auch zu unseren Kinderzeiten war eine solche Einrichtung lebensnotwendig.

Seit langem schon sind seine ehemalige Parzelle und die seiner Gartenfreunde vom in Bremen früh präferierten sozialen Wohnungsbau und später dann vom infrastrukturellem Straßenbau aufgefressen.

In jüngster, heutiger Zeit hat die Farge-Vegesacker-Eisenbahn, deren eisernes Schienenband damals die Kleingärten streifte, ihren Betrieb auch für den Personenverkehr, wie mir meine Schwestern berichteten, wieder aufgenommen. Das nenne ich eine erfreuliche Rückentwicklung.

Vielleicht reißt man eines Tages auch die Wohnblöcke wieder ab, begrünt und beackert das Areal erneut, dann aber wohl doch mit Biopflanzen! In diesem Fall plädiere ich dafür, das dann rekultivierte Gelände »Bruno Frenzel Garten« zu benennen.

Der Familienvater Bruno Frenzel ging wie viele »über die Dörfer«, wie man so schön sagt, um Arbeit zu finden.

Ab dem 22. April 1922 arbeitete er als Elektriker bei der Firma Rudolf Neugebauer & Co. aus Hamburg, die in Lemwerder, also auf der gegenüberliegenden Weserseite, eine Niederlassung betrieben. Er verließ dieses Unternehmen auf eigenem Wunsch am 24. Juli 1923. Interessant stellt sich folgende Eintragung in dem Entlassungsdokument dar: *... Seine Steuerkarte wurde ihm mit entwerteten, auf die Zeit vom 1.1. bis 24.7.1923 entfallenden Steuermarken im Betrage von Mark 177.164 – ausgehändigt.*

Neben dem Schiffbau und Zulieferbetrieben florierten lange Zeit Steingutfabriken in der Region. Die Actiengesellschaft Norddeutsche Steingutfabrik in Bremen-Grohn bestätigte 1960, dass Herr Bruno Frenzel, geb. 11.08.1880, in der Zeit vom 13. August 1923 bis zum 19. März 1925 dort beschäftigt war.

Ab dem 21, März 1925 fand er wieder Arbeit beim Bremer Vulkan, seinem Heimatbetrieb. Die politischen Verhältnisse und damit auch die wirtschaftlichen waren längst noch nicht in ruhige Fahrwasser geraten.

»Hire und fire« hieß es auch in Deutschland. Eine Reihe von Arbeitsbescheinigungen, die stets mit »Wegen Arbeitsmangel entlassen« endeten, ziert die Biografie unseres Großvaters in fataler Symbiose mit dem Bremer Vulkan, dem größten Unternehmen im Bremer Norden. Nicht nur er, sondern mit ihm hingen mindestens 3.500 bis 4.000 Arbeitnehmer an diesem dünnen Schicksalsfaden, den man Existenz nennt.

Neben den zermürbenden politischen Kollisionen der Parteien der Weimarer Republik versuchten sich auch die Gewerkschaften zu profilieren, also politischen Druck auszuüben, was überhaupt nicht gelingen konnte. Sie benutzten das einzige ihnen zur Verfügung stehende Mittel des Streiks, dessen Anwendung in Zeiten wirtschaftlicher Nöte sich denkbar ungünstig erwies und letztlich die Nöte ihrer Klientel, der Arbeiter vergrößerte. Den Krieg verloren und den Klassenkampf mit offenem Visier in Deutschland eröffnet, so muss man aus heutiger Sicht die Bemühungen der Gewerkschaften damaliger Zeit betrachten. Wobei außer Frage steht, dass sie dennoch marginale Erleichterungen für ihre Mitglieder erreichen konnten.

Die Unternehmer, der neue Feind sozusagen, warteten gerade in Zeiten geringer Beschäftigung auf angefachte Streiks, um sofort mit großflächigen Aussperrungen zu antworten. Unglücklicherweise taten sich beim Thema Streikbereitschaft gerade die an der Küste beheimateten Metallgewerkschaften hervor. Sie streikten alles in Grund und Boden. Diese Leidenschaft behielten sie bei, auch nach dem zweiten Weltkrieg. Da war jetzt nicht mehr so

Eine stolze Verwaltung für arbeitslose Gewerkschaftsmitglieder

sehr der Großvater Bruno, sondern eher sein Enkelsohn Heinrich betroffen. Davon später mehr.

Während in der Krise die Arbeiter und Angestellten vornehmlich der deutschen Großindustrie bemüht waren, sich und die Mäuler der Familien satt zu bekommen, stützte Brunos Gewerkschaft, die DVM großzügig das Baugewerbe und baute sich 1929/1930 in Berlin ein neues Verwaltungsgebäude, damit man auch auf diesem Niveau die Augenhöhe der Großindustriellen erreichen konnte. Die arbeitslosen Gewerkschaftsmitglieder im darbenden Land wurden vermutlich nicht darüber informiert, dass das imposante Gebäude ganz allein aus Mitgliederbeiträgen finanziert wurde.

Doch wenn sie es wussten, waren sie sicher besonders stolz auf diese, ihre gemeinsame großartige Leistung. Es musste ein riesiges Gefühl gewesen sein, von dieser Zentrale aus verwaltet zu werden und Solidaritätsbeiträge bei Arbeitslosigkeit zu beziehen.

Für ironische Betrachtungen gab damals allerdings niemand etwas.

Aus der Festschrift des Bremer Vulkan, der 1955 sein 150jähriges Jubiläum feiern konnte, ist zu entnehmen, dass der Umschwung zum Besseren mit dem Jahre 1933 begann. Zitat:

... In allen Wirtschaftszweigen, die auch nur von fern etwas mit Aufrüstung zu tun hatten, machte er (der Aufschwung) sich sogleich wohltätig bemerkbar. Aber der Handelsschiffbau hatte damit nichts zu tun, und so ging es hier zunächst nur sehr langsam wieder aufwärts ...

1939 erst sicherten viele Aufträge – auch aus dem Ausland – dem Vulkan wieder eine Vollbeschäftigung in dem Maße, wie sie 1914 bestand.

Damals begann der Erste und jetzt startete der Zweite Weltkrieg.

Trotz aller Wirren und im Kampf um die eigene Existenz, die den Bewegungsradius in enge Grenzen hielt, zerriss Brunos schmaler Zwirn zur alten Heimat in Sachsen nicht.

Eine Postkarte von der Familie Paul Frenzel, seinem Halbbruder, mit Geburtstagswünschen erreichte die Schulkenstraße (siehe rechts). Abgestempelt in Annaberg/Erzgebirge. Datum nicht mehr zu erkennen, weil das Postwertzeichen entfernt wurde. Ich weiß auch von wem. Nämlich von mir, da ich als Schüler wie fast alle Jungen in der Klasse, Briefmarken sammelte. Und ich weiß noch ganz genau, dass diese Briefmarke das unschöne Antlitz des Herrn Hindenburg trug. Somit muss die Karte zwischen den Weltkriegen versandt worden sein, denn vorher zierten die Visage von Kaiser Wilhelm II. und nachher die von Adolf Hitler die deutschen Postwertzeichen.

Es muss einer der letzten Grüße seines Bruders Hermann Paul Frenzel, dem sächsischen Oberpostschaffner, gewesen sein, denn sie wurde noch in Annaberg dem Briefkasten anvertraut. Hermann Paul starb am 26.5.1931, gerade einmal 66 Jahre alt, wahrscheinlich in Obhut seines Sohnes Paul Frenzel jun., der sich in Nossen niedergelassen hatte.

Eine Fotografie der jungen Familie des Paul Frenzel fand sich in Opas Nachlass. Sie ist identisch mit der gleichen Aufnahme, die wir sehr viel später mit unseren Verwandten, den Nachkommen des Paul Frenzel, austauschen konnten.

Eine Postkarte aus der Heimat

Herrn
Bruno Frenzel
Fähr bei Vegesack
Schulkenstraßre 4 I

Lieber Bruno nebst Familie!
Zu deinem heutigen Wiegenfeste die herzlichsten Glück- und Segenswünsche.
Gott schenke Euch noch recht viele Jahre Gesundheit und Wohlergehen in der
Familie. Bei uns, Gott sei Dank soweit ist alles beim alten. Was wir von Euch
auch hoffen. Unter herzlichen Grüßen verbleiben
Eure Familie P. Frenzel.

Familie Paul Frenzel Junior

Eine Postkarte aus der Heimat, symbolisch garniert mit einem Lied im heimatlichen Idiom, ein Lied über einen Grenzgraben, in diesem Fall, den sächsisch böhmischen; in einer Zeit, die man als eine der unsichersten der deutschen Nation bezeichnen darf.

Welche Gefühle überkamen den in der Fremde weilenden Bruno, musste er den wohlgemeinten Gruß und die Glückwünsche nicht als Mahnung verstehen, als ein Zeichen tragischer Trennung, als den sehnlichen Wunsch nach einem Wiedersehen, das von Tag zu Tag unmöglicher zu werden drohte?

Ich habe in späteren Momenten Tränen in den Augen meines Großvaters glitzern sehen, wenn er in emotionalen Situationen – Weihnachten zum Beispiel – uns das erzgebirgische Lied vom »Vagelbeerboom« vorsang. Oh ja, ich kann mir sehr gut vorstellen, dass Bruno beim Empfang der so simplen Karte aus Annaberg vom schmerzhaften Heimweh geplagt wurde. Vor seinen Augen wird das Panorama des Erzgebirges wieder auferstanden sein, werden sich die übrig gebliebenen Mitglieder seiner Familie dort versammelt haben, in deren traurigen Augen er nicht schauen durfte.

Bruno jr., Marie als Mutter, Berta, Bruno als Vater, Heinrich
Familie Bruno Frenzel

Bei Marie, seiner Frau, unserer Oma, wird er nicht viel Verständnis gefunden haben. Sie, die pragmatische, die resolute Frau trauerte Vergangenem, Verlorenem nicht nach. Für Gefühle hatte der Tag keinen Platz, die Nacht keinen Schimmer; es galt zu leben, wichtiger noch, am Leben zu bleiben. Sentimentalitäten tat sie als »Tüünkram« ab, Erinnerungen zählten nur, wenn sie Brücken zur Gegenwart bildeten. Sie tolerierte die Sensibilität ihres Gatten, sah darüber hinaus jedoch keinen Anlass, sich damit zu belasten.

So wird Bruno nicht viel Zeit gehabt haben, sich mit der Vergangenheit zu beschäftigen, die liebe Postkarte bewahrte er auf, ja er sicherte sie sogar. Lediglich sein Enkelsohn Heinrich durfte sich die Briefmarke ablösen. Jetzt ist sie, die Karte, nicht die Marke, Bestandteil des Nachlasses und wird von den Nachkommen in Ehren gehalten.

Und der Ehemann und Vater sah auf seine Familie, auf seine Kinder, die trotz aller Widrigkeiten gut geraten waren.

Der Zweite Weltkrieg

Wie glücklich dürfen wir Nachkommen uns schätzen, die längste Zeit unseres Lebens in Frieden gelebt zu haben. Unsere Eltern und Großeltern wurden von einer Katastrophe in die andere gewürfelt.

Zwischen den Kriegen gab es unwirtliche Strecken, die lebend durchschritten werden mussten. Schlechte Jahre. In dieser Zeit des Mangels zogen Marie und Bruno Frenzel ihre drei Kinder groß, schickten sie in die Volksschule Fähr-Lobbendorf, wo der Rektor … (den Namen haben wir Kinder hundert Mal von unserer Mutter gehört – heute habe ich ihn leider vergessen – ich meine aber, er hieß Torborg oder so ähnlich) ein gütiges Auge auf die junge Frenzelbrut hielt. Die Drei wiesen stets gute Noten auf, wenn ihnen auch der Übergang zu einer höheren Bildungsanstalt verwehrt blieb. Eine solche Möglichkeit wurde von der Familie gar nicht in Betracht gezogen.

Nach der Regelschulzeit von acht Jahren begannen die »Jungens« Bruno und Heinrich eine Facharbeiterlehre, selbstverständlich beim Bremer Vulkan.

Unsere späteren Onkel Bruno lernte Dreher und Heinrich Modelltischler. Berta, unsere Mutter, ging in Stellung bei der Firma Julius Mailand in Vegesack. Nebenbei besuchte sie einen Nähkursus, der später unsere junge Familie über Wasser hielt, weil sie wirklich gut schneidern konnte.

Der Begriff »in Stellung gehen/ in Stellung sein« muss erklärt werden, weil er nun wirklich nicht mehr »in« ist. Damit wurde die Hausgehilfin, das »Mädchen für alles« bezeichnet. Zu der Zeit war es in bürgerlichen Kreisen durchaus üblich, Hausangestellte zu beschäftigen. Es diente selbstverständlich auch der Reputation in jenen Kreisen. Ob diese Tätigkeit damals als Lehrberuf galt und anerkannt wurde, ist mir nicht bekannt. Jedenfalls konnte frau in Stellung gleichfalls arbeitslos werden, was der Berta wahrscheinlich auch passierte, denn sie war ebenfalls als Fabrikarbeiterin in der Keramikindustrie tätig (Grohner Wandplatten).

Die Verbindung zum Hause Julius Mailand in Vegesack, Ecke Post/Breite Straße, blieb auch in späterer Zeit sehr herzlich. Ich erinnere mich an Besuche mit meiner Mutter in diesem stets »gut duftenden« Großhandelshaus. Ich weiß aber nicht mehr, mit welch guten Waren der Seniorchef Julius handelte. Mutters Cousine, Leni, wohnte mit ihrer Familie gleich gegenüber der Firma Mailand in der Vegesacker Poststraße, so konnte die junge Mutter Berta die Besuche gut verbinden.

Alle Wege erforderten gute Kondition, denn jedwede Entfernung hatte stets zu Fuß abgearbeitet zu werden. Meine Schwester Annemarie hatte es im Kinder-Sportwagen, so hieß die Luxuskarosse, die Opa dauernd reparieren musste, bequem, währen ich schon als groß galt und nebenher zu trippeln hatte:

Walter-Flex-Straße – Adolf-Hitler-Straße (Hammersbecker Straße), unbeschrankter Bahnübergang, Kinder, immer gut aufpassen! – Bahnhofstraße – Kirchenstraße – Poststraße = drei Kilometer hin und drei Kilometer zurück.

Oder wir trippelten den Weg zum neuen Aumunder Friedhof, der nicht weit entfernt von unserer Siedlung hinter der Ziegelei Thielen und dem Bauernhof Horstmann angelegt ist. Die Sandgrube des Bauern Siedenburg begrenzte das Gelände zum Norden hin.

In einem der nicht wenigen Kindergräber nahe am Eingang des Friedhofs lag Otto unser Bruder. Ihn kannten wir nicht, besuchten ihn jedoch regelmäßig und schmückten sein Grab mit frischen Blumen. Er war der erste Sohn der jungen Familie von Berta Frenzel und Otto Labentsch. Er wurde im Jahr 1936 geboren und nur sechs Monate alt.

Welche Erinnerungen mögen den Großvater, Bruno Frenzel, durchwühlt haben, als er vor dem kleinen Sarg seines ersten Enkelsohnes stand: Er, das Kind in Annaberg, das fast nur von toten Geschwistern umgeben war. »Nimmt das Sterben denn kein Ende?«, wird er sich gefragt haben. Aber er zeigte seine Bestürzung, diese innere Trauer nicht, wollte seine Kinder nicht verunsichern, sich nicht in die Seele schauen lassen. Sie hätten ebenfalls Schaden nehmen können. Brunos Beten, wenn man es so nennen durfte, half. Der Tod zog sich zurück, nahm Abstand davon, sich weitere Kinderopfer dieser Familie zu nehmen.

Wir wissen wenig über das Freizeitverhalten der jungen

Menschen in jenen Jahren. Von Bruno jun. ist bekannt, dass er sich für alles technisch Neue interessierte, und er besaß zudem ein Paddelboot. Das liegt seit Langem auf dem Grund der Geestemündung in Bremerhaven, weil er dort mit seiner damaligen Freundin, unserer späteren geliebten Tante Mieschen, kenterte. Es gelang ihm, seinen Herzensschatz zu retten, alles andere ging verloren. Bruno jun. schien der Reiche gewesen zu sein, denn er besaß einen Fotoapparat. Eigentlich sogar zwei, denn der erste schlummert heute noch in der Geeste.

Von Heinrich wissen wir weniger. Er hielt sich sicher gern dort auf, wo viel und laut diskutiert wurde, denn das war seine Profession. Von seinem Vater konnte er diese Begabung nicht geerbt haben.

Eine lebenserhaltende und kulturbildende sowie leibesübende Institution besuchten die Geschwister mit Leidenschaft und Begeisterung – den Turnverein.

»Die freie Turnerschaft Hammersbeck«, wie er sich später nannte, war ein klassischer Arbeiter Turn- und Sportverein eines Ortsteiles in Bremen-Aumund – unserer Heimat.

Der Höhepunkt für alle muss ein Deutsches Turnfest in München gewesen sein. Das Fest, das den Dreien und den anderen Turnfreunden eine einzige Gelegenheit bot, einmal richtig zu verreisen, eine andere Luft zu schnuppern, Berge zu sehen, Großstadt zu erleben, andere Menschen kennenzulernen.

Fotoalben anschauen – unsere Lieblingsbeschäftigung.

Bei den Turnerbildern aus München blieben wir Kinder stets hängen, weil Mutter mit Begeisterung von diesem Ereignis schwärmte. Selige Erinnerungen an eine verhältnismäßig gute Zeit vor dem Zweiten Weltkrieg und Verdrängung der Not in den letzten Kriegsjahren des Ersten Weltkriegs.

Es war eine verdammte Zeit, in der unsere Eltern groß werden mussten. Wirtschaftliche Not und politische Morde bestimmten die Schlagzeilen des Lebens. Alles das ertragen und dennoch existieren, wachsen, erwachsen werden, dem Leben dabei noch Freude abgewinnen, geht das überhaupt?

Offensichtlich, denn keiner geriet auf die schiefe Bahn, jeder versuchte sich an der selbst auferlegten, von den Eltern vor-

Bruno Frenzel (ganz rechts) und Arbeitskollegen auf der Vulkan-Werft 1935

gelebten Norm zu halten. Die kleinste aber feste Gemeinschaft bedeutete die eigene Familie, die über die Schulkenstraße hinaus von der größeren der Ahlborns mitbestimmt war und Stützung gewährleistete.

Brunos Verbindung nach Annaberg zu seinem Halbbruder Paul blieb auf das Austauschen von Postkarten beschränkt. Was sollte man bei diesen unüberbrückbaren Distanzen von einigen Hundert Kilometern auch tun?

Darüber hinaus spielte das Band zum Arbeitgeber, zum Betrieb eben eine notwendige Rolle. Die Freizeit – ich glaube, dass es diesen Begriff, so wie wir ihn heute verstehen – überhaupt nicht gegeben hat. Der Mensch, der junge wie der alte, befand sich immer in der Pflicht. Selbst wenn es nur die Demonstration zur Solidarität mit Gleichen darstellte, als Beispiele mögen gelten: Arbeiter im Turnverein, Mitglieder der Gewerkschaft, Genossen der SPD. (Andere Parteien kamen für die Familie nicht infrage!)

Während Bruno Frenzel sen. dem Vulkan treu bleiben musste, verließen seine Söhne diesen Ausbildungsbetrieb, sobald sie ausgelernt hatten.

Bruno Frenzel jun. fand eine neue Anstellung in der Lokomotiven-Reparaturwerkstatt beim Bahnhof in Vegesack, in der er bis zur Auflösung dieses Werkes beschäftigt blieb. Sein Bruder Heinrich wirkte später als Tischler auf einer Werft in Rönnebeck. In dieser Region fanden sie auch ihre Ehefrauen und Schwester Berta ihren Ehemann, unseren Vater. Die Ehen wurden noch vor Beginn des Zweiten Weltkriegs geschlossen.

Bruno heiratete Marie, nur Mieschen genannt, aus einer bekannten Familie in Blumenthal, einer Familie (wahrscheinlich polnischen Ursprungs) mit wunderschönen Töchtern. Wir lernten sie alle kennen: Anni, Agnes, Sophie, Trudchen, Mieschen, alle für uns Kinder ganz liebe nette Tanten. Auch der wortbeflissene Heinrich konnte sich den hübschen Frauen mit polnischen Wurzeln nicht entziehen und heiratete Wanda, Bertha lernte ihren Otto Adalbert Labentsch (von halber ostpreußischer Herkunft) im Hammersbecker Turnverein kennen und lieben.

Und plötzlich schien die erste Etage im Haus, Schulkenstraße, Nr. 4 leerer, stiller, denn die jungen Familien suchten sich selbstverständlich neue Domizile. Bruno und Mieschen in Rönnebeck, Heinrich und Wanda in Blumenthal und Otto und Berta in Aumund, in der Grenzstraße, genau gegenüber der Vegesacker Kirche.

Jetzt konnte sich der alte Bruno, ja nun war er, der Vadder Frenzel, wie seine Frau, unsere Oma ihn immer nur nannte, nicht allein, das ganz gewiss nicht, aber er konnte sich jetzt neben der Arbeit auf dem Vulkan seiner Kaninchenzucht, seinem Kleingarten in der Aumunder Feldstraße und seinem technischen Basteln widmen. Leidenschaften, in denen er ganz aufging. Existenzsichernde Leidenschaften, wohlgemerkt. Sie dienten nicht dem Freizeitvergnügen, sondern dem Sattwerden und dem Wohlbefinden und Fröhlichkeit seiner Enkel und Enkelinnen, die sich zur Freude aller dann auch nach und nach einstellten.

Zunächst aber baute Bruno den Raum über der steilen Treppe – für uns Kinder eine nahezu unheimliche dunkle Stiege – in der Schulkenstraße Nr. 4 zu einer kleinen Mechanikerwerkstatt um. Dreh- und Angelpunkt war der Schraubstock an der Werkbank,

Oma Marie mit Enkelin Annemarie, Enkel Heinrich, Enkel Klaus, Opa Bruno 1940

Opa Bruno und Oma Marie Frenzel 1940

ein Werkzeug, das mir wie ein Geschenk des Himmels erschien. Was konnte man mit diesem Ding nicht alles anfangen? Und unser Opa zauberte damit die schönsten Sachen in unsere kleine Welt. Etwas höher auf einem Schrank, sozusagen außerhalb der Reichweite grapschender Kinderhände, standen zwei große Glaszylinder, inzwischen stark vergilbt, in denen unser Großvater, weit vor unserer Zeit, galvanische Elemente betrieb und damals seinen staunenden Nachbarn das erste elektrische Licht vorführte.

Sein Enkel Heinrich, der natürlich wie alle Jungen solchen Namens nur Heini genannt wurde, was dem, als er dann älter wurde, gar nicht so sehr gefiel, wandelte sehr früh schon auf den Spuren seines Großvaters. Er brauchte – gleich dem Opa – Bewegung. So spazierte er – nicht nur einmal – im Alter von zirka zwei Jahren ganz allein los, und wenn er von anderen Leuten aufgegriffen wurde, so begründete er seinen Ausflug mit: »Papa, Kauke Bier tinken geh'n!« Klaukes Gastwirtschaft am Aumunder Bahnhof, galt damals als ein renommiertes Lokal, es war so ziemlich das einzige in der Gegend, vermutlich ein begehrter Ort, wenn die Väter mit den Söhnen …

Vom Großvater Bruno können wir, die Nachfahren, zumindest was solche Ziele anbetrifft, nicht von derartigen Vorlieben reden. Ich kann mich lediglich erinnern, einmal mit einem leeren (Bier) Krug in das Lokal am Fährer Werktor des Vulkan, also gleich nebenan in der Schulkenstraße, geschickt geworden zu sein, um Opa einen kühlen Schluck zu beschaffen. Es kann auch sein, dass wir in Gesellschaft mit seinen Söhnen und dem Schwiegersohn dort einkehrten, was dann aber eine wirklich durstige Ausnahme bedeutete.

Seine Kaninchen hockten meistens aufeinander in Ställen in seinem Hinterhof, in dem auch das Klosett integriert war, was sich sogar vornehm anhört. In der Realität bestanden alle diese Etablissements aus roh zusammengenagelten Holzbrettern, in der sich wahrscheinlich die Karnickel genau so unwohl gefühlt haben wie wir Kinder, wenn wir mal aufs Klo mussten. Und immer dann um das ganze Haus herum, denn die Tür zum Innenhof führte genau durch die Küche der unteren Mietpartei.

Großfamilie Frenzel Pfingsausflug 1942
Von links nach rechts: befr.Ehepaar, Wanda u. Heinrich Frenzel, Anni Klose, Berta Labentsch, Mathilde Klose, Otto Labentsch, Mieschen u. Bruno Frenzel
unten Kinder: Heinrich u. Annemarie Labentsch, im Kinderwagen Klaus Frenzel, Karl Heinz Klose,, Erika Klose,Lorenz Langhorst, Jürgen Klose

Wer Oma in der ersten Etage und auch die Bewohner des Erdgeschosses in der Schulkenstraße Nr. 4 näher kannte, der wusste, dass ziemlich fix die untere Küche zum verbotenen Gebiet gehörte, um deren Transit man nur kämpfte, wenn draußen meterhoher Schnee lag. Im Sommer, wenn alle Türen offen standen, sprangen wir Kinder schon mal durch die verbotene Küche und wunderten uns, dass die Nachbarin von unten überhaupt nicht meckerte, selbst wenn wir sie gerade beim Kartoffelschälen störten. Im Übrigen: Trat man in irgendeine Küche, war immer eine Frauensperson mit Kartoffeln beschäftigt.

Opas Kleingarten in der Feldstraße erschien uns ein Paradies, obwohl wir in der Walter-Flex-Straße ein Selbstversorgergrundstück (der Begriff wird noch erklärt) besaßen. Bei Opa fanden wir so schmackhafte Himbeeren, so zuckersüße Brombeeren, Apfelbäume und selbst Pfirsichbäume, die im allgemeinen rauen Klima des Nordens stets kränkelten. In Opas Garten fühlten sich alle offensichtlich wohl. Und erst die Landbude (Gartenhaus), so heimelig, so gemütlich, ein Traum von einer Kinderhöhle mit eingeschlossener gesunder Vollverpflegung, was wollten wir Kinder noch mehr.

Dann kam der 1. September 1939.

Hitler eröffnete den Zweite Weltkrieg. Man macht es sich heute zu leicht, wenn man behauptet, der Reichskanzler allein habe den Krieg eröffnet und damit die Katastrophe über Deutschland beschworen. Und dieser Diktator sei der alleinige Verantwortliche, so lautet doch die verdrängende Entschuldigung der Übriggebliebenen. Ein Mensch, sei er noch so böse, kann ohne gleich gesinnte willfährige Helfer gar nichts bewegen. Ganz Deutschland war dafür verantwortlich, denn die Partei der NSDAP, die Nationalsozialistische Deutsche Arbeiterpartei wurde 1933 mit demokratischer Mehrheit gewählt. Und sie – diese Partei – rekrutierte sich aus der Masse der Arbeiter. Es waren Horden von vorwiegend gewalttätigen Volksgenossen, die zerstörend durchs Land zogen, die die Synagogen in Brand setzten und die Bevölkerung drangsalierten, Angehörige anderen Glaubens und Völker umbrachten.

Eine schwere Zeit für die aufrechten Mitglieder der Arbeiterklasse, die wohl wussten, wer sich schuldig machte und wer nicht. Seit der Machtübernahme der Nazis war jeder Widerstand lebensgefährlich und wer eine Familie zu versorgen hatte, durfte nichts riskieren, wollten er und die Seinen überleben.

Sie mussten sich ducken, die Männer unserer Familie, die mit den Nazis nichts gemeinsam hatten, allesamt nicht. Das Verbot von Gewerkschaften, Freien Arbeiter-Turnvereinen und anderen Organisationen (unser Vater war Mitglied der Reichsbanner, einer uniformierten Gegenorganisation) und Parteien mussten sie als Betroffene klaglos hinnehmen.

Wenn sich auch der Bremer Norden nicht durch eine besondere hohe Konzentration von Nazis auszeichnete, so war

Marie und Bruno Frenzel im Hinterhof der Schulkenstraße 4

dennoch Vorsicht geboten, Denunzianten gab es überall. Selbst Oma Frenzel legte sich eine ungewohnte verbale Zurückhaltung auf. Das muss ihr sehr schwer gefallen sein.

Arbeit hatten sie alle. Der Bremer Vulkan war längst in die Kriegsmaschinerie eingespannt und baute wieder Druckkörper für die U-Boote. Für die männlichen Beschäftigten bedeutete das, nicht sofort an die Front geschickt zu werden. Opa Bruno lief seines Alters wegen (59 Jahre bei Kriegsausbruch) nicht Gefahr, die Uniform noch einmal anzuziehen, aber alle anderen Männer, Söhne und Schwiegersöhne konnte es treffen und es traf sie, wenn auch erst später.

Wir Kinder erlernten sehr schnell den Krieg: Luftschutzalarm, Bunker, Kennzeichnung der Kellerfenster am Haus (für die Rettungsmannschaften, weil man im Keller Überlebende im Falle eines Bombentreffers vermutete). Auf jeder Etage standen Wasser- und Sandlöscheimer, über die man stets fiel, weil ja auch die absolute Verdunklung nach außen und automatisch auch nach innen geboten war.

Schon vor Ausbruch des Krieges kam der erste Soldat in der Familie ums Leben. Es war der Bruder meines Vaters, der jüngere Gottlieb, der auf der Festung Helgoland 1937, kurz vor meiner Geburt, an einer Lungenentzündung starb. (Deswegen bekam ich auch den zweiten Vornamen Gottlieb).

Uns traf es 1943, und zwar ganz genau am 18. März. Die US Air Force startete einen Luftangriff auf den Bremer Vulkan. Eine Bombe zerstörte als Volltreffer den Eingang des Bunkers, in dem unser Vater Otto Labentsch und Großvater Friedrich Labentsch Schutz gesucht hatten. Friedrich Labentsch war sofort tot, unser Vater kam schwer verletzt ins Hartmannstift, dem Vegesacker Krankenhaus. Von Großvaters Tod wussten wir noch nichts, als unsere Mutter verständigt wurde, dass ihr Mann im Krankenhaus läge. Hochschwanger eilte sie nach Vegesack, an der Hand mich, ihren fünfjährigen Sohn.

Chaos im Hartmannstift, das selbst einen Treffer abbekommen hatte. Eine Schwester führte uns ins Krankenzimmer und zeigte auf ein Bett, auf dem verkrümmt eine schwärzlich

Gottlieb Labentsch

angekohlte Gestalt lag. Sie nahm uns nicht wahr, die Gestalt, die ich niemals für meinen Vater gehalten hätte. Er war es dennoch. Eine Schulter war frisch verbunden, das Weiß des Verbandes bildete einen sterilen Kontrast zum verdreckten Körper. So, als sei der verbundene Teil gesund und der Rest bereits zu Staub geworden. Aus einem Ohr rann Blut. Ich kann dieses Bild heute noch genau so wie vor Jahren beschreiben; ich werde es mit ins Grab nehmen.

Mutter und ich verloren jegliche Hoffnung, der Anblick war zu schrecklich. Weinend schoben wir zurück in die Walter-Flex-Straße, in der die Familie seit 1939 wohnte. Zuhause erwarteten uns Oma und Opa Frenzel, sie hatten vom Tode des anderen Opas, des Friedrich Labentsch gehört.

Ein zusätzlicher Schock. Erstaunlich, wie schnell sich dieses Unglück herumsprach, denn es gab damals für unsereins kein Telefon oder eine andere schnelle Informationsquelle.

Der vorgenannte Angriff der Amerikaner wurde später in einer amerikanischen illustrierten Zeitschrift als der erste geglückte Versuch eines neuen Verfahrens von »precision bombing« – Teppichwurf – ausführlich beschrieben. Eine größere Anzahl von Flugzeugen warf mehr als 60 schwere Bomben. Über 100 Mitarbeiter des Vulkan kamen ums Leben. Der Sachschaden übrigens wurde sehr schnell behoben, wie immer in solchen Fällen.

Zwei Wochen später, am 31. März kam unsere Schwester Gisela zur Welt. Natürlich zuhause. Den Storch habe ich nicht mehr gesehen. Unsere Nachbarin, die gute Erna Wiederholz aus Gödens in Ostfriesland, meinte, dass ich schon wieder mal zu spät gekommen sei, denn gerade eben musste der große Vogel zur Tür hinaus geflogen sein. Ich hätte ihn wirklich gerne gesehen. Als Trost durften Annemarie und ich jedoch den Namen für die neue Schwester bestimmen. Wir entschieden uns für Gisela, denn so hieß Annemies schöne große Puppe. Mutter hing dann noch den zweiten Namen Eva an das etwas laute Baby.

Glücklicherweise erholte sich unser Vater zusehends, wenn er auch sein Leben lang unter nachwirkenden Beschwerden zu leiden hatte. Dieser Umstand störte das Wehrbezirkskommando weniger, denn nach einigen Monaten schon wurde er eingezogen, so nannte man die Einberufung zur Wehrmacht. Er hatte relatives Glück und musste als Marineinfanterist im besetzten Dänemark seinen Dienst tun. Dort gab es keine Front, jedoch eine aktive Widerstandsbewegung, die den deutschen Soldaten sehr zu schaffen machte.

Nun standen fast alle Männer des Familienverbundes mehr oder weniger im erbarmungslosen Krieg. Alle Last des Lebens ruhte nun in den Händen der Frauen und Mütter. Lediglich Opa Bruno Frenzel stand zur Verfügung und er tat, was er konnte. Er half, wo immer es nötig war, wobei er seine Arbeit beim Bremer Vulkan keineswegs vernachlässigen durfte. Und er hatte einen schwere Last zu tragen, wie wir heute vermuten dürfen.

Es dürfte die schwerste Bürde seines Lebens gewesen sein. Er hatte die ausländischen Zwangsarbeiterinnen und Kriegsgefangenen, die beim Vulkan Fronarbeit leisteten, innerhalb des Werftbereiches, also im Arbeitsprozess, zu betreuen.

Ich erinnere mich an eine der wenigen, um nicht zu sagen, erfreulichen Episoden. Freude erlitt damals niemand, erst recht nicht die Versklavten.

Der Winter 1944 stand vor der Tür. Beißende Kälte war vorauszusehen. Die Versorgung mit Heizmaterialien, Steinkohlen und Briketts, gestaltete sich schon sehr schwierig. Alle Bäume in der näheren Umgebung der Walter-Flex-Straße in Bremen Aumund waren längst geopfert. Nur im Straßenwinkel zur Hermann-Löns-Straße stand noch eine riesige Pappel, der Lieblingsbaum der Kinder, denn er war hohl und bildete eine herrliche Höhle. Die Frauen aller Nachbarn waren sich einig: Der Baum musste Feuerholz werden. Aber wie und durch wen?

Mutter bat ihren Vater um Rat. Schon wenige Tage später rückte er mit seinen Schutzbefohlenen an. Weiß der Teufel, wie er es erreicht hatte, diese Leute aus der Kriegsproduktion herauszulösen und für diesen Holzfäller-Einsatz freizustellen. Mehrere verhärmte und ausgehungerte Männer ausgerüstet mit Äxten und Sägen, trafen im Gleichschritt und in einer nahezu militärischen

Formation bei uns im Garten an und stellten sich auf. Opa legte sein ihm aufgezwungenes Gewehr in der Waschküche ab und ließ die Kriegsgefangenen sich ausruhen.

Als die Frauen in der Siedlung vom Zweck des Aufmarsches erfuhren und den traurigen Zustand der entsandten Russen registrierten, schleppten sie, was sie an Lebensmitteln entbehren konnte heran und fütterten die jungen Kerle erst einmal so richtig durch. Natürlich stellte sich auch der einzige Nazi aus der Nachbarschaft ein und kritisierte diesen Akt der Solidarität mit dem Feind. Er wählte allerdings andere Wörter. Da kam er bei den Nachbarinnen aber so richtig an: »Wir brauchen Feuerholz und diese Leute sollen uns die zwei Meter dicke Pappel umhauen. Das schaffen halb verhungerte Menschen nicht. Aber wenn du anderer Meinung bist, dann hau du den Baum um!« Und eine der Nachbarinnen nahm eine Axt und wollte sie dem Allgewaltigen in die Hand drücken. Der hatte dann doch etwas noch Wichtigeres zu tun und verschwand.

Das Fällen der Pappel war das Ereignis der nächsten Tage. Wir Kinder waren nicht wegzukriegen und wir bewunderten und fürchteten natürlich die jungen Russen, die mit großer Sachkenntnis an die Arbeit unter blauem Himmel gingen und wohl so etwas wie Sonne und Freiheit verspürten. Von glücklichen Momenten der Männer schreibt man besser nicht. Später dann zu Weihnachten bekamen wir von ihnen selbst gebasteltes Spielzeug geschenkt. Ich bekam ein Kettenkarussell aus Holz in roter Farbe gestrichen mit weißen Lackstreifen verziert. Ungeheuer haltbar. Meine Schwestern bekamen ähnliches Geschnitztes, ich weiß nur nicht mehr was.

Dieser Einsatz – heute möchte ich sagen – diese Inszenierung des Krieges, brannte sich in unsere jungen Seelen als ein erbärmliches wie auch würdevolles Schauspiel ein. Der Aufmarsch: Gezwungene Kreaturen, die Gefangenen wie auch unser Opa, dem nichts so verhasst war wie ein Gewehr, schleppten sich auf die Bühne. Dann die Leistung an der Pappel, der stille Beifall des Publikums, dessen Dankbarkeit, die Anerkennung der Spieler durch Belohnung und die Würde des Abganges. Ein klassisches

Drama. Für die Pausen sorgten die Fliegeralarme. Über uns flogen amerikanische und englische Bomber, später dann auch tieffliegende Jagdflugzeuge, deren Piloten nicht erkennen konnten, ob sie nun Feinde oder gefangene Verbündete mit ihren Bordkanonen vom Leben zum Tode beförderten.

Was uns allen nicht klar war, auch nicht unseren Eltern und den anderen Familienmitgliedern, war die schreckliche Aufgabe und aufgezwungene Pflicht, die unser Opa auf seiner Arbeitsstelle mit den unterernährten Zwangsarbeitern und -arbeiterinnen zu erfüllen hatte. Die armen Menschen schufteten sich zu Tode. Kein Wort über die fürchterlichen Schicksale dieser Mitarbeiter kam über seine Lippen, auch später nicht, als scheinbar alles vorüber war.

Auch die offizielle Jubiläumsschrift zum 150jährigen Bestehen der Werft im Jahr 1955 erwähnt mit keinem Wort das Elend der Zwangsarbeiter und Kriegsgefangenen, die in diesem Unternehmen zur Arbeit gepresst wurden und ihr Leben dabei ließen.

Unser Großvater war unmittelbarer Zeuge dieses Verbrechens und er konnte nicht helfen; lediglich die Not zu lindern, blieb ihm überlassen. Er ist vermutlich sein Leben lang nicht über diese schreckliche Zeit »hinweggekommen«, wie man sagt. Seine Mentalität zwang ihn, die Geschehnisse in sich hineinzufressen, nicht auch noch andere damit zu belasten. Er folgte damit unbewusst dem Trend der Nachkriegszeit, das Unfassbare, das auch uns getroffen hatte, zu verdrängen. Schweigen war das Gebot der Stunde. Schweigen üben galt auch als eine Art des Selbstschutzes, um nicht verrückt zu werden.

Unser Opa, Bruno Frenzel, konnte sich nicht als Helfer der Verbrecher sehen, das gab sein Charakter nicht her. Er hat sich vermutlich mit den Opfern solidarisiert, soweit es möglich war und er sich nicht selbst in Gefahr brachte.

In seinem Nachlass fand ich ein vergilbtes Stück Papier, auf dem mit roter Ölkreide und ungelenker Schrift ein letzter Brief an ihn gerichtet war. Wer weiß, wie oft Opa diese Zeilen vor Augen hatte und wie ich ihn kannte, wird er jedes Mal geweint haben, so wie mir Tränen in die Augen traten, als ich den Sinn und damit die Tragödie erfasste. Ein Stück Papier, gefaltet zu einem Kassiber von fünf mal sieben Zentimetern; herausgeschmuggelt aus dem Lager, wahrscheinlich aus der Krankenbaracke, gerichtet an:

Bruno fon Marija P.

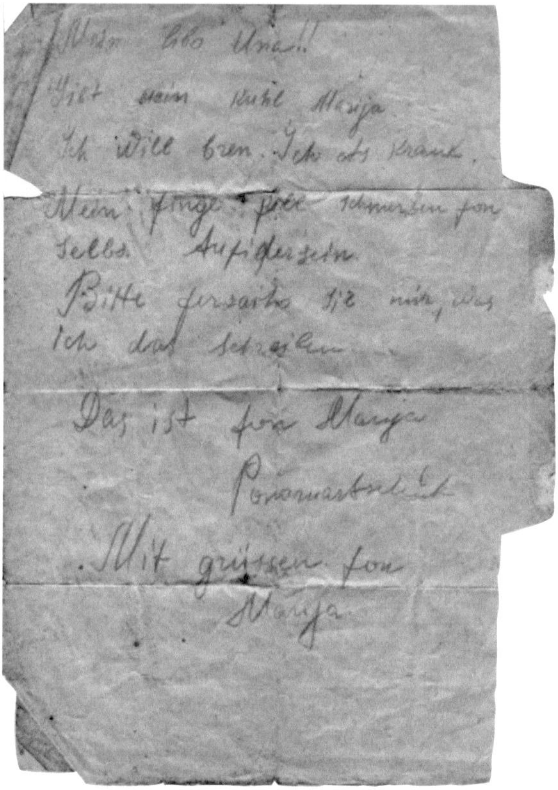

Der Versuch der Deutung:

Mein lieber Bruno,
Wünsche mir, Marija, (ewige) Ruhe.
Ich will sterben. Ich bin jetzt krank.
Meine ? ? schmerzen von selbst.
Auf Wiedersehen.
Bitte verzeihen Sie mir, dass ich das jetzt schreibe.
Das ist von Marija Poromartschuk.
Mit Grüßen von Marija

Und wie ich jetzt, wird der Opa vor Wut die Zähne zusammengebissen und die Hände zu Fäusten geballt, mit dem Schicksal gehadert haben, das uns verdammte, einer Nation anzugehören, die so viel Leid unter die Menschen gebracht hat.

Ich glaube nicht, dass Opa jemals stolz darauf war, ein Deutscher zu sein. Obwohl es seinem Enkel besser geht, weil er und seine Geschwister das Glück hatten, in einer zumindest materiell glücklicheren Nachfolgegeneration aufzuwachsen, kann auch den Enkel, nämlich mich, diese Nation nicht überzeugen und die Angst, eine nächste Katastrophe zu erleben, wird mich bis ins Grab verfolgen.

An anderer Stelle habe ich einmal geschrieben: Das Glücksgefühl wurde unserer Generation amputiert und die Angst implantiert. Mediziner mögen es Depression nennen. Ja, es ist eine in der Kindheit erlittene psychische Hypothek, denn unsere Großeltern, unsere Eltern, konnten Worte und böse Taten anderer vor uns verbergen, aber nicht die seelischen Notstände in der sie sich selbst befanden. Wir Kinder spürten es und weil unser Verstand damit nicht zurechtkam, speicherte er es für spätere Zeiten ab – unlöschbar!

Was der Mensch aushalten kann, hat Opa uns bewiesen. Seine Größe wird mir erst heute bewusst. Welches menschliche Leid musste er auf dem Vulkan erfahren und mit tragen, und welche Kräfte machte er noch frei, um sich der Familie zu widmen, die auf seine Hilfe angewiesen war.

Es ging gegen Hunger, es ging gegen Kälte. Seine Kaninchen in den Ställen auf dem Hinterhof, mühsam hochgepäppelt mit Heu, das er im Sommer als Gras den Pfaden im Kleingarten abtrotzte, dienten unserer Verpflegung. Er selbst war nicht in der Lage, die Tiere zu schlachten. Das übernahm unsere Oma, denn sie war, wie schon erwähnt, wenig zimperlich. Die Felle der Kaninchen gerbte Opa sorgfältig und rüstete uns Kinder damit aus. Felljacken, Fellkragen, Fellhausschuhe, Muffs aus Kanin, selbst als Bettvorleger dienten uns diese selbst erzeugten Kürschnerprodukte.

Es fällt mir heute schwer, die Grenze zwischen Kriegs- und Nachkriegszeit anhand von Geschehnissen innerhalb der Familie aus der Erinnerung heraus zu beschreiben. Ich rechne dieses als einen Verdienst unserer Eltern, Großeltern, Onkel und Tanten zu, die uns Kinder damals von der Grausamkeit der Welt fernhalten wollten und es zum Teil auch fertigbrachten.

Da gab es die von uns so sehr genossenen Fahrten mit der Eisenbahn zu Tante Mieschen in Rönnebeck. Mieschen und Bruno jun. wohnten in der Nähe des Bahnhofes in einem Zweifamilienhaus zur Miete. Tante Mieschen betrieb ebenfalls in der Nähe des Rönnebecker Bahnhofes einen kleinen Lebensmittelladen. Dieser war zu den damaligen Zeiten (vor und nach Kriegsende) nur spärlich versorgt und dennoch vermochte Tante Mieschen uns daraus Gutes zu besorgen, ganz egal ob Mutter nun die entsprechenden Lebensmittelmarken dafür geben konnte oder nicht.

Es waren die Weihnachten, genauer gesagt, der erste Weihnachtstag, an dem sich die Familie in der kleinen Wohnung der Großeltern in der Schulkenstraße zusammenfand. Die Geschenke, die ich von Opa bekam, waren legendär (für mich jedenfalls): eine Elektrisiermaschine, ein selbstfahrendes Blechboot und weitere stets selbst gebastelte Jungenträume. Sein Sohn, unser Onkel Heinrich, stand seinem Vater in der meisterlichen Handwerkerfähigkeit in nichts nach. Von ihm bekam ich unter anderem ein handgeschnitztes Pferdefuhrwerk aus »Eisenholz« unverwüstlich eigentlich. Meine Schwester Annemarie trabte stolz mit einem neuen Puppenwagen, komplett aus Pertinax (Isolierkunststoff) von Opa handgefertigt, nach Hause. Kurz gesagt, wir fühlten uns reich beschenkt.

An Montagen, regelmäßig im Abstand von vierzehn Tagen, war stets feuchter Waschtag angesagt. Er fand in unserem kleinen Siedlungshaus statt. Früh um fünf Uhr morgens stand Mutter auf und heizte den Waschkessel in der Waschküche an, später war das mein Job. Oma Frenzel machte sich auf den Weg und schob einen hochbeinigen Kinderwagen, der uns damals schon vorsintflutlich erschien, voll mit Wäsche von der Schulkenstraße via Vulkan-, Brunnen-, Bahnhof-, Hammersbecker-, Walter-Flex-Straße.

Tochter Berta Labentsch geb. Frenzel mit ihren Kindern Annemarie, Gisela, Heinrich im Jahr 1945 (Ein Foto für den Vater im Krieg)

Der Aumunder Bürger konnte seine Taschenuhr danach stellen: Pünktlich um halb acht Uhr passierte Oma den Aumunder Marktplatz. Es konnte regnen, schneien, Fliegeralarm oder Vernebelung herrschen, Oma war unterwegs.

Den Waschtag näher zu beschreiben, wage ich heute nicht mehr. Grauenhaftes Chaos durchflutete Haus und Garten. Vorwäsche, Buntwäsche, Kochwäsche, Feinwäsche und Grobwäsche wie Arbeitszeug der Männer versammelten sich in Wannen, Bottichen, Schalen und dem blubbernden Waschkessel. Wer in der Lage war zu fliehen, der floh. Irgendwann konnte ich mich selbst nicht mehr freistellen und wurde fest eingebunden in das Ritual der familiären Sauberkeit. Zuerst begann es mit der Zubereitung der Erbsensuppe, die am Montag so unvermeidlich wie Omas Kinderwagen schien. Die Erbsen wurden tags zuvor eingeweicht und alles Weitere oblag dann mir. So gegen zwölf Uhr mittags wurde gegessen, dann im Garten die Wäsche aufgehängt, sofern das Wetter es zuließ. Frost schadete der Wäsche nicht, lediglich meinen Fingern. Dennoch war ich stolz, im Garten an der Leine tätig zu sein, denn das bewies schon mal »Größe«. Regnete es, herrschte Notstand im Haus. Über dem Küchenherd, über dem Stubenofen, über dem Treppengeländer, über allen Vorsprüngen, an denen man etwas aufhängen konnte, hing auch was. Das nasse Bettzeug konnte man nur auf dem Trockenboden unterbringen. Der Raum im Obergeschoss hieß deswegen so, weil dort mit Sicherheit gar nichts trocknete, weder die Kalkfarbe, die Vater mit Todesverachtung jedes Jahr erneut auf die Wände strich, noch die Wäsche.

Spät am Nachmittag erschien dann Opa Frenzel ausgeruht vom »Dienst« im Kleingarten auf seinem Fahrrad und brachte immer etwas mit. Es steigerte die Launen der zwei Waschfrauen mindestens im geringen Maße, denn die Hauptarbeit hatten sie hinter sich. Bevor es dunkel wurde, verabschiedeten sich Oma und Opa. War die Wäsche trocken, kam der vierrädrige Transporter, der geländegängige Kinderwagen, wieder mit zurück. Im anderen Fall holte die Oma das Gefährt gefüllt mit reiner Wäsche an einem anderen Tag ab.

Mit der Beschreibung des Waschtages will ich andeuten, dass die Familien – es waren ja die Mütter, die sie leiteten – trotz der Kriegshandlungen, versuchten, eine unbeeinflusste Normalität aufrechtzuerhalten. Bis zum Frühjahr 1945 funktionierte die Versorgung mit Lebensmittel noch einigermaßen. Ab Februar brach die mühsam aufrecht erhaltene Infrastruktur (den Begriff kannte man damals nicht) zusammen. Nun war jeder auf sich selbst angewiesen.

Die Bombenangriffe häuften sich. Es gab ununterbrochen Fliegeralarm. Mutter brachte uns Kinder nicht mehr im Keller unter, sondern zwang uns flach auf dem Sofa zu liegen und statt eines Kopfkissens stellte sie eine Fußbank hochkant vor unseren Köpfen gegen das Fenster gerichtet auf. Eine vorsorgliche, eine glückliche Maßnahme. Als nämlich eine Luftmine über unserer Siedlung explodierte und der ungeheuer erzeugte Luftdruck sämtliche Fenster nach innen sprengte, schützte uns die Fußbank vor den umherfliegenden Glassplittern.

Alle Häuser in der Siedlung wiesen größere beziehungsweise je nach Lage mittlere Schäden auf. Die Dächer waren aber fast alle

Die Enkelkinder Heinrich und Annemarie Labentsch, worin Annemarie stolz einen Mantel und eine Kappe mit Kanninchenfellbesatz aus Opas Produktion trägt

betroffen. Nur notdürftige Reparaturen konnten durchgeführt werden. Die Fenster wurden mit Presspappe vernagelt. Glas gab es nicht.

Auch Opas Kleingarten war betroffen. Viele der Landbuden, wie wir sie nannten, waren umgestürzt. Opas stabile Bude blieb aufrecht stehen, wies allerdings ebenfalls Schäden auf. Dennoch und das galt im Grunde genommen auch für die größten Sachschäden, wurden die Zerstörungen in Windeseile beseitigt, sodass die ursprüngliche Funktion, wenn auch nur notdürftig, wieder hergestellt wurde.

Unser Vater war in Dänemark stationiert. Ein Land, in dem trotz Krieg und deutschen Soldaten Milch und Honig flossen, denn wir bekamen fast noch bis Kriegsende von ihm Pakete gesandt, die mit wichtigen Lebensmitteln und köstlichen Süßigkeiten (Lakritzen) gefüllt waren. Er hat uns später versichert, dass er diese guten Gaben niemanden weggenommen, sondern sie ganz normal in Geschäften erworben hatte.

Dann hieß es: »Die Amis sind bereits in Lemwerder. ... Und die Panzersperren in Vegesack sind gar nicht geschlossen worden. ... Sie nützen sowieso nichts mehr«. Ein wenig Geschützdonner. Dann Stille. Unendliche Stille der Angst und der Neugier, mindestens bei uns Kindern. Es blieb still, unheimlich still.

Es waren nicht die Amis, es waren die Engländer, die sich an der Adolf-Hitler-Straße auf dem Gelände einer Holzhandlung (ich meine, es war die Firma Heidhoff) festgesetzt hatten. Wir Kinder liefen dort hin, stellten uns an den Drahtzaun und blickten scheu dem Feind entgegen. Ein Soldat kam auf mich zu und bot mir etwas aus einer kleinen olivgrünen Dose an. Ich hatte Angst, ich lief weg.

Aber der Krieg war nun aus, ich selber konnte es bezeugen.

Nach dem Krieg

Wie ich schon schrieb: Es war eine fließende Zeit, fast so wie im Traum, unwirklich eigentlich und hin und wieder unterbrochen von realistischen Szenen, so als würde man kurzzeitig aufwachen und danach wieder in tiefe Trance fallen. So muss ich als Kind aus heutiger Sicht die fatale Situation unserer kleinen Welt in und um Bremen-Aumund aufgefasst haben. Heute weiß ich, dass jeder um sich herum unbewusst ein Schutzgitter aufbaute, um seine Seele vor ernsthaften Beschädigungen zu bewahren. Den Kindern gelang es nicht in jedem Fall, zu zart die Haut, zu schwach die Nerven, zu anfällig die Psyche.

Ein Glück, dass es auf den Sommer 1945 zulief, das Leben in Deutschland. Die Winterkälte schien überwunden, in den Gärten konnte das erste Gemüse geerntet werden, wenn es nicht schon über Nacht geklaut war. Die Mütter hielten ihre Kinder im Hause nahezu gefangen. Die Angst, sie auch noch zu verlieren war groß, wenn auch nicht unbedingt begründet. Ein Fahrrad zu besitzen, musste man als sehr viel riskanter ansehen.

Opa verlor seine ganzen Kaninchen, sowohl die aus dem Hinterhof als auch die wenigen, die in Ställen an seiner Landbude im Kleingarten ihr kurzes Leben fristeten. Über Nacht geklaut. Aber es gelang ihm, sein uraltes Fahrrad über die Zeit des Chaos zu retten.

Die nicht in Schuld verstrickten Erwachsenen mochten sich damals für befreit gehalten, die dürftige Freiheit auch tatsächlich als eine solche begriffen haben; für uns Kinder galt das nicht; einbezogen in die Sorgen der Mutter und angebunden an eine neue Pflicht, die sich wie ein Gebirge auf uns acht bis zehnjährigen Jungen und Mädchen legte, weil es nun galt zu existieren, zu beschaffen, zu erhalten.

Nur mühsam wurde die Lähmung, die das Land befallen hatte, überwunden. Die Kriegstoten waren noch gar nicht alle gefunden und gezählt, da erfuhr die meist ahnungslose Bevölkerung von den Morden an den Juden. Wobei man einschränken muss, dass die wahlpflichtigen Bürger nicht ohne Ahnungen und auch nicht ganz ohne Wissen gewesen sein konnten. Die Propaganda der Nazis vorher war aufschlussreich genug, und die Plünderungen und Zerstörungen der Synagogen wiesen eindeutig auf das bevorstehende Pogrom hin. Es soll mir heute keiner sagen, die Deutschen wussten nicht, was die Deutschen taten. Es war nur zu spät für die Aufrechten.

Die Alliierten zwangen die Erwachsenen und auch die Heranwachsenden in die Kinos, um sich die Filme über Gräuel in den Konzentrationslagern anzusehen. Sie kehrten schweigend zurück, die Erwachsenen unserer Siedlung, um in der heimischen Kammer zu heulen, weil ihnen ihre Schuld bewusst und klar wurde, dass ihre Kinder dieses fürchterliche Erbe übernehmen müssen, ohne jemals dafür verantwortlich gewesen zu sein.

Allmählich öffneten sich die Türen in den Häusern, ließen frische Luft hinein und auch fremde Menschen. Einmal, weil sie gezwungen wurden, Solidarität zu üben und Flüchtlinge aufzunehmen und zum anderen, weil die Familien auf Hilfe von außen angewiesen waren. Die meisten Männer fristeten ihr Leben damals noch als Kriegsgefangene in Lagern.

Ich erinnere mich an zwei italienische Zwangsarbeiter, die freigelassen, aber nicht wussten, was sie mit dieser Freiheit anfangen sollten. Sie wanderten durch unsere Siedlung und baten dabei auch meine Mutter um Arbeit. Giuseppe und Gaetano hießen sie. Zwei lustige Kerle, sie konnten schon lachen, was wir wieder lernen mussten. Von Gartenarbeit verstanden sie gar nichts, aber sie besorgten unendlich schöne Dinge wie Glasperlen für meine beiden Schwestern, in die sie vernarrt schienen und echte »Hoffmanns« Wäschestärke für die Mutter, die daraus einen herrlichen Pudding zauberte. Nach kurzer Zeit verschwanden sie wieder – in Richtung Heimat, wie sie vorgaben.

Etwas später wurde ich bei der Gartenarbeit durch zwei sehr freundliche aber auch sehr stille polnische, jetzt freie Zwangsarbeiter entlastet. In Nullkommanix hatten sie alles im Garten in Ordnung gebracht. Doch auch sie hielten es nicht lange aus; wer konnte es ihnen verdenken, es drängte sie zurück in die Heimat.

Während Mutters Brüder, unsere Onkel Bruno und Heinrich wieder gesund zurückgekommen waren, schmorte unser Vater noch in einem Kriegsgefangenenlager der Briten in der Nähe von Oldenburg. Eine Feldpostkarte übermittelte uns die frohe Botschaft mindestens des Lebenszeichens. Von Freilassung war nicht die Rede. Im Gegenteil, es verbreitete sich das Gerücht, dass die Engländer planten, ihre Gefangenen nach Kanada in diverse Arbeitslager zu überführen.

Onkel Heinrich, der bei Kriegsende einem Kommando diente, das in Nienburg an der Weser stationiert war, hatte zum Schluss die Pflicht, die Stadt Bremen zu verteidigen. Er gehörte zu einer Panzerbesatzung. Da kein Benzin mehr vorhanden, wurden die Motoren der Fahrzeuge mit Holzgas betrieben. Onkel Heini schilderte seinen letzten Einsatz etwa so:

»Der Feind hatte bereits das linke Ufer der Weser besetzt. Wir waren die Besatzung des letzten einsatzfähigen Panzers in Bremen. Mit dem Rest des Feuerholzes setzten wir noch einmal den Motor in Gang, fuhren bis an die Schlachte (Weserufer) feuerten ohne Ziel zu nehmen zweimal hinüber und zogen uns sofort wieder zurück. Dann war das Holz verbrannt, die Munition ausgegangen und wir überflüssig. Ich setzte mich nach Blumenthal ab. Meine Uniform ging unterwegs versehentlich verloren …«

Was Onkel Bruno im Kriege machen musste, ist mir entfallen. Jedenfalls war er unmittelbar nach Kriegsende wieder zu Hause in Bremen-Nord, wo sich die Familie wieder zusammenfand und versuchte den Spuk zu vergessen.

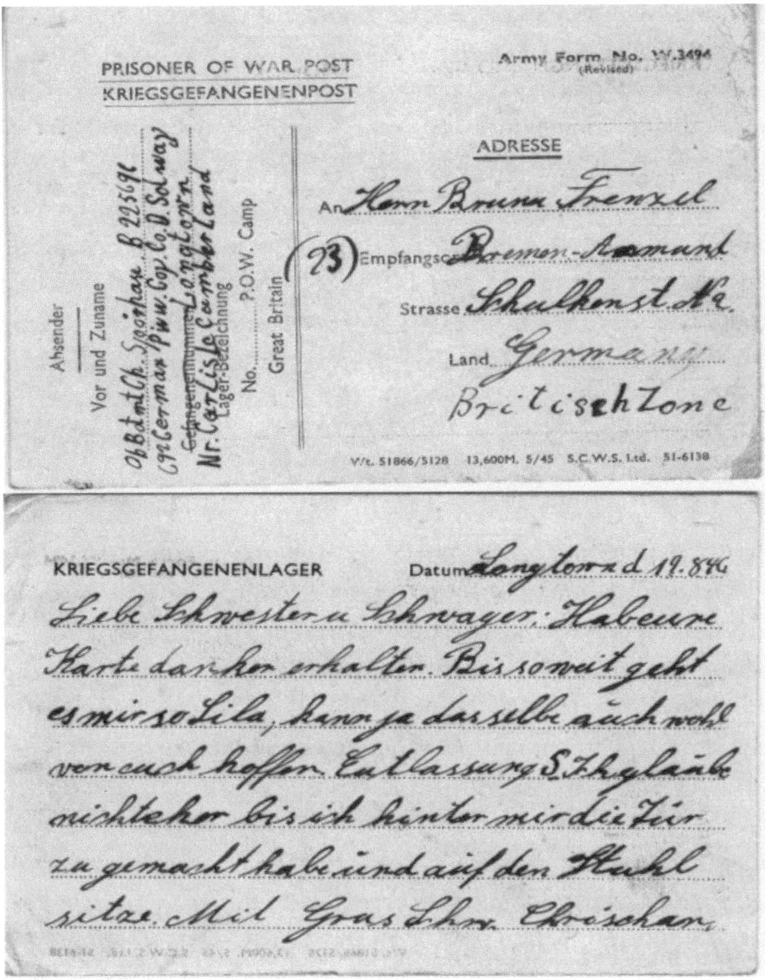

PRISONER OF WAR POST
KRIEGSGEFANGENENPOST

Army Form No. W.3494 (Revised)

Absender
Vor und Zuname ObBtmtCh. Spörhase B 225696
Gefangenennummer 692 German Pww. Coy. Co. D. Solway
Lager-Bezeichnung Longtown
No. Nr. Carlisle Cumberland P.O.W. Camp
Great Britain

ADRESSE

An Herrn Bruno Frenzel
(23) Empfangsort Bremen-Aumund
Strasse Schulkenstr. 4a
Land Germany
Britisch Zone

V/t. 51866/5128 13,600M. 5/45 S.C.W.S. Ltd. 51-6138

KRIEGSGEFANGENENLAGER Datum Longtown d. 19.8.46

Liebe Schwester u. Schwager: Habe eure Karte dankend erhalten. Bis soweit geht es mir so Lila, kann ja dasselbe auch wohl von euch hoffen. Entlassung S. Ich glaube nicht eher bis ich hinter mir die Tür zu gemacht habe und auf den Stuhl sitze. Mit Gruß Schw. Chrischan

Brief aus britischer Gefangenschaft des Oberbootsmannsmaats Christian Spörhase gn. Ahlborn vom 19. August 1946

Noch sehr viel später kam der letzte überlebende Soldat aus der Großfamilie, Heinrich, schwer krank aus russischer Kriegsgefangenschaft zurück. Heinrich war der Ehemann der Tante Trudchen, eine Schwester unserer Tante Mieschen, aber war irgendwie auch mit Oma Frenzels Familie verwandt.

Die Sorgen unserer Eltern in dieser Zeit mussten groß gewesen sein, die materielle Not spürten auch wir Kinder. Ich erwähnte, dass unsere Familie ein so genanntes Selbstversorgerhaus gekauft hatte. Das »Arbeiterschloss« hieß deswegen so, weil es die Einrichtung und die Gartengröße erlaubte, realer noch, den Besitzer verpflichtete, sich zum großen Teil selbst zu versorgen, also nicht nur ein Schwein, sondern auch Hühner, Kaninchen und sonstiges essbares Viehzeug zu halten sowie Gemüse und Kartoffeln anzubauen. Diesen Luxus bezahlte man mit einer erheblichen Reduzierung der amtlich zugeteilten Lebensmittelmarken.

Drei Schweine zogen wir in der Zeit groß. Unter riesigen Mühen musste man damals schon sagen. Futtermittel zu kaufen, verbot sich von selbst; es gab keine und wenn es welche gab, so konnten wir sie nicht bezahlen. So brachten Oma und Opa Frenzel mit ihrem »Transporter« nicht nur schmutzige Wäsche, sondern auch sämtliche Essensreste und Gartenabfälle zu uns, um damit das Schwein zu füttern. Ich schob ein oder zweimal die Woche den mit einem Bottich ausgerüsteten Handwagen (der gehörte eigentlich Opa) zur Käserei Peinemann an der Lindenstraße in der Nähe des Lobbendorfer Tores des Bremer Vulkan, um dort Molke abzuholen. Für das Schwein. Ich schnitt riesige Mengen von Brennnesseln, davon gab es genug in der uns umgebenden Natur, zermalmte das biestige Zeug zu einer Schweinefutterpampe. Löwenzahn und Gras fraßen alle Viecher. Aber niemand in unserem Haus, Schweine-, Hühner- und Kaninchenstall eingeschlossen, wurde richtig satt!

Vater und Siegfried versuchten, Arbeit zu bekommen. Durch seine Schwerbehinderung fiel der Ältere für die meisten Tätigkeiten aus. Er entschied sich dann, ein Seminar zu besuchen, um den Beruf des Desinfektors auszuüben. Wiederum eine bange Zeit ohne richtiges Einkommen. Die Großeltern halfen nach besten Kräften.

Aber nicht nur Siegfried blieb, wenn auch nur vorübergehend, in Aumund hängen. Auch andere junge Männer, durch den Krieg quasi heimatlos geworden, wurden durch die Geheimwaffen unserer Siedlung am Standort gebannt beziehungsweise gebandelt. Die meisten Nachbarn besaßen nämlich junge hübsche Töchter, wie zufällig – im besten Alter.

Während ich mich, der frühreife Achtjährige, in einen Duft verliebte, wählten die etwas älteren zugereisten Knaben eine handfestere Art der Liebe. Heinz verliebte sich in Inge, Dieter in Mia, Luise in Peter, Annelore in Kenny, der zufällig ein Amerikaner war. Die Hochzeiten bedeuteten die herausragenden Ereignisse in der an sich trostlosen Zeit der Jahre 1946 bis 1948.

Es war eine schwere Zeit, deren Erinnerung ich nicht wieder zu Papier bringen möchte. Die Winter stellten sich für alle als eine Überlebensprüfung dar. Eine harte Schule für uns Kinder, während sich die Schule selbst, also die, die uns etwas beibringen sollte, wegen Raum- und Kohlemangel verschlossen zeigte. Lediglich die für uns so wertvolle und notwendige von den USA initiierte Schulspeisung wurde aufrechterhalten und rettete im wahrsten Sinne des Wortes viele junge Menschenleben.

Opa und Oma halfen, wo sie konnten, aber feste Schuhe für den Winter konnte selbst Opa nicht aus Holz und Fell herbeizaubern. Mutter besaß zwar einen Bezugsschein für ein paar neue Jungenschuhe, aber alle Schuhgeschäfte von Vegesack ab bis nach Walle in Bremen konnten oder wollten uns keine verkaufen auf unserer ganztägigen Odyssee durch die Trümmerstadt. Enttäuscht und unverrichteter Dinge kehrten wir heim. Onkel Hans, Vaters Bruder, hörte davon und sprach mit einem guten Bekannten in Vegesack. Danach hätte ich stolz meine neuen glänzenden Lederschuhe den Freunden vorstellen können, verzichtete schweren Herzens jedoch darauf, es hätte ja jemand nach der Quelle dieses Wunders fragen können.

Damals wie heute galten und gelten gute Beziehungen als lebenserleichternd. Ein besonderes Verhältnis hatten auch unsere

Eltern oder die des nachbarlichen Freundes Karl Heinz zu einer pensionierten Lehrerin, die in der Nähe der Blumenstraße wohnte und uns sozusagen einen Ersatzschulunterricht vermittelte. Zu ihr trabten wir beide jedenfalls in regelmäßigen Abständen.

Eine viel festere Freundschaft verband und verbindet mich mit Wilfried aus der Walter-Flex-Straße Wer einen von uns beiden einladen oder eine Bande gründen wollte, der musste damit rechnen, dass unvermeidlich auch der andere in Erscheinung trat. Wir besuchten gemeinsam alle Klassen der Volksschule in Hammersbeck, eine traditionelle Institution, die schon mein Vater zwangsläufig aufsuchen musste. Er brauchte nur über den Gartenzaun klettern und schon hüpfte er auf schuleigenem Gelände herum. Nach seinen Aussagen kam das nur dann vor, wenn sich eine Verspätung noch im akademischen Viertel bewegen sollte.

Ja, die Schule, die liebe lebensertüchtigende Schule. Dabei konnte Opa Frenzel nur wenig helfen. Als ich dann lesen konnte, versorgte er mich mit Lesestoff, er lieh mir die Bücher seiner Söhne aus mit durchaus anspruchsvollen Titeln, wie zum Beispiel: John Knittel/El Hakim, Via Mala und andere klassische Schinken, jeweils gut geeignet für zehnjährige Knaben.

Die Bücherei meines Vaters wies lediglich Fachbücher über Hühnerkrankheiten, eine Zeichenschule für griechische Skulpturen, eine von den Nazis herausgegebene »Deutsche Geschichte«, ein zerfleddertes Wilhelm Busch Album und eine »Fahrschule zur Führung motorangetriebener Automobile« auf.

Ab Herbst 1946 oder Anfang 1947 strebte das Land Bremen wieder einen ordnungsgemäßen Schulbetrieb an. Die Hammersbecker Schule blieb am Anfang noch unbenutzbar, daher besuchten wir Kinder die Schule in der Schillerstraße – im Schichtunterricht natürlich. Wilfried und ich hatten das Glück, einen jungen Lehrer zu bekommen, der mit Verve und Elan versuchte, die verlorene (Schul)-Zeit wettzumachen und uns für weitergehende Schulen, mindestens aber für die Berufsausbildung zu trimmen. Wir lernten in Herrn Erwin Schweers einen Lehrer und Menschen kennen, den ich, was Vorbilder anbetrifft, mit meinem Großvater Bruno Frenzel an gleiche Stelle setzen möchte.

Zwar gelang es ihm nicht Wilfried und mich für die Mittelschule, offiziell Volksoberschule Zweig B, zu begeistern. Auch ein Gespräch mit meinen Eltern, dass er führte, überzeugte nicht, denn: »Wenn der Heinrich nicht will, dann dürfen wir ihn nicht zwingen!«

Das traurige Zeugnis einer antiautoritären Erziehung, welches die Faulheit der Kinder und Schüler zum System erhebt, machte mich zum eigenen Opfer. Hätten hier die Eltern etwas mehr Nerven und Durchsetzungsvermögen gezeigt, wäre mir eine Menge Mehrarbeit erspart geblieben.

Doch irgendwie schien der Heinrich immer ein wenig abgelenkt. Es gab zwar kein Fernsehen, mit dem Kino war es auch noch nicht weit her, doch die Mädchen in der Klasse wurden immer hübscher und interessanter. Die Ilse, die konnte ihm schon gefallen, doch die war lange mit dem Wolfgang verbandelt. Dann kamen die Margit und die Rosemarie als Quereinsteigerinnen in die 8. Klasse. Wolfgang ließ wegen Rosemarie die liebe Ilse fallen, die dann plötzlich ziemlich leer ausging, weil sich die Margit für mich interessierte, was ich auf keinen Fall verhindern konnte. Harmlose Schülerliebe nannte man das wohl. Ein neues herrliches Gefühl mogelte sich in den Verstand, wenn man selbst betroffen war. Welcher Jüngling findet dann noch die Zeit, sich um die banale Zukunft zu kümmern?

Und wieder sagte Heinrich zum blanken Entsetzen seiner Mutter: »Nein!«

Erwin, so nannten wir ihn heimlich, das tat er immer, wenn er sich ärgerte, biss die Zähne aufeinander, sodass die Wangenmuskeln zitterten. Er wiederholte den Satz von oben und verließ unser Haus. Prompt saß ich zu Ostern nach Abschluss der Schule ohne Lehrstelle da.

Jetzt mag der Unbeteiligte fragen: »Was hat denn die Faulheit des Enkels mit der Biografie des Großvaters zu tun?« Eine ganze Menge, muss jetzt die Antwort lauten.

Bruno Frenzel stellt Weichen

Man darf auch ruhig einmal etwas Gutes über Bremen und seine Politiker zum Ausdruck bringen. Besonders die Politiker der ersten Stunden der neuen Republik zeichneten sich durch Können und soziale Verantwortung für uns Bremer aus.

Enkel Heinrich bezeichnet es als das ihn lange begleitende Glück, dass das neue Bundesland Bremen eine so genannte »neunte Klasse« im Volksoberschulsystem Kategorie B einführte, genau im Jahre 1950/51, in dem der Abschlussschüler Heinrich Labentsch blass und mit leeren Händen da stand. Alle seine Mitschüler, auch sein Freund Wilfried, besaßen Lehrverträge, setzten ihre Konfirmandenhüte auf und starteten mit Spannung in einen neuen Lebensabschnitt.

Wie gerufen bot sich das »neunte Schuljahr« für den schmächtigen vierzehnjährigen Jungen an, der eigentlich auch körperlich den harten Anforderungen einer Handwerker beziehungsweise Facharbeiterlehre vermutlich nicht gewachsen gewesen wäre. Eingerichtet wurde die Klasse in Bremen-Blumenthal, was für Heinrich einen weiteren Weg bedeutete.

Die neu ins Leben gerufene Klasse führte ein Lehrer, zufällig in Aumund, ganz in der Nähe der Walter-Flex-Straße wohnend, also ein Aumunder »Landsmann«, wiewohl man ihn als Seiteneinsteiger bezeichnen konnte, weil er aus der Privatwirtschaft zurück ins Schulfach wechselte. Zuvor führte er den Geschäftsbereich einer Baufirma in der Talstraße. Es war die clevere Gesellschaft mit beschränkter Haftung, die aus Trümmersteinen neue Profilbausteine herstellte, die Bauherren dort in Eigenleistung produzieren konnten. Onkel Bruno, also der Sohn unseres Opas, hatte dort mithilfe der Familie – auch unser Vater wirkte mit – Steine für sein neues Haus in Blumenthal produziert.

Der frühe, in schwieriger Zeit gewagte Bau eines Eigenheimes seines ältesten Sohnes erfüllte Großvater Bruno mit Stolz. Nicht nur, dass er dieses gelungene Wagnis als einen Erfolg seiner Familie verbuchte, er selbst wirkte tatkräftig daran mit. Er stellte gleichzeitig damit unter Beweis, dass seine Fachkenntnisse als Zimmermann nicht einem selbst erfundenen Märchen entsprangen. Wir, die wir dabei waren, sehen ihn noch, bei der Aufrichtung des Dachstuhles frei auf einem Balken stehend und beim feierlichen Richtfest voller handwerklicher Würde das Glas auf die vollbrachte Arbeit und auf den Hausherrn hebend.

Das Ereignis wurde groß gefeiert, lenkte mich wie so oft vom Wesentlichen ab, doch der Pflicht in der für mich neuen Schule konnte ich nicht entweichen.

Das Jahr verging, Heinrich Labentsch träumte weiter vor sich hin – ich weiß nicht mehr was –, trieb sich häufig – nicht mit Mädchen –, aber in der Stadtbibliothek in Blumenthal herum und verpasste prompt den richtigen Zeitpunkt, sich um eine Lehrstelle zu kümmern!

Mein Wunsch war stets, Elektriker zu werden. Doch dazu war mittlere Reife nötig, hatte ich aber nicht. Meine auch sehr späte Bewerbung beim Bremer Vulkan wurde daher prompt abgelehnt. Es gab nur noch die Chance, Former zu werden.

»Former wird der Junge nicht!«,
wetterte Opa und seine dunklen Augen blitzten auf wie in jungen Jahren, seine dichten Augenbrauen zogen sich vor Zorn zusammen, als er davon hörte. Wem sein Unmut galt, wollen wir hier lieber nicht erörtern.

In Vegesack und Aumund zählte man das Jahr 1951. Bruno Frenzel musste im Alter von 70 Jahren in Rente gehen. Freiwillig ging er nicht, nein, freiwillig nicht! Seine sonst so geliebte IG Metall, legte es ihm nahe, denn sie wollte junge Arbeiter in ihren Kampfesreihen sehen. Spätestens zu diesem Zeitpunkt traten beim Opa Zweifel an der Strategie dieser Gewerkschaft auf. Diese Skepsis hat er mir vererbt. Die ehrende Geste der roten Fahne, die sich am Tag der Beerdigung über Bruno Frenzels Sarg senkte, hat daran nichts geändert.

Wegen seines säumigen Enkels also verließ mein Opa seinen durchaus verdienten Ruhesitz in der Schulkenstraße Nr. 4 und richtete seine Schritte nach schräg gegenüber, wo sein verehrter Oberingenieur wohnte. Eine ungewöhnliche Freundschaft muss zwischen diesen beiden in der Hierarchie des Unternehmens doch so weit entfernten Männern geherrscht haben. Es waren nicht nur die Tabakschneidemaschine und andere technische Hilfsmittel, die Opa in den ganz schlechten Zeiten für seinen obersten Chef baute; diese beiden Männer verband mehr. Man darf es vielleicht Treue nennen.

So erhielt sein Enkelsohn Heinrich in jenen höllischen Tagen der Panik eine schlichte Postkarte von der Bremer Vulkan AG, der zu entnehmen war, dass ihm demnächst ein Lehrvertrag über die Ausbildung zum Facharbeiter als Maschinenschlosser zugesandt werden würde. Die Lehre begänne am 1. April 1952 und würde am 30. September 1955 enden.

Mehrere Steine fielen dem Jungen vom Herzen. Was ein Maschinenschlosser tun musste und welche Möglichkeiten dieser Beruf weiterhin bot, dass vermittelte ihm der Werkunterricht, der einmal pro Woche in einer anderen, nämlich in der Lobbendorfer Schule in Aumund, abgehalten wurde. So hatte sich der Schulkreis fast geschlossen, denn auch seine Mutter und seine Onkel besuchten dieses Institut.

Warum hatte sich Opa nur so vehement gegen den Beruf eines Formers gewandt? Gut, er kannte den unfreundlichen Bereich der Gießerei des Vulkan. Doch können nicht auch die eigenen Erfahrungen aus seiner Jugend vor dem Tore der sächsischen Eisengießerei in Gößnitz diese Abwehr veranlasst haben? Auf jeden Fall schwor sich der Junge, seine Dankbarkeit dem Opa gegenüber durch Leistung zu zeigen, denn Worte überzeugten seinen Großvater nicht.

Ich habe mich in meinem Roman »Der unsichtbare Faden«, ohne dass ich es wollte, mit Formern und einer Gießerei beschäftigt. Warum eigentlich? Der Grund muss im Unterbewusstsein liegen. Die Antwort könnte vielleicht ein Psychologe geben. Den fragen wir aber aus Gründen des Selbstschutzes besser nicht!

Es ist ein schwerer Beruf, der des Formers. Opa hatte Recht. Maschinen zu bauen ist leichter.

Aber Bruno Frenzel tat nicht nur Gutes für seine nächste Umgebung, sondern auch für sich selbst. Die Spannung des

Krieges hatte sich gelegt, Ruhe und Gelassenheit schafften sich Raum und die Gedanken durften wieder wandern in andere Zonen, in altbekannte Welten, in die vor langer Zeit verlassene Heimat. Die lästigen Schmerzen des Tages zogen sich zurück und der süße Schmerz des Heimwehs nahm wieder zu.

Schon kurz nach dem Kriege hatte er versucht, Kontakt mit seiner alten Heimat zu finden. Seine vielen »Suchbriefe« sind nicht mehr vorhanden, aber mindestens einer fand sein Ziel. Seine Nichte, Minna Hulda Frenzel, Tochter seines Halbbruders Hermann Paul, lebte als Dipl.-Handelsschullehrerin noch in Annaberg und antwortete.

Ab den fünfziger Jahren begann ein intensiver Schriftverkehr, in den natürlich auch die gesamte Sippschaft in Bremen einbezogen wurde. Eine neue, bisher völlig unbekannte Verwandtschaft bot sich den Angehörigen dar.

Opa hatte endlich seine Familie mitgebracht, aus dem fernen Sachsen!

Sie, die Sachsen, bestanden für neugierige Bremer Ohren und Augen zunächst einmal aus Papier, denn der Kalte Krieg hatte neue Barrieren errichtet, die eine sofortige Zusammenführung nicht erlaubten.

Großvater Bruno erfuhr, dass sein älterer Bruder, Hermann Paul, der Oberpostschaffner bereits im Jahre 1931 und dessen Sohn, Paul Frenzel jr., wenig später im Jahre 1937 verstorben waren. Aber die allein stehende Minna, Hermann Pauls Tochter aus zweiter Ehe sowie Kurt Frenzel und Flora Frenzel, die Witwe des Paul jr., lebten.

Flora betreute die Familie ihres Sohnes Walter, der Olga Pritzko heiratete und mit ihr drei Kinder, Susanne, Manfred und Karl-Heinz großzog. Ihre erstgeborene Tochter Sonja verschied im Kindesalter. Walter kam schwer krank aus dem Kriege zurück und verstarb 1956 viel zu früh im Alter von 35 Jahren.

Kurt Frenzel wohnte nach dem Kriege in Chemnitz (Karl-Marx-Stadt zu der Zeit), weil er und seine Familie aus Österreich, wo er vor und während des Krieges lebte, als Deutscher ausgewiesen wurde.

Mutter Olga Frenzel, Söhne Karl Heinz und Manfred, Vater Walter Frenzel, Tochter Susanne

Und Minna lebte noch in Annaberg-Buchholz, der Heimatstadt unseres Opas, gab ehrliche Berichte der damaligen Lebenssituation aus einer am Rande befindlichen Region des Erzgebirges, die auch im Arbeiterparadies der DEUTSCHEN DEMOKRATISCHEN REPUBLIK keine Chancen hatte. Sie versuchte mit Bild- und Personenbeschreibung aus dem alten beziehungsweise unveränderten Annaberg das Erinnerungsvermögen ihres Onkels, unseres Großvaters, aufzufrischen, was ihr gut gelang.

Minna, sie war eine Frenzel durch und durch, verstand sich mit den neuen kommunistischen Machthabern in Schule und Ämtern überhaupt nicht, bekam daher keine Anstellung und wechselte 1957 in den Westen, in die Bundesrepublik Deutschland.

Ein reger Brief- und Paketwechsel ergab sich. Die Politik der DDR baute Hindernis um Hindernis auf; doch was die roten Herren in Ostberlin überhaupt nicht beabsichtigten, gar zu verhindern suchten: Das Verhältnis der getrennten Familie wurde unter den geopolitischen Zwängen umso herzlicher.

Brunos Ruhestand

Bruno Frenzel musste den Vulkan verlassen und gleichzeitig eigenverantwortlich die Rente beantragen; das war auch in früheren Epochen so üblich, von selbst erledigte sich gar nichts.

Die Trennung von der größten Aktiengesellschaft an der Unterweser erfolgte irgendwann im Jahre 1951. Mühsam und schwer für Bruno, für Marie, seine Ehefrau und für diverse amtlich tätige Sachbearbeiter in Deutschlands Behörden, alle verfügbaren Unterlagen des unruhigen Antragsstellers herbeizuschaffen und auszuwerten. Heraus kam eine äußerst bescheidene Rente für das alte Ehepaar.

Im April 1952 nahm Enkel Heinrich sozusagen als Ablösung für seinen Großvater im Werkbereich Maschinenbau seine Lehrlingstätigkeit beim Vulkan auf.

Er stellte sein Fahrrad zunächst jeden Morgen um 6.45 Uhr bei seinen Großeltern am Treppenaufgang des Hauses Schulkenstraße Nr. 4 ab. Brav erstattete er am Nachmittag einen Besuch in der ersten Etage und berichtete von seiner Arbeit in der Lehrwerkstatt, für die er eine Lehrlingsentlohnung von DM 10,08 pro Woche erhielt. Sein erster Verdienst und seiner Meinung nach eine Menge Geld.

Solange sich die neuen Lehrlinge in der Obhut der Lehrwerkstatt befanden, ging es ihnen einigermaßen gut. Betreut wurden sie vom Ausbildungsingenieur und dem gutmütig väterlichen Meister Herrn von Lübke.

Nach Ablauf des ersten Lehrjahres wurden sie ins kalte Wasser geworfen, Arbeitsgruppen in der großen Maschinenbauhalle zugeordnet, und für die meisten bedeutete das den Vorhof zur Hölle. Sie wurden schikaniert, geschlagen, betrogen und ausgenutzt. Die jungen Menschen machten Bekanntschaft mit einer Gruppe von Menschen, die als abhängige Knechte die ihnen anvertrauten Schützlingen, also die noch Schwächeren, brutal unterdrückten. Selbstverständlich gab es auch wohlwollende Ausnahmen, blieben leider nur – Ausnahmen.

Heinrich empörte sich und klagte sein Leid dem Großvater. Doch der hatte mit dem Bremer Vulkan abgeschlossen. Er riet seinem

Enkel, die Zähne zusammenzubeißen und auszuhalten. Irgendwann würde der Zeitpunkt kommen, wo ihn die bösen Buben nicht mehr schikanieren, irgendwann wird sich sein Enkelsohn Heinrich, über diese unwissende Bande stellen und er, der alt gewordene Bruno Frenzel, wünschte sich, diesen Termin noch zu erleben.

Und Heinrich kehrte mit stoischem Mut zurück in diese unglaublich brutale Arbeitswelt einer Werft, in der nichts so wichtig ist wie der Fertigstellungstermin eines Schiffes. Hier galt – damals jedenfalls – das Chaos als ausgeklügelte Logistik. Dieses Prinzip setzte allerdings die gegenseitige Rücksichtslosigkeit aller Mitarbeiter voraus. Wenn an einem Ort im Bereich der Bordmontage (Einbau von Maschinen und Aggregaten in den Schiffsrohbau) fünf Arbeitsgruppen zugleich tätig sein mussten, aber nur Platz für eine vorhanden war, so gewann die Skrupelloseste.

Dieses System formte die Gesellschaft der Werftarbeiter. Die Streiks der Norddeutschen Werftarbeiter in den fünfziger und sechziger Jahren galten als die brutalsten und grenzten an Masochismus. Die Gewerkschaft rief stets zum Selbstmord auf. Das hat auch funktioniert. Es gibt heute kaum noch eine Großwerft an der Küste Deutschlands, die Weltbedeutung genießt.

Zwei dieser Streiks machte der Enkelsohn mit, zwangsläufig. Während die Arbeiter mit minimaler finanzieller Unterstützung der IG Metall zu Hause blieben, mussten die Angestellten, dazu gehörten auch die Meister in den Werkstätten und die Lehrlinge, während des Streiks arbeiten. Heinrich traf das große Los, wie viele seiner Mitlehrlinge meinten. Er wurde als Kurier bestimmt, der mit seinem Fahrrad auf dem Werftgelände von einem Büro zum anderen flitzen musste, um die Werks-Post zu verteilen. Es war nur kein Mensch da, der ihm diesen völlig unbekannten Job erklären und darin einweisen konnte.

Der arme Kerl musste erfahren, dass die Angestellten in den Büros noch sadistischer als die Arbeiter in den Werkstätten sein konnten. Nicht nur, dass ein Büroleiter beim Betreten seiner heiligen Räume dem Jungen die Mütze vom Kopf schlug, weil dieser keine Hand frei hatte, um sie abzunehmen. Nein, auch die angestellten Frauen machten keine Ausnahme. Sie schickten ihn los in die Stadt, um verbotenerweise Speiseeis zu kaufen und machten ihn nach Strich und Faden zur Schnecke, wenn es das süße Zeug leicht flüssig ablieferte.

Der einzige Lichtblick war der Vater eines früheren Mitschülers, der das Archiv beim Vulkan leitete und den in die so fremde Welt der weißen Kittel gestoßenen Jungen so gut es ging anwies und ihn über die gröbsten Verstöße hinweg tröstete.

In heutiger Zeit hätte Großvaters Enkelsohn die Lehre abgebrochen – damals ging das nicht.

Seinen Großeltern wurde in dieser Zeit die Wohnung gekündigt. Schließlich hätten sie dort vierzig Jahre verbracht und nun sei ihre Zeit abgelaufen, begründete der Vermieter in selbstverständlich formaleren Worten und machte Eigennutzung und Modernisierung geltend.

Wohin mit Oma und Opa?

Schulkenstraße ade

Onkel Bruno besaß zwar ein neues Haus, hatte aber das Obergeschoss langfristig vermietet. Onkel Heinrich besaß nur eine Wohnung in einer Doppelhaushälfte und konnte keine weiteren zwei Personen aufnehmen, zumal auch seine Schwiegermutter bei ihm lebte. Um eine andere Wohnung zu mieten, reichte die kleine Rente der Großeltern nicht aus.

Also beschlossen unsere Eltern, die beiden in unser Haus aufzunehmen, was mit einem Umbau möglich war.

Onkel Heinrich als Tischler half kräftig mit und Onkel Bruno steuerte ordentlich Geld dazu, denn damit war es in unserem Haushalt nicht sonderlich gut bestellt. In kürzester Zeit wurde unser kleines Siedlungshaus umgebaut, sodass die alten Herrschaften einziehen konnten.

Was aber fühlten Bruno und Marie Frenzel, unsere Großeltern? Konnten wir Enkelkinder, konnten unsere Eltern und unsere Onkel, die Kinder des alten Paares überhaupt begreifen, welchen Verlust die Alten erlitten? Alte Bäume pflanzt man nicht mehr um, sagt der Volksmund, kann so stimmen, doch was hat der Mund des Volkes schon zu melden.

Ich weiß nicht, was die beiden empfanden, als sie eines schönen Sommertags Abschied von der Schulkenstraße nehmen mussten. Oma schob sich ein letztes Mal mit ihrem schon legendären Kinderwagen auf die Strecke. Opa fuhr ein letztes Mal mit seinem uralten Fahrrad die Schulkenstraße hinauf. Der Vulkan gab ihm schon lange nichts mehr, die Werft tat ihm nicht mehr weh. Auch die Kaninchen vom Hinterhof gehörten der Vergangenheit an.

Die zweitletzte seiner vielen Stationen eines unruhigen Lebens hatte er nun verlassen. Sie währte am längsten. Sie war die erfolgreichste. Er konnte zufrieden sein. Nun kam auf ihn nur noch eine einzige Etappe zu, die allerletzte.

Er würde den alltäglichen Blick auf die Weserstraße, auf den Garagenhof des Vulkan, auf das Krankenhaus vielleicht vermissen. In der Walter-Flex-Straße, am unteren Ende, gab es nicht so viel zu sehen, fehlte der morgendliche Bandwurm der Rad fahrenden Arbeiter, die kurz vor sieben Uhr das Fährer Tor des Vulkan passieren mussten, fehlte das Fahrrad seines Enkels an der Haustür Schulkenstraße Nr. 4, auf das er aufzupassen hatte.

Die Walter-Flex-Straße jedoch strömte im Gegensatz zu allem vorher Erwähnten eine entspannende Ruhe, eine erholsame Trägheit aus, ließ den häufig wechselnden Geruch einer angrenzenden bäuerlichen Atmosphäre in die Nase steigen, zeigte weniger urbanes Mauerwerk, ließ viel mehr Natur auf den Ruhe suchenden Menschen einwirken. Der Geruch des Wassers aus den Tonkuhlen war ein anderer als der aus der Weser, er schien milder, entspannter, weicher, viel gesünder für alte Menschen.

Bruno konnte sich mit diesem neuen Wirkungsfeld anfreunden. Seiner lieben Ehefrau war es egal, wo und wie sie wohnte. Notwendig schien ihr allerdings das tägliche gewohnte Lebensritual einzuhalten, an dieses musste sich ihre Tochter Berta erst noch gewöhnen.

Umzüge bedeuten Aufregung. Vor allem für mich. Gemeinsam mit meinen Onkeln und Vater räumten wir die Schulkenstraße Nr. 4, 1. Etage, aus. Nur das Notwendigste der Möbel und der alten Einrichtung kam mit. Ich sorgte dafür, dass Opas kleine Werkstatt in ihren Teilen erhalten blieb, weil Vater eine Ecke seines Schuppen – eine ewige Baustelle – entsprechend freigemacht hatte. Wir luden die Möbel auf das Pferdefuhrwerk des Fuhrunternehmers Karl Schmid aus Aumund, und die Pferde folgten willig den Reifenspuren des Allzweckkinderwagens bis hin zum Ende der Walter-Flex-Straße.

Zu der Zeit gab es längst Lastkraftwagen, die man allgemein für solche Zwecke einsetzte. Wir wollten es auch nicht als Nostalgie auslegen, den Umzug alter Leute mit eben solchen aus der Mode gekommenen Transportmitteln zu bewerkstelligen. Karl Schmid war einfach der billigste.

Kaum waren die Möbel ausgepackt, brach, wie erwartet, ein heftiger Streit zwischen Oma und unserem Vater aus. Er erlaubte nicht die Aufstellung Omas wurmstichigen Küchentisches auf dem neuen Holzfußboden. Oma riss wütend an der einen Seite und wollte hinein ins Haus, Vater an der anderen Seite des alten Möbels, um das auf jeden Fall zu verhindern. Es blieb mir überlassen zu vermitteln und als Kompromiss die Aufstellung des Tisches im Freien direkt am Haus anzubieten, denn Oma könne ja in Zukunft ab jetzt bei schönem Wetter draußen wirken, was ihr vierzig Jahre verwehrt blieb. Das leuchtete beiden ein. Das Verhältnis zwischen ihnen blieb dennoch gespannt. Für Oma nichts anderes als der Normalzustand; für Vater ein neues Erlebnis. Opa hielt sich heraus.

Verdienter Lebensabend

Eine Gewöhnungs- beziehungsweise Bewährungszeit von mindestens einhundert Tagen wird – selbst heute noch in unserer schnelllebigen Epoche – jedem Politiker im neuen Amt, im neuen Haus eingeräumt.

Ich weiß nicht mehr, welchen Zeitraum unsere Großeltern und unsere Eltern brauchten, um als zwei, zudem noch verwandte Parteien in einem verhältnismäßig kleinen Aktionskreis eine brauchbare Koalition zu bilden. Vielleicht ist meinen Schwestern die damalige Situation noch geläufiger, sie sind ja jünger und mussten zu der Zeit noch aufnahmefähiger gewesen sein.

Eine harte Lehrzeit, der Sportverein, die Berufsschule, die Abendkurse in Mathematik, in Rechenschieberlehre (mit einem Rechenschieber umzugehen war unabdingbar, wollte man ein Ingenieurstudium beginnen), das Handballspielen und die unvermeidliche Beschäftigung mit jungen Damen nahmen mich so in Anspruch, dass ich mich kaum mit der neuen Situation im Hause befassen konnte. Ich war ja nie da. Außerdem bestand längst die ewige Freundschaft mit Wilfried, die natürlich auch gepflegt werden wollte. Im Übrigen galt der Sonnabend als Werktag, an dem mindestens fünf Stunden gearbeitet wurde.

Ich denke aber, dass sich unsere Großeltern sehr schnell an das neue Leben gewöhnt hatten. Die Walter-Flex-Straße Nr. 38 bedeutete jetzt ihren Ruhesitz. Sie mussten sich im Grunde genommen um nichts mehr kümmern. Einen Teil der Rente gaben sie ihrer Tochter ab, die fortan für das Wohlleben ihrer Eltern sorgte. Unbedeutende Geplänkel, meistens von Oma wegen der Unterhaltung initiiert, sorgten für Abwechslung. Eine Schiedsrichterrolle aber brauchte Enkel Heinrich zu Hause nicht mehr abgeben. Es herrschte Frieden.

Die Erkenntnis einer quasi völligen Sorglosigkeit legte sich über die Alten wie eine im kalten Winter wärmende Wolldecke. Die Schutzbedürftigen genossen sie sichtbar. Die politische Situation schien sich ebenfalls zu beruhigen. Bundeskanzler Adenauer intervenierte in Moskau. Die letzten Kriegsheimkehrer durften nach Deutschland zurück. Unser Verwandter war dabei. (Es kann allerdings auch sein, dass er bereits früher eintraf).

Und mit ihm, dem Vetter meiner Mutter und meiner Onkel, wurden auch wieder die sagenhaften fröhlichen Familienfeiern in der Sippe eröffnet. Tatort war meistens das neue Haus von Bruno jr. und seiner Frau Mieschen. Großvater Bruno und Großmutter Marie feierten selbstverständlich mit. Meistens gingen sie früher nach Hause. Es ist mit nicht mehr klar, wie sie den Weg von Blumenthal/Lüssum nach Aumund bewältigten.

Aber auch in Aumund wurde kräftig gefeiert. Jeder Geburtstag der Älteren setzte die Zusammenkunft der Verwandtschaft voraus. Manchmal ließ sich auch ein weiterer Bruder der Oma, Bernhard Ahlborn, bei uns zu Hause sehen. Sie wohnten nicht sehr weit weg.

Es war die Zeit der wirklichen Befreiung. Die Menschen hatten die Zonen der Angst zurückgelassen, eine bessere Zukunft schien sich anzudeuten. Ziele, wenn auch mit minimalen Ansprüchen, bauten sich auf.

Das Schicksal nahm darauf nicht immer Rücksicht.

Großvater Bruno genoss die Freiheit von den früheren alltäglichen Pflichten, doch die zeitfüllende Beschäftigung fehlte. Im Sommer selbstverständlich half er im Garten, immer darauf bedacht, dem Schwiegersohn, Otto, nicht in die Quere zu kommen. Dann zimmerte er in seiner kleinen Werkstatt nützliche Dinge. Ansonsten nahm er meinen Hund, Ajax, an die Seite, Leinen brauchten beide nicht, und sie durchmaßen Feld und Flur, Straßen und Siedlung.

Sie wurden auf ihren Exkursionen zu einem legendären Duo (das Bild auf der Seite 112 zeigt es in einer Kohlezeichnung). Ich zeichnete es später während der Freiwache an Bord der MS »Bärenstein« auf hoher, aber friedlicher See.

Wenn ich mal Zeit fand, setzten wir uns im Schuppen zusammen und experimentierten mit elektrischem Strom. Wir ließen Niederspannungsmotoren durch Vorschalten von Widerständen wie Bügeleisen/Kochplatten mit 220 V kurzzeitig laufen oder schalteten verschiedene Glühbirnen in Reihe beziehungsweise parallel. Nicht immer fand die Sicherung im Haus Spaß an der Sache, und Vater schimpfte wie ein Rohrspatz, wenn er sie auswechseln musste. Als wir einmal auch die Hauptsicherung zum Absturz brachten, blieb uns nichts anderes übrig als die lehrreichen Experimente einzustellen.

Opa Bruno zeigte sich stets altersmilde, aber er war nicht fähig, so etwas wie Kumpanei oder verschmitzte Freude zu zeigen, wenn uns etwas gelang, was andere für groben Unfug hielten. Einmal wurde er sogar sehr, sehr böse, als ich unerfahren in eine für Spiritus vorgesehene Lötlampe Benzin einfüllte. Er kam gerade rechtzeitig darauf zu, um ein größeres Unglück zu verhüten. Ich habe diesen Vorfall nicht vergessen und denke jedes Mal dankbar an meinen Großvater, wenn ich eine Lötlampe in der Hand halte.

Die Winter schränkten die Bewegungsfreiheit und den Aufenthalt im Schuppen und im Freien ein. In dem Fall versuchte Opa, auf seinem Wohnzimmertisch diverse mechanische Uhren zu reparieren, die ihm dann aus Nähe und Ferne angeliefert wurden.

Im Herbst 1955 bestand sein Enkel, Heinrich, die Facharbeiterprüfung zum Maschinenschlosser. Stolz zeigte er seinem Großvater die Buchprämie, die er von seinem Lehrherrn erhalten hatte:

Das Buch »DAS NEUE UNIVERSUM, AUSGABE 72«

Als Anerkennung und zur Erinnerung
an die mit »Gut« bestandene Gesellenprüfung.

Bremen-Vegesack, den 30.09.1955

Bremer Vulkan
Schiffbau und Maschinenfabrik
Unterschrift
Maertens *Kabelac*

Möglicherweise hielt die Familie das Ergebnis für gut, eben aber auch für selbstverständlich. Großvater und Enkel interpretierten mehr hinein: nämlich Genugtuung über die erbrachte Leistung, Freude über die Anerkennung und die unterschwellige Motivation, Weiteres zu erreichen.

Großvater Bruno wird an dieser Stelle an eine ähnliche Prämie gedacht haben, die ihm im Jahre 1894 auch den Anreiz zu mehr gegeben hatte, doch die Zeichen der Zeit waren andere, nicht vergleichbare. Er haderte nicht mehr mit seinem Schicksal.

Er setzte nun in seinen Enkel, dem er eine Menge zutraute, dem er wünschte, Ingenieur zu werden. Er, der alte Bruno, wollte es noch erleben. Sie beide waren doch aus einem Holz geschnitzt; aus den Wurzeln des Vaggelbeerbam.

Junge, mach schnell!

Und der Junge beeilte sich.

Es hätte noch schneller gehen können, wenn nicht –, ja, wenn nicht eines Tages, er an einem Feiertagsabend eine Gastwirtschaft aufsuchte, in der zufällig entfernte Verwandte zugegen waren. Neu für den Jungen war, dass sich die Tochter Erika zu einem bildhübschen Mädchen gewandelt hatte, in das er sich sofort verliebte.

Es gab Musik. Sie tanzten den ganzen Abend. Die Eltern schauten wohlwollend zu. Ein tröstendes Bild für den Jungen, denn es wollte ihm im Anschluss nicht gelingen, den Kontakt zu vertiefen. Oft strich er abends an ihrem Haus vorbei – vergebens; versuchte an Wochenenden auf der Piazza der jungen Leute, der Gerhard-Rohlfs-Straße in Vegesack, ihren Blick zu erhaschen, Erfolg zu haben – vergebens.

Vermutlich stellte er sich zu dusselig an. Selbst als die gemeinsame Tante Wanda anreiste – mit dem Fahrrad selbstverständlich – und von Ausflügen schwärmte – mit dem Fahrrad natürlich –, kapierte er nicht, dass seine Tante über gewisse Informationen verfügen musste und den Job des Postillion d' Amour übernommen hatte.

Dem trotteligen Jungen war wohl nicht zu helfen. Ich kann mich erinnern, dass er bei dieser Gelegenheit von »zur See fahren« gemurmelt hat. Damit war die Geschichte dann gegessen. Sie hätte anders verlaufen können.

Das Schicksal räumte dem Wunsche des Großvaters Bruno Priorität ein. Wer wusste schon, wie viel Zeit noch verblieb.

Eine kurze Weile hielt der junge Facharbeiter es noch auf dem Vulkan aus. Ein tragischer Unglücksfall, der einem lieben jungen Lehrkollegen das Leben kostete, hervorgerufen wie so oft durch die rücksichtslose Arbeitsweise anderer Schiffbauer, veranlasste ihn zur sofortigen Kündigung.

Marie und Bruno Frenzel Goldene Hochzeit am 04. April 1958

Im Sommer 1956 heuerte er als Ingenieur-Assistent bei der renommierten Reederei des Norddeutschen Lloyd in Bremen an und begab sich auf die so genannte hohe See. Großvater Bruno erlebte es mit Genugtuung. Er kannte die harten Bedingungen der Seeschifffahrt, er traute seinem Enkel die Belastung und am Ende den Erfolg zu. Nur – er wollte es noch erleben.

Am 4. April 1958, sandte der IV. Ingenieur, Enkel Heinrich, ein Glückwunschtelegramm von der MS »Ravenstein« an Bruno Frenzel und Frau zur Goldenen Hochzeit seiner Großeltern. Er befand sich auf SEE.

Liebe Besuche aus Sachsen

Bruno konnte einen weiteren, wenn auch späten Lebenssieg oder -erfolg verbuchen. Seine Frenzels aus Sachsen reisten an. Zuerst wagte sich die Nichte, Minna Frenzel, aus seiner Heimatstadt Annaberg-Buchholz im Erzgebirge auf den weiten Weg in den hohen Norden, in das andere Deutschland. Man kannte sich nur aus Briefen, aber das Hallo des ersten Sehens war

Olga Frenzel aus Sachsen in Bremen Juli 1978
Markus und Annemarie Engelhardt, Olga Frenzel,
Berta und Otto Labentsch

groß. Umgehend wurde sie in den Familienclan der Frenzels/Labentsch einbezogen.

Als Zeichen der besonderen Wertschätzung unternahmen alle mit ihr eine »Dampferfahrt« nach Bremerhaven. Wer die spröden Bewohner des Bremer Nordens kennt, weiß diese Ehre, die dem Besuch angediehen wurde, wirklich zu würdigen.

Menschen aus Fleisch und Blut konnte Bruno nun empfangen und präsentieren. Sie verkörperten ihm die sächsische Heimat. Auch dort ging das Leben weiter, schuf inzwischen neue Familien, die die locker gewordenen Bande wieder strafften. Brunos Ohren vernahmen das lang entbehrte sächsische Idiom, welches den verlassenen steinigen Boden des Erzgebirges symbolisierte. Er weinte Tränen eines späten Glücks. Tränen, die niemand sah, Gedanken des Dankes, die er niemanden offenbarte.

Danach sagten sich Olga mit ihren Kindern, Susanne, Manfred und Karl Heinz an. Wieder wurden sie im Kreise der Familie aufgenommen. Mehr noch, alle, von Bruno jr. angefangen bis Otto und Berta bestürmten Olga, im Westen zu bleiben (die Mauer und der Grenzwall existierten noch nicht, doch eine von der DDR geplanten Barriere lag sozusagen in der Luft). Olga zögerte jedoch, wollte ihre Mutter, Flora, nicht allein »drüben« lassen.

In dieser Konstellation, Mutter mit eigenen Kindern, erlaubte die Ostberliner Regierung nie mehr Visiten im »Feindesland«. Doch den Rentnern wurden begrenzte Besuche erlaubt, sodass sich dann später Flora mit den Enkelkindern sporadische Aufenthalte in Bremen leisten durfte.

Ansonsten wurde der rege Brief- und Paketverkehr intensiviert. In unserem Hause übernahm Mutter/Tochter Berta das Schreiben der Briefe, das Verpacken der Pakete auf Anweisung beziehungsweise unter Teilnahme ihres Vaters Bruno, dem das Schreiben und auch das Lesen immer schwererfiel, wenn er auch bis dahin nicht unter schwerwiegenden Gebrechen litt.

Bruno Frenzels Abschied

Das Haus in der Walter-Flex-Straße leerte sich. Enkelsohn Heinrich fuhr zur See und kam nur sporadisch nach Hause. Stets berichtete er seinen Großeltern, wie er auch brav von unterwegs per Post Berichte nach Hause gab.

Im Jahre 1958 begann der erste Teil (vier Semester, davon wurde eines erlassen) seines Studiums an der Bau- und Ingenieursschule in Bremen. Er hatte viel nachzuholen und vergrub sich mit seinen Büchern im kleinen Dachzimmerlein, welches sein Onkel Heinrich mit selbstgebauten Möbeln wunderschön als Studierbude eingerichtet hatte. Das gemeinsame Familienleben, das er während der Seefahrt so vermisste, vernachlässigte er jetzt aus anderen Gründen. Das Studium verlangte Prioritäten.

Die Großeltern nahmen es nicht übel. In ihrem Lebensrhythmus spielte die Unterhaltung durch andere keine herausragende Rolle mehr. Die Zeitung morgens, das gemeinsame Mittagessen, das Vesper nachmittags, ein kleines Abendbrot und der Schluck Wermut als Nachttrunk genügten.

Jeden Sonnabend (der war inzwischen arbeitsfrei geworden) früh um acht Uhr stand der Sohn der Großeltern, Heinrich, auf der Matte, überreichte seiner Schwester Berta ein Viertelpfund Bohnenkaffee und alle Hausgenossen – den Studiosus aus der Dachkammer eingeschlossen – labten sich daran. Die Unterhaltung übernahm grundsätzlich Heinrich Frenzel, inzwischen Betriebsratsvorsitzender einer kleinen Schiffswerft an der Unterweser. Er versuchte stets mit seiner politischen und gewerkschaftlichen Meinung zu überzeugen. Da er seine Argumente immer mit viel Fröhlichkeit und lautem Gesangsvereinslachen vorbrachte, nahm ihm auch keiner die leichten Verirrungen, denen er manchmal unterlag, krumm.

Er half seinem Vater bei der Rasur des Bartes und der weiteren Körperpflege, wenn es notwendig war. Half auch sonst immer und zeigte sich als zuverlässiger Sohn.

Bruno jr., der andere Sohn, inzwischen Betriebsmeister bei der Bremer Woll-Kämmerei tätig, konzentrierte sich mehr darauf, seine Hilfe seiner Schwägerin und ihrer Familie angedeihen zu lassen. Er wusste seine Eltern bei Schwester Berta in guten Händen. Sein Neffe, hatte inzwischen geheiratet und der kleine Tim als Nachwuchs hielt alle gut in Atem.

Die Enkelinnen Annemarie und Gisela hatten ihre Ausbildungen als Kinderpflegerin beziehungsweise Apothekenhelferin erfolgreich abgeschlossen. Vetter Klaus hatte das Hobby seines Vaters Heinrich, das Malen, zum Beruf gemacht. Er wählte allerdings große Flächen, während sein Erzeuger sich auf die Leinwand, die sich innerhalb vor Bilderrahmen befand, beschränkte.

So setzte sich das neue Leben, die nachfolgende Generation, der von Bruno Frenzel und Marie Frenzel gegründeten Familie erfolgreich fort, half sich und andere über den Berg, wie man in Bremen zu sagen pflegte.

Eine gesunde Bewegung, eine normale Rotation, wie sie in allen gut geführten Familien vorkommen sollte. Die Alten lassen ihr Leben ausklingen, die Jungen suchen den Erfolg, die sichere Existenz, den Partner für die Fortsetzung des biologischen Gesetzes, das Liebe voraussetzt.

Annemarie entschloss sich, in die Schweiz zu gehen, um dort ihren Beruf auszuüben. Sie verließ die Familie 1959, gute Wünsche begleiteten sie. In den Semesterferien ließ es sich ihr Bruder nicht nehmen, ebenfalls in die Schweiz zu fahren, um sie zu besuchen. In Rapperswil am Zürichsee im Hause des Bäckermeisters Baltensberger wurde er herzlich aufgenommen und verbrachte einige schöne Tage. Annemarie kehrte 1961 in den Schoß der Familie nach Bremen zurück.

Anfang des Sommers im Jahre 1960 begann der alte Bruno zu kränkeln. Er befand sich im achtzigsten Lebensjahr. Die ersten Krankenhausaufenthalte wurden notwendig. Das Hartmannstift in Vegesack, dessen äußere Ansicht er vierzig Jahre lang täglich vor Augen hatte, lernte er nun von innen kennen. Er schien nicht begeistert. Eine Darmverschlingung erforderte die Operation, von der er sich nicht mehr erholte.

Weitere Behandlung im Krankenhaus versprach nach Ansicht der Ärzte keine Aussicht auf Erfolg mehr. Unsere Mutter holte ihn nach Hause.

Ich befand mich in der Abschlussprüfung.

Opa, bitte halte noch ein paar Tage aus!

Am 7. Juli 1960 legte sein Enkel Heinrich ihm das Zeugnis über die bestandene Prüfung zum Schiffsingenieur II auf die Bettdecke. Lesen konnte er, Bruno, es nicht mehr, aber sein Blick sagte mir, dass er verstand.

»Opa, ich bin Ingenieur, wir haben es geschafft«, sprach ich verhalten in sein Ohr.

Er hob wie zum Zeichen des Sieges seine linke Hand und legte sie mir auf den Arm. Seine dunklen Augen blitzten nicht mehr, doch der Schleier verschwand, klar war der Blick, der sich nun gegen die Zimmerdecke richtete.

Leise verließ ich die Kammer.

Am 10. Juli 1960 nachmittags vernahmen Mutter und ich ein außergewöhnliches Husten, kein Röcheln, mehr ein verhaltenes Keuchen aus dem Nebenzimmer, in dem der Großvater lag. Wir ahnten sein Ende und riefen Oma ins Zimmer. Sie bat uns, sie mit ihrem Mann in seinen letzten Lebenszügen allein zu lassen. Wenig später hörten wir nur mehr das Schluchzen der Großmutter.

Wir traten ein. Oma saß bei ihm am Bett und weinte. Ich hatte sie vorher nie weinen gesehen. Unser Opa war verschieden. Klein war er geworden. Friedlich ruhig lag er da, die offenen Augen fragten nicht mehr, sie wussten jetzt alles von dieser Welt.

Mein letzter Dienst war, sie ihm zu schließen.

»Vadder Frenzel« fehlt

Es ist die Lücke, die auffällt; selbst wenn der Mensch, der sie bisher ausfüllte, eigentlich unauffällig schien. In dem kleinen Haus, Walter-Flex-Straße 38, fehlte einer, Opa Frenzel hatte sich verabschiedet. Am Ende seines Lebens wurde er praktisch nur noch versorgt, Mutter, Großmutter und die Schwestern kümmerten sich um ihn, liebevoll und anständig, wie es sich gehörte, wie es auch Bruno, der Opa, seinen Eltern hätte zuteil werden lassen, wenn das Schicksal es anders gewollt hätte.

Keiner wollte es zugeben, der Rhythmus in der kleinen Wohneinheit war ein wenig aus dem Takt gekommen. Es war nicht die Trauer um den Verstorbenen, es wohl mehr die Ehrfurcht um den Frieden, den Bruno Frenzel nun genoss. Wir ließen alles so, wie Opa Bruno es verlassen hatte. Wir taten so, als sei er noch anwesend, vielleicht auch deswegen, um seine Witwe, unsere Oma, nicht zu verstören.

Doch es war Oma selbst, die robuste, die realistische, die allen klarmachte, dass Opa nicht mehr wiederkommen würde. Die Trauer mögen wir ihr überlassen, das Leben würde weitergehen und sie trete jetzt an seine, an Vadder Frenzels Stelle. Sie ordnete an, was an Möbel und Gegenständen aus ihrem gemeinsamen Bestand bleiben sollte und was nicht.

Im Sommer nahm sie Opas Position im Garten ein und überwachte das Gelände, und wehe der Nachbar brachte die Gartengeräte nicht wieder zurück, die er sich vorübergehend auslieh!

Im Winter verzog sie sich in ihre Wohnstube zum Hof hin gelegen, setzte sich ans Fenster, blickte hinaus und unterhielt sich laut mit sich selbst. Sie sprach sehr schnell, meistens im alten Bremer Platt, aber eben nicht deutlich. Wir verstanden es nicht. Ahnten aber, dass ihre Erzählungen nichts, aber gar nichts mit uns zu tun hatten, sondern Ereignisse aus einer Zeit behandelten, die längst der Vergangenheit angehörte.

Omas Gedankenspeicher hatte eine ungeheure Kapazität, und wenn sich einer zu ihr setzte, dann spulte sie Teile ihrer unlöschbaren Festplatte ab, die meistens bedeutende Daten aus der Verwandtschaft preisgab. Heute würde ich was drum geben, Omas Gedächtnis anzapfen zu dürfen, damals hielten wir solche Informationen für unbrauchbare Relikte einer überholten Zeit.

Ich kann mich noch erinnern, dass sich Oma kurz nach dem Kriege einer Augenoperation (grüner Star) unterziehen musste. Damals muss das eine komplizierte Angelegenheit gewesen sein. Der Eingriff war erfolgreich und ermöglichte es ihr, bis ins hohe Alter selbst kleine Schriften zu lesen. Oma war ein Bremer Stadtkind, was wir eigentlich nie richtig realisierten. So konnte sie sich wunderbar in Georg Drostes Buch »Ottjen Alldag« hineinversetzen, zumal sie den plattdeutschen Text verstand. Irgendwann hatte ich mir das Buch gekauft und irgendwann gab ich es ihr zu lesen.

Das Buch, die Gesamtausgabe, ist inzwischen zu mir zurückgekehrt. Deutliche Spuren verraten, dass Oma den ersten Teil »Ottjen Alldag un sien Kaperstreiche« sehr intensiv durchgelesen haben muss. Einen Spruch des bekannten Bremer Autors, aus dem 1900. Jahrhundert, möchte ich hier zitieren. Oma wird ihren Spaß daran gehabt haben:

Aal, gröne Aal!
Mudam, kam Se mal dal!
De Köksche sitt int Kellerlock
Un flickt den Krenolinenrock!

Die Mudam hätte unsere Oma nicht spielen können, eher wohl die Köksche (Köchin), diese Rolle stand ihr näher, darin fühlte

Marie Spörhase, genannt Ahlborn, als Kind

sie sich wohl. Als real existierende Fischverkäuferin vom Fährer Löschplatz an der Weser fungierte sie gar als Protagonistin.

Ihre halblauten Erinnerungen brachten ihr die Kinder und Jugendzeit aus der Utbremer Vorstadt zurück. Marie Caroline ein aufgewecktes Kind, das sich mehr dem Wasser, dem Hafen zuwandte als der anderen Seite, wo die Reichsbahn mit Waggons rangierte und die Dampfzüge in Richtung Bremerhaven und Vegesack ratterten.

Ihre Familie wird sich vor ihren Augen wieder aufgebaut haben. Die Eltern, die Großeltern und die anderen Verwandten, von denen wir Enkelkinder bis heute nichts wissen, die alle den merkwürdigen Namen »Spörhase, genannt Ahlborn« trugen. Auch dazu gibt es keine Erklärung.

Ich fand einen Ort, der Oedelsheim (postalisch: Oberweser) heißt, in Nordhessen liegt und in dessen Ortssippenbuch die Namen Spörhase als auch Ahlborn erscheinen. Mögen wir spekulieren und annehmen, dass sich unsere Ahnen den Schicksalsfluss der Familie, die Weser, haben hinunter treiben lassen, um in

Die Großmutter väterlicherseits von Marie Caroline Margarethe Spörhase, genannt Ahlborn. Eine der Ururururgroßmütter von Arne und seiner Generation

Bremen die Füße wieder auf trockenen Boden zu setzen und dort zu bleiben.

Das älteste Foto der Familie, die Großmutter unserer Oma, zeigt eine Frau mit energischen Zügen und eine unverkennbare Ähnlichkeit mit ihrer Enkelin, unserer Oma, fällt ins Auge.

Es ist nicht bekannt, aus welchem Jahr diese Aufnahme stammt – man mag noch an eine Daguerreotypie denken. Ich schätze anhand der Generationsrechnung, dass sie ungefähr um 1850 entstanden sein muss.

Aber nicht nur die Vergangenheit beschäftigte Oma, die Witwe des verstorbenen Bruno Frenzel, junges Leben entstand um sie herum. Enkelsohn Heinrich heiratete 1965 nach Abschluss seines Studiums und fand eine Arbeitsstelle im fernen Düsseldorf, was die junge Familie zur Auswanderung zwang. Doch schon bald nach der Geburt der Urenkelin Anja, stellten die stolzen Eltern sie der Oma vor.

Die Enkeltöchter Gisela und Annemarie machten es ihrem Bruder nach, und bald darauf krabbelten die Urenkel Michael